刘诗白 —— 著

刘诗白选集

第十二卷
未刊论文与会议发言稿
· 下册 ·

四川人民出版社

图书在版编目（CIP）数据

未刊论文与会议发言稿：全2册 / 刘诗白著. — 成都：四川人民出版社，2018.12
（刘诗白选集；第十二卷）
ISBN 978-7-220-10866-2

Ⅰ.①未… Ⅱ.①刘… Ⅲ.①中国经济—经济发展—文集 Ⅳ.①F124-53

中国版本图书馆CIP数据核字（2018）第184880号

WEIKAN LUNWEN YU HUIYI FAYANGAO XIACE

未刊论文与会议发言稿（下册）

刘诗白　著

责任编辑	何朝霞　张东升　薛玉茹
封面设计	陆红强
版式设计	戴雨虹
责任校对	韩　华　申婷婷　林　泉
责任印制	王　俊
出版发行	四川人民出版社（成都槐树街2号）
网　址	http://www.scpph.com
E-mail	scrmcbs@sina.com
新浪微博	@四川人民出版社
微信公众号	四川人民出版社
发行部业务电话	（028）86259624　86259453
防盗版举报电话	（028）86259624
照　排	四川胜翔数码印务设计有限公司
印　刷	成都东江印务有限公司
成品尺寸	170mm×240mm
印　张	25.5
字　数	300千
版　次	2018年12月第1版
印　次	2018年12月第1次印刷
书　号	ISBN 978-7-220-10866-2
全套定价	3000.00元（全13卷）

目 录（下册）

中国经济的高速增长与对通货膨胀的治理[①]

一、经济高速增长与反通胀政策

1992年中国提出实行社会主义市场体制以来，在我国出现了大改革、大开放、大发展的生动活泼的局面。1992年、1993年两年，经济以13%左右的速度高速增长，1994年国内生产总值增长11.6%，1995年增长10.2%。整个"八五"时期，即从1991~1995年国内生产总值平均增长率为12%，中国经济以世界最高速度连年增长。国内生产总值1995年达到57600亿元，约合7200亿美元，原定的在2000年完成比1980年总产值翻两番的目标已提前5年实现。消费品供应丰富多彩，市场繁荣，人民收入水平不断提高。

高速度也带来新问题，这就是：基本建设规模过大；货币发行、信贷规模偏大；产业结构失调，原材料、能源、交通紧张；特别是物价上涨幅度达到两位数，1993年物价上涨13%，1994年涨幅21.7%。中国在1979年以前的计划经济体制下，实行政府定价，物价长期稳定，

---

① 写于1996年。

那时是工资低、物价低、生活水平低、就业稳定，但是也存在隐性通货膨胀，表现在稀缺消费品与物资的"黑市交易"和"购物排队"。1979年实行市场取向的改革以来，由于放开了价格，价格在竞争中形成，从而出现了物价波动；由于中国处在体制转轨时期，经济体制还不健全，快速的经济增长中出现了通货膨胀，上述情况本来是用不着奇怪的。

中国致力于寻找一条经济高增长和低通胀的发展道路。多数经济学家主张谨慎地对待通货膨胀问题，因为物价关系到千家万户，特别中国是一个人口多、职工和农民收入水平低的低收入国家，物价过度上涨负效应大，因而要处理好经济增长、居民收入增长和物价上涨之间的关系。中国高度重视保持经济的稳定和社会稳定，在大力促进经济增长中，要争取把物价涨幅控制在合理的、社会可承受的范围内。

我们认为，中国这样的发展中的和正在进行体制转换的国家，在发展势头十分强劲的时期，要实行一种"无通货膨胀的发展模式"是不现实的。但我们也认为，经济的高增长并不是必然伴随高通货膨胀，且不说一些发达工业国20世纪80年代是低增长、低通货膨胀。亚洲"四小龙"和日本在20世纪六七十年代长期有8％增长而物价并不猛涨，在近年来"四小龙"仍然保持着物价上涨低于经济增长的发展格局。马来西亚近年更是实现了高增长、低通胀，1995年增长率9.5％，通胀率3.9％。因此，中国制定了把经济快速、持续、健康发展作为目标的稳健的方针，这就是既要促进经济高增长，又要力争实现低通胀，反对用通货膨胀来加快发展的冒进做法。在整个"九五"时期，中国要把抑制通货膨胀作为重要目标。

早在1993年，针对经济局部过热，政府在1993年7月加强了宏观调控，采取适度从紧的货币政策和财政政策，即实行"软着陆"，经过两年努力收到了良好效果。目前固定资产扩张受到控制，金融秩序得到整顿，经济中过热点得到降温。1995年物价由上年同期的21.7%降到14.8%，达到了预期的目标。目前的问题是：物价涨幅仍然在两位数的高位运行。因此，中国当前要继续实行适度从紧的货币政策，力争在1996年把物价降到10%左右，在1995~2000年，争取经济以9%的速度增长，同时把物价上涨降到10%以下。

二、1993年以来物价上涨的具体原因

1993年以来的物价上涨，是在经济调整增长和体制转轨的背景下出现的。造成这一轮物价上涨的原因有：

（一）基本建设规模过大

1993年全社会固定资产规模11829亿元，比1992年增长50.6%，固定资产占国民生产总值比重为37.7%，造成三材、能源等物资紧缺、交通运输紧张和价格上涨。在加强宏观调控后，建设规模得到控制，1994年固定资产投资增长31.4%，1995年社会固定资产19090亿元，比上年增长18.8%，比1994年回落12.6个百分点。1994年固定资产占国内生产总值比重为35%，1995年进一步降到33%。中国在"九五"时期，采取把增长速度控制在9%左右，因此要力图使基本建设规模保持合理，防止出现引起经济过热的过度的投资需求拉动。

（二）货币发行和信贷规模过大

通货膨胀是一个货币现象。改革以来高增长的压力使中央银行难以应付，造成货币过度发行，20世纪80年代货币发行年增率经常是

20%以上，1993年为1529亿元，比上年增长35%。中国近年来加快了银行制度的改革，1995年制定的《中国人民银行法》确定中央银行的货币政策的宏观经济目标是"稳定货币、发展经济"。人民银行加强了对货币供应量的控制，1994年第三季度起开始按季度公布货币供应量，并把M1和M2作为货币政策中介目标的组成部分。近两年来货币发行控制在计划内，1995年货币发行597亿元，比原计划少900亿元，增长8.2%，是改革以来增长速度最低的一年。1996年货币增长目标，M2增幅要控制在23%~25%，M1增幅控制在18%左右。

近两年实行了信贷从紧，1994年信贷增长率为23.8%，1995年信贷增长率为19%，信贷从紧有效地控制了一些地方出现的经济过热——如房地产热、股市热，大办开发区热——是实现经济软着陆的主要工具，尽管它也带来"资金紧"和一部分国有企业经营困难的负效应。为了进一步抑制通货膨胀和防止经济出现新的过热反弹，中国在"九五"时期仍然要执行适度从紧的货币政策和财政政策，要继续控制信用总规模和货币总量，但是要着眼于完善金融调控的方法，更多地利用利率、再贴现率、银行备付金率等工具。

（三）生产资料和粮食、油料等产品调价，造成结构性的价格上涨

完成向市场经济的转换，需要进一步放开价格，完善价格体系。中国90%的消费品价格已经放开，大部分生产资料价格也已放开，但是仍然有一些基本原材料和产品的价格需要调整。这种必要的价格调整，是模式转换期的物价上涨的一项原因。1993年以来的煤、电、气、运输的调价以及1994年5月的粮食、油料的调价，促进了物价的上扬。为此，中国在价格改革中要采取稳步前进的方针，尽可能缩小上

游原材料和基本农产品价格上调的物价上涨效应。

（四）农产品供应中的压力的增大

中国以占全世界22％的土地养活了世界1/7的人口，农村改革与科技革命会进一步挖掘中国农业的潜力，因此对12亿中国人口的吃饭问题不必担心。但是中国目前处在农村改革和农业现代化的初始阶段，农业发展还受到诸多制约，模式转换期的经济机制还会给农村经济带来一些冲击波，引起资金、劳动力、土地等要素由农业向非农产业转移，从而使农业出现相对手工业的"发展滞后"和农产品的供应紧张。例如中国农村外流人口有2000万人，他们要依靠城镇粮食和副食品的供应，再加以1994年的严重的自然灾害和歉收，造成农副产品价格的猛涨。在1994年物价上涨中有55％来自农副产品价格上涨。

中国近年来把加强农业放在经济工作的首位，大力增加投入，搞好农田基本设施，开展农业科技，实行省长"抓米袋子"、市长"抓菜篮子"的责任制等一系列措施，这些措施加强了农业的基础地位，农业连年增产，1995年食品体系经上年回落23.4个百分点。由于农产品供应将是中国现代化一个发展阶段的趋势，也由于农产品价格涨幅仍然较高（1995年为12.1％），因而中国在"九五"时期将大力振兴农业，以保证基本农产品的充裕供应。

（五）消费基金增长过猛

改革使人民收入不断提高，在中国城乡出现了一轮又一轮的购买与消费热潮——第一轮是以手表、脚踏车、缝纫机三大件为主要购买对象，第二轮是以电视机、电冰箱、收录机为购买对象，目前正在转向包括摩托车、空调器等第三轮。中国经济特色是"高消费"与"高储蓄"并存。中国储蓄率约为40%，1995年末居民储蓄额近3万亿元，是世界上少有的高储蓄国家。这是中国存在着体制原因造成的，特别是企业自我约束机制缺乏造成的消费基金增长过猛，例如一些国有企业在工资与资金上竞相攀比。1993年以来国有企业工资性支出年增长为30%以上，大大超过产值的增长和劳动生产率的增长，其结果是消费需求增长过度，促发了工资拉动的通货膨胀。

（六）产业结构失调

中国正处在现代化初期，基础产业还十分薄弱，基础设施、基础原材料部门的增长落后于加工部门的增长，一旦经济快速增长，原材料、电力、运输能力的供应不足和物资短缺的"瓶颈"现象就显出来了。这种基本产业的短缺与产品供应紧张，造成涨价，从而使经济高增长与高物价相伴生。正是因此，进行结构调整，加强基础产业和基础设施的建设，成为当前维持物价稳定的重要条件。

以上我们举出了导致中国的总需求与总供给失衡和通货膨胀的一些主要因素。从改革以来十几年的发展中我们认识到：经济越是转上市场经济体制，企业越是表现出自主的活力，经济越是快速增长，经济运行中的失衡将会越加显著，因而越是需要政府的宏观调控。这就是说，要实行一种政府有效宏观调控下的市场经济。有效地利用货币政策和财政政策工具搞好宏观调控，就成为国民经济持续、快速、健康运行的重要条件。

总之，正在加快发展的中国，目前需要实行和搞好适度偏紧的货币政策和财政政策，进一步理顺总需求与总供给的关系，力争实现高增长低通胀的良性经济循环。

三、治理通货膨胀的根本之途是改革体制

中国当前面对的是作为转换时期的具有周期性的通货膨胀。1978年以来，中国经历了放活—膨胀—紧缩的循环，1993年7月迄今是第四轮。实行市场经济，经济发展中的波浪式起伏是必然的，但中国面对的是模式转换期的不良循环。这种循环有时表现为大起伏、短周期，对经济发展十分不利。导致我国经济运行周期性的根本原因是模式转换期的体制缺陷与体制摩擦。其主要原因是：

（一）企业体制带来的内生膨胀因素

由于国有企业实行现代企业制度的改革尚未到位，企业负盈不负亏，缺乏有效的自我约束功能，从而表现出投资和消费的短期行为，即投资饥饿和消费亢进，造成企业占用大量的银行信贷资金。

传统国有企业资本金不足，国拨自有流动资金只占流动资金的10%，其他的流动资金依靠银行贷款。

国有企业技术改造资金主要来自银行贷款，1983年实行"拨改贷"以来，由企业承担偿还贷款本息，在企业效益不佳时，只有"举新债还旧债"。以上情况表明，改革未到位的国有企业需要不断从银行获得信贷资金才能维持营运，这就对国有银行造成很大压力，往往要引发信贷扩张和货币超量发行。

国有经济的投资机制尚未健全，投资主体对投资活动的缺乏责任是造成资金浪费和信贷扩张的又一因素。

可见，中国中央银行的货币发行与专业银行的信贷活动面对着来自转轨期国有企业的资金需求的压力，使中央银行难以独立执行货币政策，往往造成货币超量发行和专业银行信贷的失控。正是因此，中

国在当前把国有企业的改革作为一项重大任务，要在建立起现代企业制度的基础上使企业行为合理化，做到占用银行信贷资金上的节约。

（二）金融、财政体制的缺陷与调控功能的薄弱

中国金融财政体制尚在改革过程中，还难以起到宏观调控的有效工具的作用。特别是过去很长时期内中国的中央银行缺乏独立性，调控货币的功能软弱，而专业银行的政策性职能与经营性职能又集于一身，使专业银行难以在信贷活动中贯彻效益原则。加之专业银行负盈不负亏和金融制度不完善、监管不严，造成信贷活动中的许多失误。1992年以来一度出现的房地产、股市过热，更进一步促发了银行的信贷扩张，其结果不仅是信贷质量不佳，逾期和呆滞贷款比重过大，而且造成专业银行信贷规模失控，后者又倒逼中央银行增大货币发行。

基于上述情况，中国近年来加大了金融体制改革的力度，加强了中央银行执行货币政策的独立性，建立了专业的政策性银行，把专业银行的政策性业务和经营性业务分开，并且加快专业银行向商业银行转轨的步伐。中国金融体制的改革强化了政府的金融调控功能，近两年来，物价涨幅的不断降低和较为成功的软着陆，表现为金融、财政体制改革取得成效。

以上我们列举了模式转换期引发通货膨胀的体制上的原因。引起通货膨胀的还有非体制的原因，如来自增长速度、增长方式的原因等，但体制原因是根本原因。为了治理通货膨胀必须"标本兼治"，治标解决一时治本解决长远，真正地实现经济的良性循环。为了实现中国今后5年和未来15年的宏伟发展目标，要使物价上涨幅度低于增长幅度，要防止增长中的"大起大落"，实现"长周期小波动"。这些，显然地都要依靠良好的体制和机制，因而，治理通货膨胀的根本

之途便是加快向新体制转换。中国正在致力于一项巨大的跨世纪工程——由社会主义计划体制到社会主义市场体制的转换。这是一项巨大的任务，但是完全有可能实现，中国的经济发展前景是富有希望的。

对成都商贸中心建设的几点看法①

一、成都要抓住中国西部经济开发的历史机遇

第一，中国经济即将跨入21世纪，成都作为一个拥有960万人口的大都市，又是中国西部重要的经济中心城市，以什么样的发展势态来迎接21世纪，是一个值得思考和研讨的课题。成都加强商贸中心建设的城市发展战略的提出，具有十分重要的意义。

第二，21世纪的中国经济，既面临着极大的挑战，又面临着历史性的机遇。两个世纪来，世界经济重心已发生了多次转移，20世纪下半叶以来，世界经济重心正在从大西洋经济圈向亚太经济圈转移，这一新的经济增长中心的形成，极大地推动了国际城市及商业中心的空间区域布局的重构和变化。而在经济重心东移的过程中，随着中国经济改革和对外开放的推进，在21世纪的亚太经济中，中国将成为发展潜力最大、经济动力最强、经济增长最快的地方，将成为世界经济新的强力"增长极"。

---

① 写于1997年3月。

第三，就21世纪中国经济的发展来看，最具有活力，具有后发性的将是中国的西部地区。就经济发展条件看，西部地区具有四个方面显著的优势：一是土地面积广阔，活动空间大，市场潜力很大，需求层次丰富；二是能源、矿产、土地等自然资源丰富，其开发将使中国拥有支持经济新起飞的强大物质基础；三是经过40多年的社会主义建设，已蓄积了相对可观的资产存量和工业基础。从20世纪50年代至70年代初，我国建设重点大规模西移，在中央投资的带动下，国家在西部建立了一大批能源、原材料生产基地和重加工工业基地，建设门类主要集中在军工、煤炭、石油、电力、有色金属、化学工业和机械工业；四是储备了相当强的科技开发力量，并具备了大规模开发交通、流通等基础设施的条件。

第四，根据"九五"和2010年国家地区经济发展的基本战略，国家在继续促进东部沿海地区加快发展的同时，逐步将地区经济发展重点向中西部地区转移，以缩小东西部地区发展差距。在未来15年中，西部经济发展面临：一是中央政府将进一步加大对西部转移支付的强度和利益分配上的倾斜，以及中央政府将在西部地区加大投资强度；二是东部沿海地区在新的发展阶段上已经开始推进产业结构的战略性调整，东部地区的产业向西转移，企业向内地开拓，为西部经济进一步的大开放、大联合、大引进、大改组提供了机会；三是西部地区在深化改革、扩大开放中，进一步调动了人民群众奋发向上、奋起直追的积极性，西部出现又一次历史性的复苏，正在采取多种措施，加快工业化、市场化、城市化的进程，增强自我发展和竞争能力。

第五，在现代区域经济发展中，必须发挥中心城市强大的积聚和扩散功能。成都作为西部重要的经济中心城市，应充分抓住西部经济开发的历史机遇，充分运用国家更加重视和支持中西部地区发展的各项政策，抓住"东渐西进"趋势，发挥自身的优势，挖掘潜力，加强与东部地区的产业联结，形成东西互促互补，以其自身经济的新的崛起成为带动西部经济的最大"增长极"。

二、西部经济快速开发的有效途径是大力进行市场开发，以市场化促进工业化、城市化

第一，西部发展的优势是资源丰富，但由于长期商品经济发展落后，市场发育度低，加之西部的内陆型特点和陆上交通条件的限制，经济长期具有封闭性。西部经济快速开发和起飞，关键在于长期经济落后造成的资金和技术的缺乏，西部资金的自我积累是有限的，而先进技术，特别是面向21世纪的新技术更是需要引进，不仅需要从国外引进，而且也需要从沿海地区引进，也就是要实行以开放促开发，以引进促发展的战略。闭关自守，只能抱残守缺，不可能改革发展滞后的状况，因此，西部要实行一项以资源换资金，以市场换技术的"二元互换"的发展战略。

第二，以市场化促进工业化、城市化，在东部沿海地区经济发展中是一条成功的经验。东部地区实行两头在外、大进大出的沿海发展战略，靠的就是市场。西部经济的开发，首先要打破封闭性，积极参加国内国际经济大循环。一方面要挤入东部、中部地区的国内市场，另一方面也要挤入国际市场。东部沿海地区的对外开放和参加国际大循环，利用的是直接通江达海的条件，西部地区没有这一条件。但海洋并不是国际联系的唯一通道。欧洲的法兰克福、瑞士、奥地利，美国的芝加哥、丹佛，没有海洋通道，但在国际贸易金融中仍扮演了重要角色。我国西部地区在西、北、南三个方向上可以发展与西亚、南

亚和欧洲各国的贸易关系，特别是南北丝绸之路（南昆铁路和新亚欧大陆桥）将越来越成为西部地区连通沿海，走向国际的大通道。

第三，西部产业技术结构更具有多层次性，表现为技术上先进、一般、落后；产业上，资金技术密集、劳动密集的长期并存。西部既要大力搞好技术水平高的大型国有工业，又要大力发中小工业，特别是乡镇企业，这是中国国情（人口多、工业底子薄，管理水平低）所决定的。这是一项十分紧迫的任务。西部这种多层次生产的发展，与市场饱和以及市场上面临的国外、省外产品的激烈竞争形成尖锐的矛盾。西部的开发，不应该消极地保护落后，树立市场篱笆，而应该大力开拓市场，特别是农村市场，搞活流通，同时大力进行两个根本性转变，搞好产业结构调整和升级。而市场开拓在西部、在四川则是有着巨大潜力，市场的纵深开拓能够给西部处于困境的国有大工业和发展势头旺盛的乡镇产业带来重大促进。认识市场的作用，加深市场开拓意识，这一点，在当前是极为重要的。

三、成都应承担西部区域市场中心的功能

第一，成都经过几十年的工业为中心的建设，已经改变了新中国成立前的消费城市的面貌，成为一个相当有实力的工业基地，特别是电子、电信、机械以及化工、冶金、轻纺均有相当的基础。1983年，根据当时四川城市结构，国务院提出关于成都的定位，即"西南地区的科技、商贸、金融中心和交通通讯枢纽"，与继续加强原有工业基础是一致的。1997年3月14日起，重庆成为直辖市后，成都成为四川省最大工业城市，成都面临着进一步加强工业基础以发挥其在四川工业化中的带动作用，以实施构建一个大城市经济圈、两个快速增长带和

几个经济区的战略，因而成都无疑应大力加强工业基础，发挥工业中心的作用，但是这与当前加强商贸中心建设不仅是不矛盾的，而且是一种以商贸促工业的积极战略。

第二，成都是西蜀名都，在历史上就是有名的工商重镇，是西南地区最重要的商品集散中心。由于天府之国物产丰富，农业、手工业十分发达，四川盆地内大宗粮食和手工制品经成都远销国内外市场。过去成都对外的商品流通通道主要靠翻秦岭而与中原联结的川陕陆路和通岷江而达长江中下游地区的航运。新中国成立后，铁路、公路、航空等交通的建设改变了蜀道难的闭塞状况，但是在传统体制下，由于按产品经济的模式组织生产和物资交换（即计划调拨），成都作为中心城市组织商品流通的作用并没有发挥出来。

第三，改革开放后这十多年成都社会经济发展很快，城市综合实力大大增强，近几年，在人均GDP、城市居民人均消费支出、储蓄存款等各项指标上，成都皆位居西部各大城市之首。1996年全市社会消费品零售总额达320亿元，在全国16个副省级城市中居第三位，成都的市场建设和流通体制改革也一直走在全国的前列，目前已经形成了多层次、功能比较齐备、辐射能力强的商品市场体系，包括国家级市场如"成都生产资料交易区""成都农副产品批发交易市场""中国酒城"；跨省区的区域性市场，如新都粮食批发市场、邛崃木材批发市场、荷花池综合批发市场等，以及若干个组织省内商品交易的地方市场。

第四，成都改革开放后蓄积了相当的经济潜力，科技力量集中，技术创新能力强，应该进一步发挥它在西部经济开发所产生的新的极化效应。更重要的是，就成都的区位来看，它联结西北、西南和长江流域地区三个跨省的大经济区，又处于我国生产力布局的两条横向经济发展带的交会点上，这就是长江流域和新亚欧大陆桥。依靠这一区位优势，大力强化成都的商贸，一方面，促使成都成为西部资金流、商品流、技术流、人才流、信息流集聚和扩散的中心，扩展成都中心城市的辐射功能；另一方面，广大西部地区资源丰富、市场容量大的优势，也可以通过成都中心城市功能，与东部发达地区实现资源禀赋、产业调整、资金融通、技术援助、信息服务等方面的优势互补。

可见，成都进一步发挥商贸中心的城市功能，以商贸中心为核心构建联结与覆盖西部的市场网络，并使它密切联网于全国的统一大市场，具有重要的战略意义。

四、成都商贸中心建设的若干重要措施

第一，实现产业结构的优化。成都建设商贸中心，就是在城市的产业发展上，实行以第一产业为基础，二三产业并举。一方面要以第三产业的发展为先导带动城市经济发展；另一方面，要以第二产业的发展来支撑与扩大第三产业。就成都来说，发展第三产业并不是放弃第二产业，特别是不能弱化特大型中心城市应有的工业基础。一个中心城市如果没有制造业或第二产业没有优势，容易造成城市的空心化，城市应有的功能也发挥不出来。在第二产业的发展上，应根据成都的科技优势，选择高技术和轻型化工业。从成都的工业规模和结构看，目前已形成了以机械、电子、冶金、化工、仪器、轻纺等工业为主的综合性工业基地，成都的电子工业，尤其是电子元件和彩色显像管玻壳，录像机生产，在全国占有优势，机械、化工、冶金工业在全国也有一定的地位。适应当前形势，要进一步发展国际网络。但是，成都工业的突出问题是传统产业技术更新改造慢，产业的附加值低，产品的技术含量低，缺乏名牌产品。因而，强化成都工业基础，并以

之为核心，建立起大成都经济圈就是十分必要的。

第二，第三产业的发展，也应选择好重点领域。对成都商贸中心建设最具关键的是：商贸服务业、金融保险业、科技和咨询业、交通和通信信息业、房地产业和旅游业六大行业。与此相关，还应造就一批高水平的、按市场原则和国际惯例运作的市场中介组织和社会服务组织。

第三，实现企业组织创新的现代化。（1）组建一批集科工商贸为一体，以金融为中介，以资产为纽带，以扩大国内外市场占有率为目标的大型连锁企业、跨国公司、综合商社，促进产业资本、金融资本和商业资本的相互融合，重塑市场经济的微观组织；（2）国有商业企业要走企业集团化经营道路，提高组织化程度，扩大经营规模，发挥整体优势；（3）商品零售企业要改变传统的单店（百货店）经营方式，形成百货店—超级商场—购物中心—专业店—连锁店—仓储式商场的多样化经营体系；（4）要以更加开放的姿态，通过合资合营等多种方式让国外或海外商社、跨国公司来成都经营、投资商贸服务业，经营百货店、专业店或搞连锁商店，参与成都的商业竞争。成都的商业企业也应走出去，如创办百货店或连锁店，扩大企业影响和经营规模。

第四，优化城市布局，发展城市功能辐射网络，构建大成都经济圈。四川行政区划调整和重庆成立直辖市后，四川省只有成都一个特大城市，成都作为中心城市带动全川经济发展的战略地位更显重要。就四川省行政区划调整后四川省的生产力布局来看，省委、省政府已经提出了构建大成都经济圈的战略，即以成都为中心，以绵阳、德阳和乐山等中等城市为次中心，以宝成、成昆、成渝、达成4条铁路和成绵、成乐、成渝、成南4条高速公路为主轴，展开生产力布局。成都的作用要发挥出来，必须重新考虑城市布局，扩大城市容量，优化城市环境。例如，首先要形成一个商贸、金融机构和海外大公司驻成都总部（办事机构）相对集中的中央商务区和商业、贸易、金融等第三产业繁华、集中的中心商业区（如在内环线以内），成为现代大都市的核心；在中央商业区以外，一环路到二环路之间，可以规划形成以批发贸易、无污染的轻型化工业和居住区以及居民生活服务性质的第三产业、大型购物中心等为主体的中心城区，形成第一圈层；第二个圈层，可以发展到现在规划的三环路，发展高新技术开发区，外商投资和加工工业园区、乡镇工业等；第三个圈层，可以把成都现在的双流、新都、邛崃、崇州、彭州、都江堰等县市联结起来，作为成都工业和人口扩散的后方基地。通过一个核心，三个圈层，形成成都的城市辐射网络，以大成都为中心，带动绵阳、德阳、乐山、内江等二级中心城市（次中心），努力建设一个经济发达的、像珠江三角洲和长江三角洲一样的大成都经济圈，带动全省经济的发展。

第五，大力构建和提高商业文化。商业文化建设中首先提倡健康文明的商业伦理道德、商业风尚和习惯。历史上有"血与火"式的非等价交换的商业，16、17世纪的殖民者以贱价工业品，掠取东方国家土著的贵重物资；有能欺则欺，能骗则骗，以"歪货"换大钱的不道德的商业；有提倡诚信，保证优质，以及"老少无欺"的中国名牌名店，老字号中的儒商文明；提倡以"顾客就是上帝"，实行百问不厌，实行"不满意就退货"，开展送货上门，长期免费维修等售后服务的服务文明，以及宽敞舒适的购物环境，如超级市场中方便取货的货架摆设，商品布置。现代大商场中将售货与提供休息场所、饮食服务、寄管儿童，提供和举行艺术展览以及其他体育设施，不仅仅是一种现代文明经商，而且它使商业和休闲相结合，购物与现代旅游相结合。商业不仅仅使消费者购得需用的商品——物质性使用价值，而且也获得精神上的享受和身心上的休闲。这种大商场的兴起，实现了商业、服务业、文化事业的结合，使文化进一步注入于商业之中，如果灌注以精神文明的内容，它还具有重要的教育功能。

成都在商业文明建设中，要大力体现和注入有特色的蜀国文化。近年来，成都的一些宾馆饭店中载歌载舞，茶楼中品茗弈棋，文化已开始注入商业、服务业经营之中，特别是琴台路的文化一条街，古色古香的建筑，增添了特色文化因素。成都商业服务业中有着浓厚的文化传统，汉代就有"文君当垆，相如涤器"的店堂文化。在建设西部商业中心中，成都应该进一步把我国优良文化注入商业经营之中，比如，商贸服务业的店堂在装潢、桌椅上，体现巴蜀特色将十分有吸引力。如果成都的大商店，特别是闹市区能逐步在商店称号上，店堂形象上，户外广告如霓虹灯的设置上更好地注入蜀国文化，使人们特别是外来人感受到这就是成都，这就是"蜀都"，而不是巴黎或曼谷，那么，成都就将以其巴蜀名都的独特风格更加有名气和更具有吸引力，吸引更多的中外客商或游客来成都投资办厂或观光旅游。这不仅将促进成都商贸业的发展，而且将促进成都和四川旅游业的发展和兴旺。

论股份合作制①

　　股份合作制近年来在我国各地城乡的迅速发展，引起了不少争论，人们看法不一。四川县属国有企业以股份合作制为主要形式，进行"放小"的改革，一度有各种异议，现在画上一个句号，这是十分可喜的事。

一、股份合作制把合作制的特征（共同劳动，民主管理）和股份制的特征（资产个人所有，集体占有）相结合

　　职工既是劳动者，又是所有者，实行按劳分配与按资分配相结合，在持股的差异不很大，如华威人均5500元（股），总经理股权值1.6万元；它是财产上的集体占有性，劳动上的共同劳动性，分配上的收入共同增长和共同富裕。起码在现阶段股份合作上体现上述性质，因而，它是一种公有制的形式，又是适应社会主义初级阶段和市场经济的组织形式。只不过它不是"一大二公"型的、"纯粹"的公有

---

① 写于1997年。

制。否认它的公有制性质，例如以财产个人所有，来否认它的公有制性质是不对的。它既然是劳动者共同劳动基础上的个人财产联合，而且是财产所有权与财产占有、使用权相分离，实行财产共同占有，共同使用和公共积累，是一种共同劳动。共同富裕的共同占有形式，因而，它已经是对个人利益的个体所有制的超越和扬弃。

二、股份制合作是一种制度创新，其重要意义是通过"工者有其股"，而使合作社产权得以明晰

职工个人的产权是明确的，股权的激励和分配的激励，把集体利益和个人利益捆绑在一起，人们就有了责任感，有了对生产及成果的直接的关心，股份合作制把企业和职工"连心"，克服了传统公有制模式国有制、集体所有制存在的主体产权淡漠化，集体利益与个人利益的脱节，劳动者缺乏积极性的弊端。传统的国有制即全民所有制、国家所有制模式，其最大缺陷是缺乏社会公共利益和个人利益紧密的联系机制，由于企业缺乏法人财产权，企业吃国家大锅饭，职工又是平均主义分配，企业搞得好与坏，职工多干与少干，分配都是一个样，利益一个样，职工不可能关心生产，也不关心资产的营运、资产的增值。出现了名义为全民所有，每个人有主人身份，但实际上每个人的主人身份难以真正体现，因而，存在着作为主人的职工对全民财产缺乏关心。单纯靠加强思想教育，提高觉悟来增强职工对全民财产的关心，是不现实的。出路是进行企业改革，特别是产权制度的改革和创新。通过"工者有其股"，把个人利益与集体利益紧密联系起来，把明晰的个人财产与集体财产相结合，才能从根本上克服传统公有制——包括传统集体所有制的弊端，而且也符合马克思有关社会主

义公有制的论述。我国改革的实践经验表明，公有制实现形式的完善离不开财产结构的创新，而股份合作制这种对共同占有和使用的财产实行主体持股化的股份经济和产权结构，就十分值得重视，它不仅使乡镇企业制度创新找到一种好形式，而且使国有小企业找到一个好形式，也对国有中型企业，国有大中型企业的制度创新，提供了重要参照系和有益的启发。如果人们在这些领域的产权改革中，大胆借鉴股份合作制，将会进一步促进生产力的发展。

国有中型企业在我省经济中是一支重要的力量。当前在国有中型企业中，通过股份合作制来进行机制的转换，条件已经成熟，这些企业面对国有企业共同的困难，迫切需要通过以下途径搞活企业：国家注入资金（也要转机制）；兼并，破产；大胆推行股份合作制，在增强体制活力的基础上，进行结构调整。如成都公路机械厂，年产农用汽车仅几千台，前景困难，国家难以注入资金，可行之路是依靠企业改制，加快资产重组，走资本经营之路。企业有实行股份合作的积极性，职工愿意买，这种中型企业难以独立发展，大力推行股份合作，不失为可行之策，这就是"抓大放小""宽中"的政策。实践证明，走转机制调结构之路，是加快搞活国企之途。

三、是否实行股份合作制从争论到推行的重要启示

（一）搞改革要着眼于探索公有制的实现形式

搞社会主义市场经济，必须把传统的公有制企业变为市场主体和法人实体，才能把市场机制与社会主义制度相结合，因而，无论是国有制还是集体所有制都要进行深刻的改革，要改变成公有制的新形式，不改不行。另外，农村家庭农户和其他经济，要实行资本联合，

要走股份制之路，形成新的公有制的实现形式。可见，改革不是要动所有制，而所有制实现形式则非动不可，否则，就不成其为改革。四川改革实践的经验表明，在当前，在脑子里确立起探索公有制的实现形式的观念是十分必要的。

（二）要尊重群众在改革中的首创精神

实行社会主义市场经济的改革是无先例的，改革大方向，主要途径是明确的，但各种体制要素具体如何改，要在实践中积累经验。群众是实践的主体，站在改革前沿，是改革的积极探索者，许多微观改革，都是群众的创造，从家庭联产承包制的产生到股份合作制的产生，都体现了群众的首创。按照小平同志的教导，在改革中要依靠群众实践，尊重群众的首创精神。这是十分必要，也是在当前深化改革，需要再次强调的，而那种遇见新事物就翻本本，而不是从实际出发，不研究实际的新变化，不细心体现群众的需要和心声，这样的态度就是不对的。

（三）要以"三个有利于"作为观察所有制的标准

小平同志倡导的"三个有利于"的标准，为我们观察和评判改革中新鲜事物提供了正确方法，评判公有制改革中的新形式也要使用这一方法。股份合作制，以其财产结构、利益关系和管理方式，大大调动了企业，特别是作为主体的职工的积极性，促进了机制转换和结构调整，一些地方的国有小企业由此实现了亏损大幅度下降，利润和上缴税收不断增长，促进了国有资产的保值增值和国家财力的增强，因而，实践表明，它是一种好的公有制的实现形式。当然，股份合作制作为一种新生事物，还有不少有待完善的地方，特别是股份合作制也要适应不同的条件而具有不同的结构特征，但是只要它能做到"三个有利于"，就应该允许其存在和加以引导和扶持，使其趋于完善，而不能先行定性，用主观的某种理念来约束和任意剪裁探索所有制的无比生动的实践。

股份合作制经济近年来在我国城乡迅速发展，表现出强劲的生命力。四川省从1994年起，在宜宾、金堂等地大胆地实行国有企业以股份合作制为形式的"放小"的改革，取得企业扭转了亏损、转换了机制，财政增加了收入的可喜绩效。但是人们或褒或贬看法不一，学术界也有争议。党的十五大对股份合作制予以积极评价，肯定它是改革中的新事物，指出要支持和引导，使之逐步完善，并且肯定了劳动联合和劳动者的资本联合为主的股份合作制的公有经济的性质，指出对其"尤其要提倡和鼓励"。党的十五大在怎样对待股份合作制上统一了认识，为股份合作制的发展扫除了思想障碍，股份合作制将在十五大的推动下出现新的发展势头，城乡改革与发展都将由这一轮轴的带动，而出现新的局面。

有关资本营运若干问题[①]

党的十五大把进一步深化国有企业改革提上全党的重要议事日程。当前，努力搞好资本营运，对于搞好国有企业改革，推进企业发展和竞争力的提高，有着重要意义。本文就当前搞好国有企业的资本营运问题进行一些论述。

一、资本营运不同于商品生产与经营

资本营运或资本运作不同于商品生产与经营。商品经营，是指企业在现有的产业（行业）结构下，通过产品质的提高、量的增加，新产品的开发，市场的开拓，成本的降低，搞好商品（服务）的生产与营销。这种企业经营活动，着眼于商品生产与营销的完善，主要是通过成本的降低与销售量的扩大，实现产值的增大和利润量的增大。

资本营运，是指企业谋求低成本的资本聚集和扩张，资本结构的优化——自有资本与借入资本的最佳比例和合理的债务结构——资

---

① 写于1997年12月。

本的流动（资产的转让）和避免资产闲置，产权的转让、企业并购和重组。这种企业经营活动，着眼于资本运作，主要目的是资本量的扩张，控制力的增强和质的优化，其最终目标是资本规模的扩大和回报率的提高。

对金融资本以外的一般企业来说，从商品经营到资本营运，标志着企业经营活动成熟程度不同的两个阶段。大体说来，在现代化生产和市场经济不发达的时期，在竞争还未高度激化，资本、智力等要素市场，特别是证券市场尚未形成或不发达的条件下，企业主要是在原有的基础上，加强生产与营销，争取自有资本——业主自有的或合伙形成的——最大增值。在现代化大生产高度发展，市场经济日益成熟的时期，一方面，适应生产集中的需要，企业要求大规模资本积聚，另一方面由于股份公司的兴起，商业银行特别是证券市场的发展，新的金融工具的产生，融资方式的多样化，企业有可能：（1）实行低成本的聚集资本——包括通过资本市场筹资，形成公司自有资本和借入资本；（2）最有效地使用资本，包括企业自身的资本和归其控制与支配的资本；（3）为了提高回报率而转移资本——例如出售夕阳产业内的资产和在新兴产业内投资，为了减少风险而实行多角化经营，等等。上述企业的经营活动，属于资本运作。如果说，企业善于进行商品生产与营运，通过有效地利用内在的生产资源和市场，使企业在原有基础上，不断取得高于平均利润率的回报，那么，企业善于进行资本运作，就可以使企业资本滚雪球似的扩张，使资本结构和配置（投资领域）优化，从而形成资本的大规模积聚和高回报，使企业能适应现代化大生产发展需要，在日益激烈的竞争中增强自身的实力。资本运作的上述功能，使现代企业都会基于自身的情况和现实的需要，而进行相应的资本运作。这也表明，资本运作是发达的市场经济阶段企业经营的重要特征。

在计划经济体制下，我国国有企业从事的是产品生产与调拨，实行改革以来，企业在扩大自主权的基础上开始进行适应市场的商品生产与经营。由于当时企业改革的思路，还不是着眼于微观经营主体和投资主体的构建，对企业主要是实行下放有限度的经营权，企业不仅自主权很少，更缺乏投资权、资产处置权，企业只是出卖商品，还不能出卖资产，例如出卖设备、商誉、品牌。还不能超越行业界限，自主地进行多角化经营，也不能自主购置其他企业的资产，进行兼并和联合。因而，企业活动在性质上从事的是商品经营。

随着企业自主权的一步步落实与扩大，特别是随着经济的市场化，国有资产开始证券化和流动化。20世纪80年代中期，上海开始组建股份制企业和发行股票，1992年深圳证交所、上海证交所成立，启动了股市交易，此后在国有企业深化改革中，兼并、联合、承包等形式的资产流动重组日益发展，一些企业开始自觉或不自觉地进行资本运营的操作。20世纪90年代，在资本市场逐步发展的条件下，特别是在国有企业面对更加激烈的竞争的条件下，国有企业的资本营运有了进一步发展。人们看到作为法人实体的企业，特别是获得授权的投资主体，它们既从事商品生产，又从事投资活动——对其他企业进行并购、控股和参股，以及购买企业产权，实现资本的扩张；出售劣质资产，进行分厂，扔掉包袱，以优化资本结构和提高公司资产质量；或者用知识产权（专利、技术、管理），与其他被兼并联合的企业产权进行置换（如上海二毛，与成都毛纺厂的联合），来扩大自身的资本；或者转让闲置的土地，用来加强技改，购置关键设备，盘活闲置资产，等等。上述活动是围绕着资本，是着眼于资本的质的优化，量的扩张。投资领域的转换，目标是资本回报率的提高。可见，经济日益市场化中，企业的经营方式必然会发生变化，处在激烈竞争中的企业，需要和必然会从事和开拓资本运作活动。当然，这种资本经营必须是以商品经营为基础，是着眼于主营业务的不断发展。那种离开原有生产基础，把资金用于各种热炒，以及离开企业发展目标的轻率的兼并和经营"多角化"是与资本经营毫不相干的。

二、资本结构的优化是当前国有企业进行资本营运的重要要求

资本是企业进行经济活动的基本条件。公司资本包括自有资本与借入资本。自有资本指公司设立时由发起人认购或募集的股份资本，以及发行新股所募集的资本。借入资本是指通过发行公司债券以及通过银行贷款所取得的资本。自有资本与借入资本，即负债结构是否合理关系企业的良好营运与盈利率的提高。借入资本比重过大、负债率太高，利息负担加重，企业不仅难以使资本增值，而且还有可能亏损。进行资本营运，就要讲求资本结构的优化，首先要根据不同行业的特点和信贷资金市场、资本市场的状况，确定恰当的自有资本和借入资本的比例。在借入资本中，还要讲求和保持银行信贷资金与企业债券之间的合理比例。

传统计划体制下，人们不关心也不存在企业资本结构优化问题，因为实行国家统负盈亏，利润率对资源配置不起作用。特别是由于实行资金供给制，由银行保证企业营运资金的需要，因而资本结构的不合理，高的负债率，对企业是无关紧要的事。在传统国有企业的体制与运行机制下，人们缺乏企业资本金概念，企业资产由国家财政投入和由银行贷款形成，企业依靠着国家资金（财政资金加银行资金），

不愁钱。1983年实行投资"拨改贷",新增流动资金和技改投入的资金由企业负责偿还,企业出现了自有资本金不足和过度负债问题。一般国有企业自有流动资金降到10%左右,商业企业不足5%,企业经营规模扩大带来的流动资金的需要和进行技术改造带来的银行债务负担,使企业喘不过气。人们说:"不贷款搞技改等死,贷款搞技改找死。"负债率和利息负担成为自20世纪80年代末以来国有企业效益状况每况愈下的重要原因。

20世纪90年代,国有企业负债率高达75%,国有小企业负债率在80%以上。1993年加强宏观调控,金融实行适度从紧,因而企业资金趋紧,同时,专业银行商业银行化,使银行贷款更加谨慎。在这种情况下,资本结构不良和过度负债带来的企业还本付息负担,越发使国有企业陷于困境。从当前国有企业扭亏增盈的需要和今后在市场经济条件下正常营运的需要来看,都必须大力减轻负债率,优化资本结构。

当前国有企业进行资本营运,首先要通过各种方法增资减债,压缩过高的借入资本的比重。借入资本,是用一个价格购买和拥有货币资本的使用权,用利息购得银行信贷资金和债券持有人的资金,因此进行资本营运就要讲求公司资本形成的低成本,由此,要在资本融通中比较资本价格与效益,有效使用借入资本。要根据企业行业与生产特点、资本的规模、周转速度的快慢和银行利率的高低,来确定一个合理的自有资本与负债的结构,实现低成本的公司资本形成。

三、搞好购并是当前国有企业进行资本营运的主要内容

资本营运的重要目标是实现低成本的资本扩张。资本的扩张,是现代化大生产和生产集中的要求。当前的现代化的大生产,以技术

密集与知识密集为特征，要求有一定的资本规模，特别是市场竞争的日趋激烈使规模经济效益愈加重要，生产向少数骨干企业集中是以资本的集中和扩张为前提的。低成本的资本扩张，是企业开展资本营运的重要目标。在发达的市场经济中，低成本的资本扩张是通过购并来进行的。购并即收购、兼并，它指甲企业收购乙企业的股票和进行控股。购并的作用是：（1）通过有关公司财产的合并实现了资本的集中。控股母公司，通过股权运作和连环控股，形成母子公司体制，使母公司控制超过自身资本数倍、数十倍的资本。购并扩大了公司资本的控制力，形成了大资本和由大资本控制的集团资本。（2）资本的集中实现了生产集中和取得规模经济效益，提高了竞争力。在同行业内的竞争日趋激烈的条件下，形成规模经济效益对企业来说是至关重要的。（3）购并扩大集团内的生产分工与协作。就生产同类产品的企业来说，购并使大企业控制分工体系中的各个不同工序——从上游的原材料生产到下游的加工组装——的一系列企业，从而保证原材料、零部件的供应和成本的降低。另外，借助营销关系的调整和有效利用，能扩大市场占有份额。（4）购并扩大了企业的经营范围，使单一生产的企业成为生产多种产品的跨行业、跨地区、跨国界的财团，由此不仅带来高回报率，而且可以减少风险。（5）并购避免了同行业内的"致命"竞争，当然，它也往往确立大企业在市场上的垄断地位。如1997年美国波音兼并麦道，经过组织与销售的调整，控制了世界航空市场的70%。

按照传统的观念，购并是资本主义的"大鱼吃小鱼"，这种观点是片面的。在本质上，购并是市场经济中的企业资本的重组和整合，是市场竞争压力下产生的企业产权结构的重组和资产的重组，它把原先的企业的不良资本进行重组、改造，成为适合于现代技术和市场状况的优质资本，即把低效益或无效益的存量资产"盘活"。

可见，企业购并是现代市场经济中的必然。购并通过财产性证券的买卖、产权结构的组合来进行，是一种企业的资本运作，在发达的现代市场经济中，购并十分重要。购并作为一种资本运营行为，它不姓"资"，也不姓"社"，它可以为发展资本主义市场经济服务，也可以为发展社会主义市场经济服务。在我国当前，应该以搞好购并来开展资本营运，使其为实现"两个根本性转变"和发展社会主义市场经济服务。

当前在我国大力推进购并，其意义十分重大。（1）购并，通过优势互补，缓解国有企业资金不足、设备不配套、债务负担重等困难。就眼前来说，可以改善企业生产营销状况，达到扭亏增盈；就长远来说，借助盘活存量，挖掘企业生产潜力，实现内涵的扩大再生产。（2）借助购并，实现优胜劣汰，使"小而散""小而全"、互相重叠的企业死一批，由此强化骨干企业，形成规模经济。购并是"治散""治弱"的有力手段，将促使我国企业组织结构得到调整和优化。（3）购并是大企业集团的孵化器，国有制经济能够做到最充分地利用购并的孵化（大企业）作用。近年来我国一批国有企业，由于充分利用国有制的制度条件，通过政策优惠，政府引导，处理好企业合并中的债务、职工就业、劳保福利等问题，或实行资产划转从而使购并顺利进行，促使企业资产迅速由小变大。青岛海信集团1993年净资产为8913万元，由于实行多形式、大范围购并，迄至1996年底，净资产达14亿元，增大15倍。实践表明，通过采取各种政策——停息、缓期还本等——鼓励国有制企业兼并，使资产向关键性的优势企业集中，实现低成本的资本扩张，是国有企业进行生产集中和形成重量级的大集团的最有效途径。（4）进行购并，需要组建主体多元化的股份制公司企业，特别是要组建以资产为纽带的集团公司，开展购并将有力推动国有企业的股份制改造和机制的转换。

可见，大力开展购并是搞好搞活国有企业的当务之急。为此，要加深对购并的意义的认识。不应该把购并当成是"救治"困难的国有企业的权宜之计，例如不能将产权转让仅仅限制于亏损企业。因为，且不说"丑女难嫁"，就是当前经营情况好的国有企业，也需要开展购并。因为，如上面所分析的，购并是市场经济中的企业资本的自我重组和整合，是实现企业资本的优化和企业组织的合理化的重要手段，对于推进我国当前的国有经济结构的大调整和企业组织结构的大改组，具有特殊的作用。我国国有企业开展购并与企业股份制改造是相并行的，购并将有力地促进企业的制度创新和机制的转换。

四、大力构建资本营运的制度条件

资本营运是在完善的市场经济制度下得到开展的，我国当前应该为企业开展资本营运构建制度条件。

（一）要破除国有资本流动的障碍

顺利进行购并，破除国有资本流动的障碍，需要有国有资本流动的经济机制。我国企业实行联合、兼并，开始于20世纪80年代。1986年国务院就号召发展企业间的横向联合，形成企业集团。随着企业自主权的逐步扩大，竞争加强，优胜劣汰机制日益发挥作用，开始出现企业兼并。1986年《破产法》的颁布，促使了兼并的发展。但总的说来，国有企业的联合、兼并、破产推进缓慢。1988年实行治理整顿，1989年、1990年国有企业面对市场疲软，出现生产滑坡和亏损面增大，一些地方如武汉市强化了企业兼并，各地也开始了兼并试点。1989年后，兼并势头减缓，表现在：（1）1989年下半年兼并数量减少，跨地区购并更少，（2）以无偿划拨为主，（3）主要是政府行为，即"拉郎配"，说不上是真正的购并。20世纪90年代，外商加强了在我国的购并，香港中策公司利用我国对合资企业的优惠政策，在内地开展了一轮购并。此后国有企业自身的破产、兼并和产权交易行为逐步增多。特别是在1994、1995年，国有企业在市场竞争加剧和面对困难的条件下，开展购并，实行资产重组，求得企业振兴，从此启动新一轮的购并活动。在党的十五大精神鼓舞下，购并活动正在蓬蓬勃勃地兴起和全面开展，但实际工作中国有企业购并的开展和国有资产难以流动的矛盾十分突出。国有资产流动重组存在着以下障碍：

1. 思想障碍

兼并、出售的思想障碍首先是来自企业领导，怕失去位子，丢了权力。其次也来自上级部门，对其他部门和异地对自己管的企业的兼并，怕丢了面子，怕影响此后财政上缴。也来自职工，除了担心工作、工资、福利是否会受影响外，也有少数职工留恋铁饭碗，愿意"与传统国有制共存亡"。除此而外，对于合资、嫁接和外资控股、购并，一些人心中也存在是否"丧失民族权益"和姓"社"、姓"资"的思想障碍。

2. 制度障碍

国有资产流动的根本障碍在于传统的国有资产使用和管理体制。企业的国有资产由政府实行计划配置，从属于产品生产与调拨，而不是盈利的极大化。政企不分，企业是行政管理部门的附庸，按上级下达指标使用国有资产，缺乏从自身利益对资产营运状况与效益的关心。因而，企业即使亏损，也缺乏进行资产重组的内在动因。在条块分割的行政体制下，国有资产一旦形成就画地为牢，长期在原企业单位中使用，很少调整、联合，更不可能跨条条块块而重组。可见，传统体制下，企业只从事产品生产，以完成产值计划为目标，根本不存在资产运作的功能。闲置的资产只能转化为沉滞的资产，丧失其生产性，而不能在流动中重新组合和发挥其生产能力。归根到底，传统计划体制造成了国有资产的凝滞性和企业组织的僵化性。

实行改革以来，上述传统国有资产的使用与管理体制已发生很大变化，但尚未有根本性的突破。因而，国有资产的凝滞性和难以流动的格局，仍未发生根本的变化。为了打破国有资产的凝滞性，使它流动起来，需要适应国有资本的性质，在企业制度和国有企业管理和营运制度上进行改革和创新。

开展资本经营，进行资产流动重组，必须以企业营运国有资本为前提。社会主义市场经济体制下，竞争性部门的国有资产是资本，企业功能是使国有资本的盈利极大化。企业的经济活动表现为：货币—商品—货币，只不过就国有企业来说，它营运的是国有资本。在理论上弄清和把国有企业的活动定性为国有资本的营运和增值，那么，企业在大力搞好产品的生产和经营的基础上，大力搞好资本营运，就是应有之义。

要发挥营运国有资本的功能，要求企业是自主经营、自负盈亏、自我发展、自我约束的市场竞争主体和法人实体。拥有明晰而完整的产权包括资产的处置权，以及责任与权利相对应的企业，在市场竞争和优胜劣汰的机制下，不仅努力搞好商品营运，而且有着进行兼并、联合，不断进行产权重组和资产流动的积极性；反之，改革不到位，负盈不负亏，产权不明晰，缺乏资产处置权，企业不仅缺乏进行资本营运的内在动因，也缺乏进行自主的资本营运的权利。当前一些多年经营困难，早已资不抵债的国有企业，仍然得过且过，不积极从资产重组与资本营运中找出路，其根本原因就在于企业的市场经营主体和产权主体的地位不落实。传统国有企业的软预算约束，使企业依靠国家财政、银行的扶持，企业有所恃而不恐，使早就需要进行的资产重组延误了多年，使国有经济趋于萎缩。这种情况表明，不大力推进国有企业本身的改革和制度创新，就难以形成和强化企业资产重组和资本经营的内在动因。

（二）要形成资产市场流动的机制

企业购并是财产权——整体的或局部的——转让，它是企业自主的市场行为。购并的顺利开展，必须有财产权市场流动的机制。包括：

第一，资本的证券化。股份制企业出资人或投资者，投入企业的财产权表现为股票形式的股权，或是债券——国库券、企业债券——形式的债权，公司财产由此取得了市场流通的证券形式。另外，应收账款采取可兑换的商业汇票形式也使应付流动资本市场化。可见，使包括货币资本、设备、专利权及其他知识资产投入等在内的各种要素投入形成的企业财产证券化，成为可流通的商品，这是开展企业间的资产流动重组和购并的重要条件，也是构建完善的市场体制所必要的。

第二，发展和完善产权交易。企业购并，除了通过证券市场的交易来进行外，还要采取非证券化的产权交易来进行。后者表现为：直接购买和拥有部分企业财产权或整体企业财产权。这种企业产权交易也可以通过一定的机构或企业，例如产权交易中心（所）来进行。产权交易机构是一种有形的产权交易场所，是一种中介组织，组织企业进行产权协议转让、招标、拍卖以及行使为产权交换沟通信息、牵线搭桥、咨询服务、资产评估及法律顾问等功能。我国产权交易机构兴起于20世纪80年代中期，目前全国的产权交易中心（所）已有200多家，但是前一阶段产权市场交易冷清，行为也极不规范。当然，市场经济中产权交易并不是都要通过产权交易市场来进行，但是借助产权交易中介组织提供的多方面服务，可以大大方便和促进企业间的产权交易，而且也有利于政府对产权交易的监管和引导，我国深圳、上海、广州等地，由于产权交易中心的作用发挥得较好，产权交易活动就比较活跃，拍卖等多种形式的交易也正在兴起。为了推进企业购并，健全各地的产权交易机构，促使其中介组织功能得以发挥和规范产权交易运作，就是一项十分迫切的任务。

第三，搞好资产合理作价。资产的合理作价对于资产的流动十分重要。国有资产是商品，其价格应该在市场中形成，而不应拘守国有资产评估的价格。因为，资产评估下来的净产值只是理论上的。实际上，价值要在市场中形成。市场情况是不断变化的，在国外大公司及其名牌商品大量进入我国市场，竞争日益激烈的当前，国有企业技术上已是越来越过时的资产，要想卖一个好价，本身就是一个不切实际的良好愿望。何况一大批企业债务负担越背越重，一些企业很快就将资不抵债，越到后来上述企业的资产将更加难以转让。

可见，要按照市场经济的规律和从有利于国有企业战略性重组的高度来考虑资产的合理作价。切不可脱离经济的实际条件与企业的实际状况，静止不变地看待资产的转让价格，更不能把表面看起来条件优惠的企业资产转让，简单地视为国有资产的流失。

（三）积极稳步地发展资本市场

开展购并和进行成熟的、典型的资本经营，必须以发达而健全运作的资本市场为条件。现代市场经济中的兼并，通常是通过证券市场上的股权收购来进行的，通过股票的收购而获得控股权，在资本控制力倍数效应下，形成了大公司自身拥有和归其支配的大资本。大公司不仅通过收购兼并对方，进行资产、组织结构和业务活动调整，形成新的生产力，而且，在购并中通过股权的重组和公司的重组、包装，进一步结合发行股票和配股，做到用公众的钱，购并对方的资产，扩大自身的资本。现代发达的证券市场和股市机制的最有效的利用，为大公司提供了往往使人难以置信的低成本的资本大扩张，形成了规模巨大的超级大集团，这正是现代大公司越来越重视资本营运的原因。由于资本市场发育不成熟，我国当前的购并主要是通过非证券的产权交易来进行的；同时，由于真正的产权市场尚未形成，产权转让多半借助行政力量，或者是实行企业产权行政划转，这种借助行政手段转让产权，造成"拉郎配"，来把企业强制"捏合"。这种做法由于违反企业意愿，阻力很大，往往难以实现兼并联合；即使被强制捏合，往往不是优势互补，而是劣势叠加，结果企业难以运作，迟早还要"打离婚"。因而，要推进资产流动重组，发展购并，除了要搞好产权市场交易外，最重要的是积极发展和完善资本市场。

目前，我国财政支出在投资中的比重越来越低，1995年财政支出中用于国有企业的投资为544亿元，占当年财政收入的8.71%（"一五"时期为40%）。专业银行的商业化，投资体制的改革，要求大力发展企业直接融资，因而需要积极发展资本市场；同时，居民收入已经占国民生产总值的60%，居民储蓄已达4万亿元。所以，发展资本市场，扩大直接融资已具有现实的可能性。问题在于，资本市场的主体行为要规范，要改变市场投机性强而投资性弱的现状。为此，要着手组建作为投资者代理人的各类基金，以推动基金入市。当前特别要大力整顿市场秩序，形成证券交易的行为规范，大力加强金融、证券监管。只有健康运行的资本市场，才能促使企业进行资本经营和企业购并，而高度投机性和高风险的资本市场，不仅不能鼓励企业正常的资本运作和健康的企业购并，甚至会诱使企业不务正业，把钱用来炒股投机，从而使资本经营走入歧途。

（四）组建和搞好一批作为投资主体的大集团

当前资本经营有两个层面：一个层面应该在面上开展，即促使各个地区的强势企业，根据发展的需要和可能，以多种方式开展企业重组和资产重组活动；另一层面是在点上开展，即在全国或一个省范围内选择少数在国民经济中具有关键性的和拥有强势的大企业，由国家授权，使其成为投资主体。这种大企业既要通过"三改一加强"，搞好商品营运职能，又要着力于搞好资本经营；要大范围、多形式地进行企业重组和资本重组，特别要搞好母子公司体系，进行多层控股，增强集团的控制力。大企业要搞好兼并联合后企业内部的结构调整，理顺关系，挖掘潜力，形成高效的分工协作，应该从财政、税收、信贷等方面支持大企业的购并、联合，促使资产向优势大企业集中，特别是要给予大集团获得稀缺的金融资源——上市（包括海外上市）筹资和进行资本运作的便利，促使大企业把购并和证券市场——国内和国外市场——的操作结合起来，形成真正意义的和现代高效的资本经营。必要的政策支持，将能使大企业实现低成本的资本扩张。这是我国优势大企业兴起、竞争力提升和进入世界企业500强的有效之途。当前，促使和帮助这样的几十家大企业搞好资本经营应该是开展资本经营的重点。

（五）大力发展进行资本营运的中介组织

搞好资产运作特别是资本市场的运作，需要各种中介组织发挥功能。投资银行是从事企业重组和资本市场运作的重要中介机构，它掌握着信息和专门技术，能为企业进行改组、兼并、出售、拍卖、股权转让以及投资提供咨询、策划与组织服务，并能多方式筹集资金，为企业注入资金。因而，积极组建和发展各种行使投资银行功能的机构是当前的迫切需要。为此可以采取如下措施：（1）允许实力雄厚的大证券商开展投资银行业务，赋予它以投资银行的职能；（2）对有条件的原信托投资公司，按投资银行功能加以改造和规范其运作；（3）有重点地组建新投资银行；（4）大力办好与外方合作的投资机构，如中国国家金融开发公司，以取得经验；（5）可以依托在香港的中资国有大企业，大力发展投资银行的功能，允许其在大陆进行资产重组，支持它进行企业购并和海外上市，又以通过资本市场运作得到扩张的财力，进一步开展国有资产的收购、重组。这样做不仅有助于盘活存量，促使更多的国有企业摆脱困境，而且，也能促使我国金融性的控股公司的壮大。应该看到，从现在开始着手组建和逐步形成几家具有强大实力的，能与摩根士丹利、梅林等国外大金融投资机构相抗衡的国有金融机构，我国将会拥有直接在国际资本市场投融资的管道，在引进外资中我国将摆脱对境外金融机构的依赖性，从而使引资水平得以提高。

在当前，组建一批强势金融机构，是我国发展对外贸易和境外投资活动，进一步与国际接轨的迫切需要，也是在金融活动日益国际化中防范风险的迫切需要。在香港回归后，我们已经拥有建立和发展上述大金融公司的更好的条件。

论温州经济[①]

....

近年来温州农村经济发展迅速，取得显著成绩。前段时间，我曾到温州做了一些调查，在那里待了6天，获得了一些感性认识，现在试图把这些感性认识理论化，并请大家讨论。

温州经济引人注目，但人们评价不一，分歧很大。有截然不同的两种观点：一种是温州经济好得很，另一种是温州糟得很。认为好得很的说，温州经济支柱的家庭工业是社会主义的，雇工是社会主义的联合劳动；认为糟得很的说，"资本主义看温州"，认为那里在搞资本主义。意见如此不同更有研究的必要，认真研究温州经济，总结温州成功的经验，找出它的问题，使温州经济进一步完善和发展，这是当前改革开放的一个重大课题。研究温州经济必须采取正确的方法，要把马列主义同中国的实际相结合，特别是要立足于社会主义初级阶段来观察我国今天经济的实际，来评价我们当前的经济政策，寻找建设具有中国特色的社会主义的道路。

---

① 写于1998年。

一、我国农村一个十分落后的地区的经济迅速发展与面临的迅速变化

温州是个经济比较落后的地区，地少人多，整个温州8县1市，600多万人，人均耕地四分六，交通不便，3个县在山区，没有铁路，工业基础差，主要是手工业，解放初工业总产值只有6万元；30年来国家投资少，收入水平低，1977年农村人均收入只有55元。浙江省5个贫困县，3个就在温州。西欧一些国家开饭馆的，10个厨师里有8个就是温州青田人。

就在这样一个贫穷落后的地区，十一届三中全会以后，经济开始了迅速的发展，出现了一次起飞，其表现是：

第一，工业生产迅速发展。1949年到1976年的20多年里，工农业总产值年增5%，总共才翻一点六番；而1976年以后的8年里，工业总产值翻两番，每年递增9.4%。具体地说，1977年到1982年工农业总产值翻一番，达28亿元；1982年到1985年3年又翻一番，达到57亿元；1986年更达64亿元。财政收入也同步增长，8年翻了两番，现在每年财政收入有5亿。四川省有1亿人口，1986年的财政收入69亿。一个600万人口的温州财政收入达5亿，是很不错的。我国人均耕地1.5亩，美国14.5亩，苏联13.4亩，加拿大28.4亩；劳动力多，土地少，这是我国难以脱贫的原因。

第二，产业结构发生了巨大变化。单一的农业经济结构开始改革。1978年工副业共占工农业总产值的17%，1986年占65%。在商品经济发达的乐清县柳市等地，工副业产值达90%，农业产值只占10%。单一的农业地区开始走上了工业发展的道路，劳动力开始向第二产业和第三产业转移，现在从事工副业的劳动力占全部劳动力的60%以上。产

业结构得到了很大的改变，过去农村没有工业，现在工业成了农村生产产值的主要部分。商品经济发达的地区，原来的农村人口大部分成了城镇人口。1949到1980年，全国农业人口一直占80%左右，8亿人口搞饭吃。在发达的资本主义国家，农业人口只占百分之几。

第三，农民生活迅速改善，特别是商品经济发达的乡镇。1977年人均收入55元，1985年人均收入447元，1986年508元，8年翻了八番多，全市128万农村户口，有40多万户富裕起来，富裕面达1/3（每户年收入4000元左右），柳市镇的万元户占24%。据说永嘉桥头镇万元户占80%，90%的农户建新房，不少还是三层楼。工人的日工资约5元。龙港镇镇委书记陈定谟告诉我，那里的信息专业户，贴邮票的月工资150元，专门写信封的月工资200元。收入增长快，消费水平就高。到温州的第一个印象就是"穿在温州"。那里在领导服装新潮流，街上姑娘小伙子穿得时髦，人们讲求质量好，不在乎价格贵。温州街上有个市场是上海所没有的，上百家日用品和服装小商店，进口货占70%到80%。有的小伙子穿的衬衫一件50元，有的姑娘穿的裙子一条100元，农村人的穿着也不差。事实上温州一部分人的生活水平已经超过了小康水平。

第四，温州的农村城镇化发展迅速。由于温州经济的发展是由市场带动的，市场的发展，最后是城镇的形成。1983年全市有23个建制镇，1986年达86个，3年增长2.7倍。在城镇形成的过程中，他们走了一条依靠群众集资而不靠国家投资的新路。龙港镇是由群众集资兴建的，没花国家一分钱。1985年6月开始建设，仅两年时间，将近一万多户人居住的城镇就建设起来。两年群众集资2.3亿元，修房子130万平方米，有26条街，长23公里，都是清一色的4层楼房，其中不乏高层建筑。这是全国农村城市建设的一个创举，它标志着农村城市化开始。

目前温州集镇人口占农村人口的25%，按照目前的速度，到1990年集镇人口将达到50%，将近300万人口要进入集镇。如果说30年来我国农村城镇化进展甚微，那么短短的七八年里，温州25%的农民就变成了城镇居民，改变了农村的面貌，这不能不说是一个飞跃。

以上所列举的4个方面的变化就是在温州的土地上发生的。最主要成就是相当一部分农民依靠自己的力量脱贫致富，温州真可以称得上山乡巨变，作家周立波的《山乡巨变》写的是湖南农业合作化引起的变化。周立波不是经济学家，当然那时候的经济学家也不懂得传统形式的农业合作化还是解决不了农村现代化的。现在，我们在温州看到了真正的山乡巨变。温州靠自己，不花国家和集体一分钱，靠农民自己带来了这样的变化，这确实值得我们称赞。这是改革、开放所取得的成就的一个实例。

二、温州经济格局的内在机制，家庭工业与市场的互相推动

我认为，温州经济发展的特征是：所有制结构一定程度的个体化，经营家庭化，生产商品化，经济运行市场化。温州是市场机制充分发挥作用的家庭工业生产。温州经济运行中有两个轮子转得很快、很顺利：一个轮子是家庭工业，另一个轮子是市场。两个轮子相互推动，互相促进。

温州格局的基本特征是农村家庭工业迅速发展，家庭工业取代了农业的地位，成为农村占主要地位的产业部门。温州农村工业有这样几种类型：家庭工业、联户经营、大户经营。集体所有的乡镇工业不发达，龙港镇没有一家集体工业，家庭工业是农村经济的主体。1986年家庭工业大约有14万户，产值达12亿元，占全市农村工业总产值的

61%。在全市工业总产值中，家庭工业占28%，国营工业占18%，集体工业占54%。我对这个集体工业的数字有点怀疑，有的集体只是"挂户"集体，实际上还是个体经营。

温州是"家家生产、户户经营"，农村里没有一家闲着的，或者搞塑料编织，或者生产再生腈纶纺织品，或者搞塑革鞋生产，或者搞其他工业。农村随处可见家家户户门口三五人坐在一起，手里拿着活计，或者堂屋里摆个织布机或者纺车（纺织塑料编织袋和再生腈纶织品）。

温州地区出现了一个家庭工业的复兴，这发生在建设社会主义的时代，乍看起来是个很奇怪的现象。家庭工业是个体性的经济，它是以使用家庭劳动力为特征的，一部分属于小业主性的家庭生产（请几个帮工或学徒，自己也参加劳动）。家庭生产是一种小生产，其特点是设备简陋，投资少，产品小；原材料是边角废料，成本低；分工细，专业性强（一个产品分若干道工序由几户承担）；依靠家庭劳动，劳动力成本低，劳动强度大。这种小生产方式不仅适合农民家庭经营，而且效益高，搞得好的投入和产出是1比8，资金利润率100%也不少见。

温州家庭工业不同于我国历史上男耕女织的家庭工业。（1）历史上的家庭工业是副业、温州的家庭工业是主业；（2）历史上的家庭工业使用的是最简陋的手工工具，而且长期不变；温州农村家庭工业使用了简单的机械，开始使用现代工具（车床、汽车等）；（3）历史上的家庭工业没有分工，温州的家庭工业有了较细的分工。如苍南县宜山镇的再生棉生产，搞原料采购的380户，并纱的640户，原料分拣600户，开花1200户，编织6490户，缝纫2700户，产品销售2300户，运输400户，这是包括生产和流通的全面而细致的分工。分工大大提高了劳动生产率，是家庭工业的效益的基础。能充分利用市场作用，可以使用社会生产要素与社会资金，市场为家庭生产方式生产力的提高，提供了外在的条件。

温州家庭生产是拥有经济效益的家庭生产：投入资金少，劳动成本少，劳动强度高，依靠社会结合劳动（深化分工），有一定竞争能力，同时，船小掉头快，能灵活转产。是有很大适应性的家庭生产，差不多每个农民家庭都能搞，因而，能在农村迅速扩大和普遍推行。

在温州经济中市场作用也是极端突出的：（1）温州市场多：大小市场417个，专业市场130个，大型市场（产销基地）10个，有5个成交额1亿以上。（2）市场"大"辐射远的市场，不是地方集市，而是"远程贸易，面向全国"。柳市镇低压电器市场，生产涉及2个镇15个乡，6万人从事生产，产品销28省市，全国的产品要到此找销路，如广州百货公司批发部积压24吨纽扣，在桥头镇销售一空；辽宁阜新百货站积压10年500万粒黑纽扣，在此10天销往全国。因而，这是"小生产"，"大市场"。按照马克思主义的一般原理，先有生产后有交换，生产决定交换，交换也影响和推动生产。过去我们只强调生产的重要性，低估了交换的意义，我们所看到的温州经济，市场作用是分外重要的。温州有的地区是市场先行，先有市场，在市场带动下后有家庭工业，如桥头镇纽扣市场就是这样形成的。桥头镇最初只是一个纽扣销售的集散地，全国各地所生产的纽扣通过购销员拿到桥头镇来销售，而各地服装厂所需要的纽扣也都到这里购买，于是纷纷在桥头镇兴办纽扣生产的家庭工业，目前这里销售的纽扣已有三分之一是桥头镇自己生产的。长期以来桥头镇是一个小商品集散地，到1981年纽扣成为市场的主角，到1984年底已形成包括店、摊1030个，其中纽扣摊位700个，从业人员2000余人，日成交总额达20万元的闻名全国的纽扣交易中心，品种由过去的几十种发展到了现在的1300多种。有的纽扣是上海和其他城市生产的。为什么其他地方的服装生产者都要到温州来买呢？一是品种齐全；二是专业市场纽扣高销售之间有竞争，可以讨价还价，价格比较低；三是产品小便于携带。这种专业市场形成后，信息反馈到农村，纽扣采购员帮助农民买来生产纽扣的机器，再向生产者订货，这样采购员就用不着全部到外地采购了，也由此带动了当地纽扣的生产。

三、市场引导生产转换，家庭生产经常处在变动之中

市场起了生产转换的调节作用。温州十大专业市场里原来有个兔毛市场，现在没有了，因为兔毛卖不出去，那些加工兔毛的厂商就也转向了。有人认为，这是市场的盲目性，不适合社会主义经济。我看没有什么不好。这里的家庭工业生产在变动中，品种在变，规格在变，这都是由市场调节的。市场调节是以价格机制较充分发挥作用为前提。温州的市场机制（主要是价格机制）较充分地发挥了作用，由于它是个体性的市场交易，有充分购销自主权，自主定价权，价格活，可以随着供求的变动而变动。个体经济不像国有企业那样管得很死。

温州家庭工业生产所需的原料是靠10万采购员到全国各地去采购来的。温州不仅形成了消费品市场，而且形成了一个特殊的生产资料市场，他们需要的东西都能搞得到。怎样搞到的呢？一方面是现在社会主义商品经济搞活了，有的产品可卖议价；另一方面就是我们说的关系学，"手榴弹"加"机关枪"开路，因为国家不给他们配物资，他们要生产就得这样做。他们那些采购员本事真大，他们说我们要啥都能买上，10万采购员全国各地跑，不仅推销而且还采购。温州发育

比较好的市场体系和市场流通，是带动家庭工业的决定性因素。

温州的市场包括两部分：一部分是社会主义的市场，这就是国营商业、供销合作社和国营物资部门的交换活动，目前，这部分在温州占社会商品的流转总额的半数以上；第二部分就是个体性的商品交换活动，这就是农村的专业市场、农贸市场和农村综合市场，后者依附于前者。

通过对温州经济内在机制的分析，可以得到两点启示：

（一）温州经济之所以发展得快是因为实现了由产品经济向商品经济的转变，较为彻底地解决了对发展商品经济的束缚

过去温州经济和全国经济一样，实行社会主义产品经济体制，国家的指令性计划管理体制，是国家统一的物质调拨体制，这一体制束缚了农村生产的积极性。十一届三中全会以后，这里率先发展商品化、市场化。农民家庭成为拥有生产和经营自主权的商品生产者，为市场而生产，从市场获得生产要素，劳力不够通过劳务市场能找到帮工，资金不足可以通过银行和民间信贷取得资金。温州有发达的民间信贷，曾经有4个私人钱庄，有个被称为百万富翁的王小兰，她经营私人钱庄，她靠穿针引线作借贷的中介人，吃高利差。现在国家禁止搞私人钱庄，据说钱庄没有了，但我怀疑是否转到地下去了。温州家庭工业发达，资金需要量很大，金融体制改革又跟不上去，私人向信用社借钱难之又难，商品经济的发展对信贷资金的需求，使民间信贷的出现成为客观必然，对民间要堵，也堵不死，地上堵了它钻到地下去了。温州金融体制在全国率先实行了改革，信用社存款利率一分二，贷款利率一分六厘六，并可随市场需求变化上下浮动，由于实行了这项改革，民间贷款利率就由原来3分、4分、5分下降为2分左右了，民间信贷的高利性在一定程度上被抑制了。温州全年需要6亿元信贷资金，民间信用解决了两亿，温州就是依靠发达的市场给家庭生产增添了动力。

市场使家庭生产的分工发展和深化，使较低下的家庭生产力得到提高。市场的发达增强了人们的商品意识，使一些家庭能实现较为灵活的市场经营，开拓市场销路，增强竞争力，使技术落后的生产形式能够与国营大生产在市场上相抗衡。温州人的商品意识特别强，人们都说温州人精，今年春节上海到温州去作时装表演，计划是4天，结果表演了两个晚上，第三晚上就表演不下去了，因为第三天他们的最新式的服装已被当地人穿到街上搞时装表演了，这就是家庭服装生产者的商品意识。总之，市场给家庭生产注入了新的活力，挖掘了家庭生产的潜力。过去我国农村是自给自足加家庭生产，这种格局下的家庭生产是没有活力的，生产的东西一家人够用就行了。市场加家庭生产那就开拓了家庭生产发展的道路。因为自给自足加家庭生产是一种为使用价值的生产，而使用价值是有限的，商品经济加家庭生产是为交换价值而生产，而交换价值是无尽头的。商品经济把自给自足、只求温饱、不思进取、害怕风险的农民家庭唤醒了，市场激活了生产者的内在动力，农民家庭被卷入市场竞争之中，有了压力，市场培育出农民企业家，也调节着经济的运行，当然，也带来新的矛盾，但毕竟生产有了增长。总之，温州家庭生产潜力得以发挥的前提条件就是商品化和市场化。我们所说的温州的商品经济不能等同于个体小商品经济，虽然个体商品经济很发达，但是起主导作用的还是社会主义商品经济。正是近年来社会主义市场体系的发展才有温州专业市场的发展，说到底，温州经济的发展要放在社会主义商品经济这个大背景下来考察，放在十一届三中全会以后改革开放政策的大环境中来考察。

如果说温州人会经商，温州10万采购人员聪明，那还是一种表面和感性的认识，最本质的认识是社会主义商品经济大发展，加上温州的特殊的做法、特殊的措施。

（二）充分地挖掘和利用家庭生产（家庭生产方式）的作用

这些年国家没有对温州地区增加投资，温州却依靠家庭工业的生产力，增加了12亿的工业总产值。长期以来，我们对家庭生产的作用认识是不够的。传统的观念是：个体家庭经济是没有生命力的，是要长出资本主义的，人们将社会主义现代化建设简单地当作是搞大的项目、工程，一心追求宝钢、鞍钢这样的大工厂，而不曾重视和正确处理大生产与家庭小生产的关系，以及与之相关的社会主义经济与个体经济的关系。按照传统的观念，搞社会主义就要消灭个体经济，我国在农业合作化和对私人资本主义工商业的改造中，几乎把城乡个体经济统统公有化了。1958年"大炼钢铁"，残存的农村家庭生产进一步被消灭，由于认为个体经济就要发展成资本主义，因此采取了割尾巴的政策，这些冒进做法使我们吃了苦头。事实上，要建设有中国特色的社会主义，实现工业化不能照搬苏联式的国家工业化方法，单靠国家投资建设大工厂，搞现代化还必须通过发展城乡小生产，并引导其逐步扩大，最后走上现代大生产的道路，十一届三中全会后的实践也说明了这一点，苏南走了一条依靠集体，而不靠国家投资发展工业的道路，温州走了一条依靠个体经济发展工业的道路。

温州经济发展启示我们思考中国式现代化的道路和中国农村现代化道路问题，可以说，单纯去追求大生产、大农场、大机械化的道路是走不通的。目前我国农村已走上以家庭经营为基础发展合作化和机械化的道路，这条道路是从我国的实际出发的。对小生产不但要运用，而且还要充分发挥它的潜力，这条道路不但适合中国的实际，对世界其他欠发达国家也是有意义的。特别要看到，现代科技革命为小生产的发展开拓了一定的场所。例如电子计算机已在家庭使用，当代现代化生产并不是都要求扩大生产规模，而且有的也在向小的方向发展，美国有1800万人特别是搞第三产业的是在家里工作的。温州现在的家庭生产的技术还比较落后，但将来高度发达的技术也会应用到现代化的家庭生产，从这个意义上讲，我们对小生产还要有新的认识。搞具有中国特色的社会主义，不可能搞纯之又纯的社会主义，有一定的个体经济不足为怪。在公有制的前提下，有一定的个体经济作为补充是有必要的。

温州家庭经济是个体经济，生产资料是个人的投资；劳动力是自己的或雇用的；产品归自己占有；由自己负责经营；盈亏自负；利益自己享受。它是社会主义制度下的个体经济，有的同志认为，温州经济是社会主义联合劳动，理由是国家可以对它的收入通过税收进行调节，所以就无所谓生产资料的私人所有制。我不赞成这种观点，如果说国家征税就无所谓公有和私有，那么资本主义国家对私人企业也征税，英国的超额利润所得税高达80%到90%，但这并不改变资本家私人企业的性质。我们的理论不要扭扭捏捏地去粉饰现实，而应该从社会主义初级阶段出发，承认个体经济甚至私人经济存在的必要性，要将此作为一项长期的政策。

四、小生产向大生产的转化及其滞阻

温州的家庭生产可分为这样几类：

原生的家庭生产。这种类型的生产基本上依靠家庭成员的劳动力，不雇用他人，离城镇较远的地方这种形态较多。

扩大的家庭生产。这种类型的生产依靠家庭成员劳动力再加少量雇工，这是家庭生产在合法范围的扩大化，可以称之为社会主义制度下扩大的家庭生产，这是当前温州家庭生产较为典型的一种形式，例如有六七个工人，前店后厂，这样的形式在温州相当多，乐清县柳市镇街上的电器生产有1000多家，多数是这种类型。由于业主本人参加生产，雇工量少，虽有一定的剥削，但不能算作资本家。

联产生产。数户家庭联合起来，每家都有雇工，一个小院子，一个小作坊，本人也参加劳动，这一种私人性质的合伙企业，雇工多，10~20个。

大户经营。简称"三五牌"，即雇工50人，产值50万，利润5万元。有人说雇工是社会主义联合劳动，事实上，这种经营投资是私人的，利得是私人的，尽管雇工的工资受社会水平总体的限制，有的福利较好，有各种新的情况，但毕竟还是雇佣劳动，是带有资本主义性质的私人企业。温州有个很有名的私人企业家，是个六八届的知识青年，名叫叶文贵，他是退职去办厂的，他的雇工有100多，搞压延薄膜生产，工人月平均工资170元，还有福利，工人都是经过严格挑选的，劳动很紧张，这个工厂的私人资本主义性质是很明显的。不能把所有个体经营统称为联合劳动，但是雇佣关系有新的特点，剥削有所限制。目前温州地区一般是主劳动力不受雇，副劳动力出来当雇工，女孩子出来当雇工挣嫁妆钱的不少，有的称为"留学生"，受雇一两年后自己回去办自己的家庭工厂，工人与业主政治上平等，生活上不受歧视，同桌吃饭，人际关系也很好。尽管有这些特点，但剥削还是有的，如叶文贵所有的年收入100多万，全部工人的年工资支出仅20万左右，能说他没有剥削吗？不能说是社会主义联合劳动，不能说国家征税下，不存在所有制问题。龙港镇书记陈定模说用不着给他贴金，应该明确称之为社会主义制度下的私人企业。

现在大户经营发展发生了滞阻，由于政策不明确，业主怕戴帽子，不敢多雇工，许多业主都是临时观点，不敢扩大雇工数量，准备气候不好就收摊子，所以就发生了向大生产转化的滞阻。在温州像叶文贵那样的工厂还不多见。

温州一些家庭生产向大生产转化采取联合化的形式，就是几家联合起来"挂户"经营，即挂在全民或集体企业的户上，有的地方还出现了由集体企业向家庭工业分发原材料和收购产品，这就体现了个体经济的联合化，出现了个体同集体双层经营。这种形式我认为可以称之为社会主义的厂外制度。

家庭经营联合的另一种方式就是股份制。除了出资者采取投资入股外，工人也有股份。社会主义制度下国家若能制定一些政策，通过股份制增加公有股份或职工股份，可以使这种资本主义企业增加一些联合化的因素，这也是把小生产转化为大生产的另一条道路，但当前这种向大生产的转化刚刚萌芽，尚未形成趋势。

家庭工业应该是社会主义大生产的前驱，家庭生产向大生产转化有其可能性，因为盈利率很高，有一定积累能力，这就为扩大生产、更新技术设备创造了条件。但是目前向大生产转化发生了滞阻，如温州出现了高消费倾向，家庭经营者把盈利的相当部分用于消费。那里，出现了建房热，这完全是属于保存个人财产的考虑；也出现了绿水青山上一圈圈的白石头坟墓，大的坟墓上还有亭台楼阁，造价往往数千元甚至上万元，有的人才40多岁就为自己造墓，把温州的大好风景都破坏了，这是封建迷信和私人财富占有欲的产物。

温州消费水平很高，人们说，穿在温州，吃也在温州，一部分商品价格很高，甲鱼30元1斤，黄花鱼24元1斤，鳗鱼20多元1斤。温州6月份一个月就卖出名酒16000多瓶，五粮液77元1瓶，全兴大曲31元1瓶。五粮液在成都很难买到，可温州到处都是，他们那里有两句话，"拿起就走是专业户，讲价还价是干部。"温州金制首饰特别畅销，买不到金制品就买珍珠项链，表现出消费过旺。

人民生活水平提高是件好事，但如果人们把应该用于扩大生产的部分花掉了，这就不是正常的消费行为。由于向公有制扩大再生产的路子还在探索中，步子还小，对私人扩大再生产实行大户经营，人们又害怕，因此发生了消费倾斜和积累阻滞，这是一个值得注意的问题。资本主义初期资本家还喊积累呀积累，为了积累他就喊节俭呀节俭，我们社会主义生产不积累、不节俭怎么能行呢？

五、对温州经济的几点看法

温州经济取得了显著的成绩，有许多经验不仅是温州可以继续推行的，而且对全国其他地方也有借鉴的作用。

温州经济还存在不少问题要下功夫解决，使之更加完善，大概有这样一些问题。

农业生产发展与工业不相协调，工业向前发展了，农业有停滞倾向。

城乡不协调，有的乡镇经济发展很好，温州城的经济发展较差。

国有企业和集体经济急需发展，急需巩固，急需加强。温州的国有企业和集体企业虽不能说是奄奄一息，但也是困难重重，职工的工资相对来说很低，职工思想不稳定，老工人千方百计退休搞家庭经营，这值得重视。温州集体经济不发展，陈定模说，他不搞集体企业，我的意见是，还应该三个轮子一起转，还需要大力发展国营和集体经济。

收入差距悬殊。太富的我们就不说了，就是万元户同一些穷的地方也有差距（有3个贫困县），雇工与雇主差距大。家庭经营者收入高的同城乡干部职工的差距过大，为什么不征收超额累进税呢？温州的税收工作存在不少问题，偷税漏税很普遍，为什么不对那些收入十几万的征收超额累进税呢？收入高的不积累，为什么不可以征收高额消费税呢？可以考虑对专业户的高收入征收累进税，拿来给温州地区国有企业和政府的职工补发地区津贴。

金融体制还不适应。民间信贷还相当盛行，我指的是封建性的私人信贷，那里民间标会有11种，危害很大，在倒会的时候会主逃之夭夭，发生砸房子、死人之事，这些问题需要金融体制进一步改革才能得到根本解决。

家庭工业技术改造缓慢，产品质量差。乐清县柳市镇的低压电器产品质量不过关，《人民日报》曾点名批评过，若不加快技术改造，国有企业搞活以后，温州的家庭工业就会面临困难的境地，甚至可能发生大调整。

社会主义精神文明建设亟须加强。在那里，资产阶级的东西、封建意识都有所抬头，有些人有了钱，又不注意学习，乱七八糟的事就多起来了，意识形态里的问题还要花大力气解决。迷信活动也很盛行，建庙宇修坟墓成风，苍南县线库镇有个很有名的主教（中国人）死了，准备来送葬的有几万人，后来经过劝阻来了8000人，这表明了科学文化的缺乏和社会主义思想意识的淡薄。要提倡艰苦奋斗，反对高消费；要讲全局，讲社会主义前途；提倡科学文化，反对封建迷信，提倡社会主义道德，反对资产阶级生活方式。

温州多样化所有制格局有待完善。温州经济格局有其缺陷，要通过改革加以完善。可以设想如下的模式：第一要素是国营加集体，第二要素是个体，第三要素是联合体，第四要素是私人资本主义经济（就是大户经营），第五要素是国家资本主义。应争取温州经济中第一、二、三种要素居优势，第四要素绝不能压倒一、二、三要素。温州经济格局的合理化需要加强第一要素，逐步引导第四要素使它转化为第五要素即国家资本主义，把第二要素引导为第三要素的合作经济。有人说，温州经济姓"社"还是姓"资"，在于看温州的国有经济加集体经济是否占总产值的较大份额。我认为，我们应该坚持公有制占主体地位，这是无疑的。但是，主体地位应是较为宏观的概念，不能把公有制经济的主体地位等同于每个地方、每个专区、每个镇在产值中占份额较大，个体经济占了产值的份额较大也不等于偏离了社会主义，关键是雇工经营的私人经济不能在一个大的地区占优势。总之，温州经济总的情况与格局是符合它本地的实际情况的，但它还需要在改革中进一步发展和完善，特别是要大力巩固和加强公有制经济，以发挥它的主导作用。

对温州的家庭工业要正确引导和调节，商品经济早期发展存在局限性与消极作用，要形成国家控制市场、市场调节生产的运行机制，改变纯自发性市场调节的状况，主要运用经济杠杆。雇工工资待遇的政策规定限制、劳保问题、童工问题等都要及时解决，所以领导职能要加强。我看越是商品经济，领导职能越要加强；越是低层次的商品经济，越需要国家职能的发挥。不过领导要讲求方法。

再论温州经济[①]

　　党的十一届三中全会以来，在改革开放的经济工作总方针指引下，在大力发展社会主义商品经济这一基本思路的指导下，我国各地农村经济呈现出一派生机勃勃、兴旺发达的景象，出现了中华人民共和国成立以来所未有的大好形势。近年来发展最为迅速，成绩最为显著，特别为人们所注目的，有所谓"苏南模式"和"温州模式"。我认为，准确地应称模式为"格局"，它们分别表现了我国农村经济发展的不同方法和道路。

　　本文中我们将讨论温州格局，讨论这一条以家庭生产为基础的发展社会主义商品经济的道路，看看它的成效，它发展的特殊内在机制，它的条件，它的矛盾和当前存在的问题，以及未来的前景。

一、我国农村一个十分落后地区经济的飞跃性变化

　　到过温州的人，无不为这个地区的农村经济迅速发展和各方面的

---

① 写于1998年。

深刻变化感到惊奇，特别是这一变化是发生在经济较为落后的地区，这里地少人口多，交通不方便，工业基础差，国家投资少，收入水平低。（1）地少人口多，全县636万人，山区多，七山一水二分地。（2）交通不方便，八县一市，三个县是山区，无铁路。（3）工业基础差，主要是手工业，没有一家像样的国营大厂。（4）国家投资少——地处一线，30多年国家投资少。（5）收入水平低，本来就穷，温州人跑遍全国，有的赶活，有的讨饭，1977年农村人平均收入55元。

由于上述不利条件，加上我们工作的失误，主要是"左"的错误：（1）所有制上"一大二公"，排斥消灭个体经济，温州搞"左"的做法是出名的，1956年"包产到户"在这里萌芽，接着是受到一系列的批判。（2）不是致力于发展商品经济，而是搞自然经济，迄今有几个温州地区经济发展缓慢（与我国农村其他落后地区一样），加之"文革"，因而，改革开放30年来，许多地方温饱尚未解决，全省5个贫困县3个在温州，不仅仅山区的县如文成、泰顺、永嘉的人民穷，就是温州平原地区的平阳、苍南等县也有不少人吃不饱饭，要外出讨饭。1978年提出改革开放，以及党的十二大提出20世纪末翻两番的任务后，人们在思考在这样一个地区，没有强大的国营经济的带动（如宁波、杭州），没有无锡、上海那样的工业城市作后盾，在这样一个经济不发达的地区，经济能否得到发展？人民群众能否尽快脱贫致富？可以说，在最初，这里的干部与群众都不曾想象到有现在的发展，工农业生产取得目前这样的发展，生活水平甚至超过宁波。

但是改革开放真是像魔杖一样，实现了人们未曾想象和不敢想象的事情，8年来（1978~1986年）这里经济上开始一次"起飞"——在家庭生产基础上的起飞，这是作为中国社会主义初级阶段经济发展进程中的一次十分特殊的跃进性的发展。

（一）工农业生产迅速发展

从1949年到1976年26年间，（1）工农业总产值每年递增5.2%，总共只翻一点六番，而此后8年间工农业总产值翻两番，每年递增9.4%。（2）财政收入同工农业总产值同步增长，1977年为8100万元，1982年为19100万元，翻了一番。

（二）农村工业有很大发展，产业结构发生了巨大变化

和全国农村一样，温州农村长期保持着单一的农业结构的落后面貌，1978年农村种植业占农业总产值64.4%，工副业占17.4%，这一占比1985年种植业下降为25.3%，工副业上升为65.3%，在一些商品经济发展好的乡镇，工副业已上升到80%、90%，这表明，农村已经开始迈上大力发展工业的新道路。

与产业结构的上述变化相适应，劳动力也由农业领域向工业和第三产业转移。1978年全市农村劳动力180万个，从事农业的为160万人，占劳力总数89%；从事工副业的20万人，占11%。1985年全市劳动力258万人，从事种植业的60万人，为23%，从事第二、第三产业的130万人，占50.7%，其余从事牧、渔、林、养殖业等的为68万人，占26.3%，这种情况意味着拥塞于农业中过剩的劳动力得以在其他生产领域内得到有效的利用，而不再是80%的人口搞饭吃，这是我国农村生产力的又一次解放。

（三）农民生活迅速得到改善，特别是在商品经济较发达的乡镇，一部分农民，甚至在某些地区相当一部分农民率先富裕起来

温州1977年全市农村人均收入55元，1985年人均收入447.2元，1986年人均收入达到508元，8年人均收入增加10倍。据说，全市128.8

万农户，每户年收入4000元左右。柳市镇家用电器之乡万元户达24%，永嘉桥头镇万元户达80%，90%的农户盖新房，一般为2~3层。从事家庭生产的工人，在任务饱满时，每人每日工资4~5元，产值达10元，年纯收入7200元。龙港镇陈定模书记说：每户年收入低的3000~5000元，高的达10万元，1万元占大多数，一个信息专业户雇佣的贴邮票的工作，月工资150元，写信封的月工资200元，他们说，这个地区，要饭的你给一角他是不要的。

由于收入增长快，消费水平也就大大提高。到温州首先人们会获得这样的印象：人们特别是女孩子穿着时髦，打扮得珠光宝气，可以说这是新潮服装的故乡，全国有的式样这里全有、先有，全国没有的式样这里也有。这里有全国最为集中的进口服装市场，穿着好不仅仅是城市，而且是城镇、农村的普遍现象。这种现象，是温州所仅有，一过温州地界，情况就不同了。

人们生活富裕，表现在穿、吃、住、行各个方面，现代化的家用电器十分普遍地进入农民家庭。

温州人民生活，对一部分人来，不仅是已经超过了"温饱型"，而且可以说是超过了小康水平。对于那些较贫困的地方来说，这种变化是人们难以想象的。

（四）农村城镇化迅速发展

温州农村经济的发展是由城镇经济带动的，是专业市场的兴起，促进了农村家庭工业的发展，而在专业市场发展的基础上，形成一城镇。1983年全市只有23个建制镇（按规定人口2万），1986年为86个，3年增长2.7倍。

温州城镇的形成，走了一条依靠群众集资而不是靠国家投资的新路子。闻名全国的龙港镇就是完全由群众集资，不花国家一分钱建成的。龙港镇面积4.2平方公里，1984年那里还是一个只有6000人的渔民村，1985年6月开始建设，公开向群众集资2.3亿元，出资5万元、6万元的不算少，两年时间修建房屋130万平方米，现有居民3.5万人，人均居住面积40平方米（成都6平方米，莫斯科12平方米），街道27条，长23公里，兴建学校4所，中学1所，小学3所，7个幼儿园，儿童99%都能上学。镇上不仅仅是居民住家的，也是工商业中心，有集体工厂15个，个体商贩14家，股份制工厂170多个，主要是轻纺30多家，包括化肥袋、卡片、标牌、食品加工（啤酒）等。绝大多数是"三五牌"的，产值上100万元的20多个。全镇工农业总产值9000万元，税收100万元。多数居民从事集镇工商经营，土地已经转包，居民在市场购买口粮。集中于小城镇的专业性的商品生产与经营体现了农村商品生产的更高形式，例如这里已经有不少的联产作坊（2间房的）、小型工厂出现，独资的龙港酒家，是3套房，7层，投资40万元，是按新型酒店建设的。按照镇的规划，到1990年将发展为6万人，2000年12万人。这个靠群众自身的力量在短短两年时间里建设起一个城镇，在全国是一个创举，体现了我国社会主义初级阶段城市化的一条独特的路子。

由于集镇的迅速发展，目前温州全市集镇人口为147万，占农村人口25.5%，"七五"期间集镇人口将达300万人，占农村人口50%，这种集镇化意味着农业过剩人口向工业转移，意味着工业化和农村生活的现代化。

二、温州经济格局的内在机制——工业与市场的互相推动

温州经济有其特殊的形式与机制，可称之为"格局"，而不称

"模式"，因为"模式"有范本、将加以推广之意。温州经济为什么发展得这样快？其原因在于温州自改革开放以来，逐步形成了一种温州经济"结构"和经济发展格局。农村经济发展的温州格局是一个以农民家庭工业为基础（或主体），以集镇专业市场发挥带动作用的商品（市场）经济。温州经济运行中有两个轮子：家庭工业与市场，互相促进。温州经济发展的特征是：某些地方所有制结构个体优势（发生了相当积极的个体化），经营家庭化，生产商品化，运行市场化，即独立经营的家庭工业与专业市场之间的互相依存、互相促进。这是温州经济运行的内在机制。商品经济中，生产从属市场、市场推动生产的机制和规律充分发挥作用，这也是温州经济活力之所在。

（一）农村经济发展的温州格局的基础：农村家庭工业

温州格局的基本特征是：农村家庭工业迅速发展，取代农业，成为农村占主要地位的产业部门。

目前温州的农村工业有以下几种类型：家庭个体经营、联户经营、大户经营（私人经济），家庭工业成为农村工业的主体。1984年有13.2万家，1985年13.3万户，产值11.3亿元，1986年达12亿元占全市农村工业总值64%以上；从事工副业的劳动力有132万人，占劳动力总数68%，1978年为11%。家庭工业的大发展，是近七八年的事，它使几千年来保持着的单一农业生产，特别是粮食生产的农村产业结构迅速改变，"家庭创造，户户经商"已经成为温州农村（包括集镇）的写照。（一过温州区域，就感觉不同）

温州家庭工业是一种个体所有制经济，主要有以下类型：

第一，纯个体性家庭生产，以使用家庭劳力为特征。在苍南、平阳，到处可见农村家庭纺线（塑料丝）、家庭编织（尼龙口袋、小椅子）的场景，使用传统的手车，全家围坐于门前或庭院。因而这又是庭院经济。

第二，小业主式的家庭生产。劳力主要是：（1）帮工、学徒；（2）"留学生"，是别家劳力，暂时未学习，与店主个人关系密切；（3）临时工；（4）常年性雇工（目前少）。家庭工业从物质生产方式来看，它是以家庭住房为厂房的小生产方式，它无须征地建房。它的设备简陋，一般是手工工具，或是简单的机器、冲床、织机。投产少，不要国家一分钱，完全依靠家庭筹资。产品是小商品"小""偏""缺"（校徽、松紧带）产品数量大、价值低。比如纽扣、塑料袋编织利薄，城市大厂不愿干，这种小商品生产、带有拾遗补阙性质，从而可以求得生存。原材料是边角废料，成本低（如废塑料袋，再生腈纶）。生产专业性强，可以借"小而专"，通过提高熟练程度而提高劳动生产率，通过节约厂房、设备、资金而提高效益。因而，家庭工业一般能做到效益好，1元资金投入，可以创造产值7~8元。

以上情况表明，家庭工业，乃是一种小生产方式，小劳动方式，对我国农村来说，它具有较广泛的适应性，能为千百万农民家庭所采用，因而得以迅速地推广和发展。

（二）温州家庭工业是具有较为发达的社会分工的家庭生产

温州家庭工业是在发展社会主义商品经济的条件下发展起来的，它具有新的时代特征。它不同于过去的家庭工业。（1）中国男耕女织的农民家庭存在几千年了，妇女织布，也是一种家庭手工业，但是它是作为副业而存在的，而当前的农民家庭工业乃是农家的专业主业。在少数农民家庭业已以工业为主业，集中居住于城镇的家庭，已经不再作为兼业户，而开始以工业为主。（2）历史上的家庭手工业是自给自足性质的，而当前的农民家庭手工业，乃是为市场而从事的商品生产。（3）历史上的家庭手工业乃是以简陋的手工工具为技术基础，当前的家庭手工业开始运用简单的机器、现代科学、运输工具，更多地使用新的物质技术手段。总之，开始具有某些现代的家庭小生产方式的特征。（4）历史上的农民家庭工业，分工是不明确的。例如在男耕女织的家庭生产下人们要从事纺线到织布、浆洗、作衣等工序的劳动，在那里，还不存在社会分工，或是社会分工很不发达。而温州的家庭工业，却是以存在较为发达的社会分工为特征。例如在金乡镇徽章的生产，工序有压模、写字、刻模、冲压、涂色、加别针等，在一村一品的生产方式下，一个村的农民家庭分别承担一个或两个工序；苍南县宜山镇的再生产腈纶，分工更为精细，对一个村的农户实行分工，搞几个工序，有的是一两个工序的专业村，分别负责后勤、织布、销售、腈纶布生产，流通由2万多分散农户按专业分工协作完成。宜山镇2万人，80%从事再生棉的生产，从事原料采购380户，并纱640户，原料分拣600户，开花1200户，编织6490户，缝纫2700户，销售2300户，运输400户。在这里，作为生产单位的家庭，承担不同的社会分工，这不是工场手工内部的分工，而是个体家庭之间的分工，是工场手工业的一个阶段，即马克思举出的混成式工场手工业的前期。生产专业化有利于组织家庭协作，有利于劳动的熟练化，可以提高劳动生产率。在手工技术，或是小型机器的基础上，依靠社会分工，依靠社会联合劳动来实现社会生产力的进步，是我国这样的人口多底子薄，资本、技术不足的国家，充分发挥我国农村丰富的劳动力的可行途径，过去我们是搞简单劳动协作，而大兵团作战，来发展农业生产，依靠"深化社会分工"，而不应搞简单协力作，如过去人民公社的"集体劳动"那样，这是温州经济给我们的一个启示。

（三）温州格局的主导要素：市场带动与市场调节

温州格局的根本特点是它是由市场调节的、独立自主的家庭经营，写作公式是：个体经济+个体商业+城镇专业市场，或家庭生产+市场，是紧密依存于市场的。由市场发动和市场调节的以个体所有制为主体的商品经济，就是温州经济的特点与机制。市场在温州经济中起着分外重要的作用，可以说是温州经济的生命线。

在温州经济的发展中，市场起着主导的作用。没有市场，就没有家庭工业；没有形成市场的网络和体系（专业市场，农贸市场），就没有家庭工业的发展和繁荣。市场为家庭工业提供原材料，为家庭工业产品提供销售场所。

温州大部分原料来自外地，再生腈纶、塑料编织袋、塑料片、塑料薄膜的生产，其原料均来自全国各地；大部分产品销往全国，是依靠全国大市场的联通了的小商品生产，即小商品，大市场，而不是独立的地区性市场和地区商品，是为全国大市场而进行的家庭生产，不是为地区市场而进行的家庭生产，这是辐射很广的小生产。市场为家庭经营提供生产信息，对生产提供正确的导向，这是分散进行的家庭生产得以实现其社会性的必要条件。民间资金市场……提供资金供应，为闲置个人资金寻找到使用和增值的场所。劳动市场为家庭工业提供劳动力，总之市场是家庭生产获得生产要素、进行正确的生产决策、实现社会化的生产的重要机制。

1. 市场的先行形成

按照商品经济的一般规律，应该是先有生产，后有市场。但是就某一个地方来说，也可能是先有市场，后有某一项生产，如在温州，先于生产市场的形成。桥头镇的纽扣专业市场的形成过程，体现了这种市场先行。桥头镇原先是一个破落不堪的山沟小镇，过去只有一些

全国跑的货郎，他们将那些工厂不要的、大商场不屑于经销的纽扣带
到镇上来推销，由于产品花样多、价格低、销路好，因而吸引了一
批购销者形成了一个专业的纽扣市场，原先那里是尼龙布盖起的小摊
位，后来是鳞次栉比的小房，现在已经是拥有1000个摊位的大楼了。

专业市场形成，进一步引起市场的综合发展。例如纽扣市场→服
装市场→塑料袋市场，等等。因而温州的十大专业市场严格说来是以
某一专业市场为主的十大商品销售市场。

2. 市场的带动作用

在农村联产承包化和实行家庭经营的基础上，市场的作用在于通
过价格信号和经济利益，刺激、引发和带动了家庭工业生产。既然市
场上外地采购的纽扣可以销售，为什么不可以就地生产呢？于是一些
农民家庭就自发地试着生产纽扣，而购销人员则向农民家庭订货和供
应生产纽扣的原料和设备，这样，就形成了家庭纽扣生产销售市场。
在一个大市场的吸引下，家庭生产就普遍发展起来，形成了一个村，
甚至一个区的大多数家庭都从事的生产事业。

温州农村家庭生产的一个很有特色的项目——塑料拉丝（纺线）
和编织也是市场带动起来的，瑞安县塘下区金后村，1981年从市场得
知塑料袋供不应求，该村善编织的人多，开办塑料拉丝厂，带动两个
区，1983年有8万人投入该产品生产。

家庭工业是以有较为发达的分工为特征，在那里，无论是瑞安仙
降乡的制革（人造革），乐清柳市镇的电器制造，宜山的再生腈纶布
的制造，都有着较为精细的分工，它包括：（1）生产各个环节（工
序）分工；（2）同一环节，工序内各个生产者之间的分工（某一工序
多少人）；（3）生产与流通销售的分工；（4）生产、流通与其他服
务业的分工；（5）某些综合性企业与"分散"的专业户之间的分工。

通过分工，一个村、一个乡的几百上千家庭数以万计的农民，都被组织在一个十分精细的生产技术性的生产分工体系之中，人们从事于产、供、销，分工十分清楚，任务十分明确，因而，尽管它们从事的是一家一户的分散的劳动，但却是井然有序的社会性劳动。这种劳动的精巧、分化和井然有序的协作，并不是由人们有意识加以规划和组织，而是依靠市场——无形的手的作用，是市场机制组织社会分工的功能作用。

市场成为经济机制中决定性的环节，这样的市场经济的运行机制充分适应于个体家庭生产的特点，这是温州发展得十分迅速的原因。

（四）温州市场的组织与特征

1. 发达的专业化市场

温州农村市场有围绕本地家庭生产进行购销活动的专业市场和销售各地商品的综合性市场，包括销售农副产品的农贸市场，其中最重要的是专业市场。乐清柳市镇的电器专业市场，有商店千多家，销售本地生产的上千种电器产品（继电器、开关），销售从全国各地采购的电器生产所需要的生产资料（工具、电线、电池、各种螺钉）等。这些专业市场：（1）集中了上千种电器产品，桥头纽扣市场有全国的各种各类的纽扣，市场上还编有商品目录出售，吸引来自全国的采购人员，他们可以在这里集中地和十分方便地进行采购。（2）集中了各种各样的电器生产所需要的工具、原材料等。在这个市场上，人们可以购得电器产品生产所需要的差不多一切的生产资料。它满足这里农民家庭生产上的所有需要。（3）它集中了来自各地的信息。

以上情况表明，温州的农村市场，是一个大市场，这市场上产品之齐备，购销途径之多，购销活动之活跃，市场购销额之大，都是罕见的，甚至是大城市罕见的。

在此我们要谈一下温州农村专业市场的性质。我们认为这是一个与社会主义市场有联结、渗透个体性小商贩的市场，它是我国社会主义市场体系的补充。

2. 个体性的商业经营是与家庭生产相适应，流通中分散的个体经营与分散的个体生产是相适应的

个体商贩，以其跑得勤、跑得远、走南闯北，联系千家万户；经营灵活，从而供应及时，销售有保证；价格活，通过利益分成等形式与农民家庭形成一种利益共沾的关系，从而成为家庭工业企业的依靠。由于以上特点，在温州，这个以个体商贩为主体的市场，有着十分广袤的内涵，它包括相当完备的生产资料的市场交换，能满足千家万户日常生产的需要，温州家庭生产的资金周转快，其原因也在此。

温州的农村个体性市场，是与社会主义市场体系相联结的，是后者的组成部分。这个市场也受到社会主义市场的影响。进入个体性市场商品内容的扩大，特别是生产资料市场体系的形成，一个重要原因是体制改革与社会主义市场体系的逐步形成。这就表明，温州市场的形成与力量，最根本的还是来自社会主义市场，来自社会主义商品经济的发展。

总之，温州经济发展中，市场的作用十分突出，温州经济格局表现为市场的率先，即一个辐射面宽、购销活动联结全国各地、渗透力强——渗透到该地穷乡僻壤，每个家庭——的市场的率先形成，这个市场启动了家庭工业生产，滋养和扩大了家庭生产，调节着家庭生产。温州经济格局表现为市场与家庭生产的互相推动，但是可以说，市场起了第一推动力的作用。

三、从温州经济发展中得到的几点启示

（一）农村过剩劳动力的有效转移对农村经济的振兴具有主要意义

旧中国经济十分落后，农村保持着自给自足的农业经济面貌，中华人民共和国成立以来，特别是农业合作化以来，农业生产取得了重大成就，但是由于"左"的错误政策与做法，最主要是由于产品经济体制，使经济机制陷于病态运行，造成农村的建设进展缓慢。中华人民共和国成立30多年来，农村单一的农业生产结构改变很少。数亿农业劳动力，长年累月地从事着效益低的粮食生产。这种情况使农业产值增长缓慢，1953~1980年28年间，每年增长3.5%，而农村还有1亿人口尚未解决温饱问题。如何加快农村经济发展，使农民富裕起来这是一个关系社会主义建设顺利发展和体现社会主义制度优越性的十分迫切的课题。我国是一个人多地少的国家，人均耕地面积仅1.5亩（美国14.5亩，苏联13.4亩，加拿大28.4亩，法国4.9亩），大量劳动力拥塞于小块土地上，劳动效益低。我国农村经济的振兴，迫切需要将大量过剩劳动力转移到第二产业和第三产业中去，也就是说，要进行农村产业结构的调整，充分有效地利用丰富的劳动资源，以形成新的生产力。据估算，到20世纪末，农村劳动力总数将增至4.5亿人，需要转移2.3亿人，这是一个被延迟了的迫切需要完成的艰巨的任务。

农村劳动力向工业和服务业领域的转移，在我国这样一个情况复杂的大国，必须根据各地不同的社会经济条件采取不同的方式，而不能搞一刀切，各地一律。例如苏南是以上海等大城市的雄厚工业基础作为技术力量的支持，采取大力兴办集体所有制的乡镇企业的形式来进行的。

我国经济发展十分不平衡，除了少数经济发达地区而外，一些地区多年以来国家投资少，城市国营工业基础较为薄弱，而农村缺乏可以作为依托的经济实力强的大城市的支持，缺乏资金、技术、经营管理能力，特别是那些处在落后状态的地区，乡镇企业步履维艰，因而，如何探索有效的适合本地区剩余劳动力利用的道路，是农村体制改革所面临的一项课题。温州格局，就是那里的广大农民自发选择农村剩余劳动力利用的经济形式，这是一条需要资金少、简便易行、农民的家庭具有广泛适应性的农村发展工业生产的道路。实践表明，这一种经济发展的方式，借助市场+家庭工业，十分迅速地实现了农村产业结构的调整，并由此促使农村经济飞跃性的发展，进一步开拓了农村工业化的道路。

温州经济在新的市场经济模式下几年来奇迹般的发展，是发人深省的。它表明在发展社会主义商品经济的基础上，发展农村家庭工业生产，具体地说，在放开市场，听任市场机制发挥调节作用下发展个体工商业生产，是充分发挥农村劳动潜力，促使农村生产力飞跃发展的一种途径，而苏联式的合作社制度和人民公社制度，取消了市场作用和农民家庭经济，实行社会主义产品经济，使农村长期保持单一的农业结构，堵塞了剩余劳动力的出路，因此把农村经济搞死了。温州模式的实践，使人们认识到发展商品经济的重大作用，特别是使人们认识到：对于由千万个分散经营形成的农民经济市场的巨大作用。

（二）要充分挖掘和利用家庭生产的生产力

在社会主义建设中，如何处理好现代化大生产与家庭小生产的关系，如何处理好与现代化大生产相联系的社会主义经济和家庭小生产相联系的个体经济的关系，使社会主义现代化顺利发展，这是一个十分重要的问题。实践证明，上述问题的解决，关系到建设具有中国特色的社会主义。人们长期以来，基于社会主义速成论的观念，家庭小生产被认为与社会主义建设不相容，人们往往脱离社会主义初级阶段的生产力的具体状况，来看待家庭小生产的技术落后性，认为这种生产必然是缺乏生产潜力和扩大再生产的能力，"狗尾巴上的露水"，连维持自己的生存都十分困难。从而把它当作是与现代化建设不相容，特别是人们往往出于社会主义在所有制上"一大二公"的观念，把家庭经济等同于私有制经济，认为是资本主义的基础，只能带来两极分化，而不能"脱贫致富"。基于上述社会主义与小生产不相容的传统观念，人们对城乡家庭生产采取了改造、消灭的做法，我国在1956年合作化运动中，将小手工业家庭作坊、小商业的摊贩，统统合作化了。1958年"大炼钢铁"，对集镇打铁的手工作坊又实行一次扫荡，此后，在20世纪60年代"四清""文化大革命"中又不断地在城乡对零星的家庭生产采取"割资本主义尾巴"的措施，几经折腾，农村中的"土纺土织"，以及其他家庭生产被消灭殆尽，总之，家庭经济姓"资"等于资本主义，小生产等于毫无生产力的生产形式，被搞得"声名狼藉"。

"一大二公"的"大"，就是搞大规模生产，大兵团作战，搞大茶山、大果园、万猪场，在所有制上搞大集体，把个体经济强行纳入集体所有制，但是这些并未能取得我们预期的成果，没能使生产迅速发展起来、人民生活迅速得到改善，使社会主义快速向共产主义"过渡"，恰恰相反，这套吃大锅饭和平均主义的做法，生产上的社会指挥，大大挫伤了群众积极性，造成农村经济（及城镇经济）发展速度缓慢，人民生活改善少，在人均土地很少、人口增长率很高（2%以上）的情况下，剩余劳动力越来越多，积累越来越少，因而，社会主义建设遇到很大困难，我们搞了30年社会主义，但是某些地区，例如一部分农村地区尚未解决温饱，还是一个穷社会主义。我们实际上走了一条越大越公越穷的冒进的道路。

我国传统体制的弊端，就城市或大城市来说存在国有企业管得过死的问题，对农村经济来说，存在传统的合作社形式有缺陷的问题，另外，还有一个对待个体家庭经济和利用家庭工业生产的问题。农村实行家庭联产承包，农业上实行了家庭经营，但是农村改革不能止步于此，还要进一步将工业、商业和其他产业引进家庭经营之中，特别是家庭工业中。温州经济的实践表明，正确利用个体家庭生产将能给社会主义经济注入多么大的新鲜力量，特别是对于那些经济落后，国家投资少的地区，人们的眼界大开，看见了一条脱贫致富和农村工业化的新的道路。

温州格局最集中、最鲜明地体现了社会主义制度下家庭生产的复兴，这是建设具有中国特色的社会主义的一项引人注目的现象，这一现象也体现了社会主义初级阶段的某些特征：社会主义经济的不成熟，它要以社会主义的国有经济和集体经济为主导，以个体家庭经济为补充。

家庭生产，是指以家庭为基本生产单位，以家庭成员作为基本劳动力的劳动方式。由于家庭生产是以个体所有制和家庭享有经济利益为基础，因而它是个体家庭经济。

家庭生产是人类历史上十分古老的经济形式之一，它起源于原始公社时期，父系氏族的家长制大家族就是这样的家庭生产。以血缘为纽带的大家庭生产群体，家庭划小、保持配偶、小家庭特征。奴隶制社会的独立农民经济，就是一家一户的家庭生产。家庭生产在漫长的中世纪存在和进一步发展，在封建社会，一方面存在封建主的大生产

（庄园经济和我国的"皇庄""官庄"、地主的田庄），但另一方面存在独立农民的家庭生产和依附农民的家庭生产。而中世纪城市的手工业、商业许多都是由市民家庭来经营的，农村的农民家庭经济更是封建地主经济和亚细亚封建生产方式的经济基础。

随着资本主义生产方式的发展，以机器大工业为基础的资本主义工厂制度，以其成本低的优势，给家庭生产以毁灭性的打击，资本主义的发展是伴随着家庭经济的没落，但当代科学技术革命，使家庭工业生产与家庭商业、服务经营不仅成为可能，而且是有效益的，才有家庭生产与经营在一定范围内的再起。在美国有越来越多的人在家庭从事高技术性工作，如设备修理、信息业、咨询、绘画、雕刻等。美国劳工部1986年发表的一篇调查报告说："有1800万美国人在家里做生意。"研究过这一现象的保罗·爱德华兹说："这是一个充满机会的时期，因为经济在从制造和装配线转向以服务业为重点的职业。""计算机革命为从事许多不同职业的人提供了在家里上班的有力刺激。"①

在社会主义制度下，中国的农村联产承包制，以及城市中实行多种所有制的新政策，大大调动了亿万农民独立生产与经营的积极性，亿万农民家庭以饱满的热情从事农业、工业、第三产业的生产和经营，从而，20世纪80年代中国的农村和城市出现了一个家庭生产的复兴，在各地农村、城镇，家庭成为厂房，庭院成为车间，"家家生产""户户经营"，家庭由单纯的消费单位重新成为生产单位和经济实体，这种家庭生产化，在温州获得最集中的表现。

---

① 《合众国际社6月16日电》，《参考消息》1987年6月22日。

（三）家庭生产得以兴旺发展的原因值得探究和借鉴

温州家庭工商业的发展，似乎是一个谜，人们的评论很多，很早（"文化大革命"期间）就有"资本主义看温州"的说法。迄至今日，人们评论仍然很多，看法有分歧，但是认真地加以思索，可以这样来认识：社会主义初级阶段的中国，发展个体性质的家庭经济可以说是不可避免的。

第一，温州人说，他们的家庭工业的发展是"逼"出来的。这个经济不发达地区，国家不能提供大量投资，经济发展很慢。这种条件下，能不能实现产值翻两番，为国家做出应有贡献？实行联产承包制后，80多万剩余劳动力出路何在？人民群众能否脱贫致富？620万人口，人均0.46亩地，人多地少矛盾十分突出，原有的集体经济模式不能发展农村生产力，农民收入水平低，增长慢，相当一部分不能解决温饱，平阳等地不少人出去讨饭，温州人很多都在全国各地弹棉花，做家具，打石工。每年新增加10万劳动力，就业问题难解决，社会治安问题尖锐，年轻人东游西荡社会秩序乱。以上情况表明，那里的人民迫切地要求从自己的条件出发，去从事他们力所能及的小生产。

第二，温州的家庭工业是"扶"出来的。十一届三中全会后，实行新的农村政策，家庭联产承包使农民有经营自主权，又允许农民经商，从而解除了农民家庭生产与经营发展的人为桎梏，特别是当地政府采取了开明的扶持家庭经营的方针：一少管，二扶持。

第三，因势利导。温州发展家庭工业有其自身的有利条件。尽管经济和交通不发达，但是却有着从事经商的传统。人们都知道，温州匠人跑遍全国，而青田人当厨师的更是散见于西欧和世界其他地方。温州人在历史上形成的较为浓厚的商品意识，成为这里的市场和家庭生产得以较早和较迅速发展的一个精神因素。

第四，社会主义商品经济的发展是温州家庭生产起飞的最重要的原因。

温州家庭生产的起飞，其最根本的原因是我国经济体制的改革，是我国经济商品化与市场化的推行，是实行社会主义商品经济机制的必然结果。农村的联产承包制，赋予农民家庭以生产自主权，使一个个农家成为真正的商品生产者，农民家庭不仅可以独立自主地从事种植业的活动，而且有权独立自主地从事商业贩运活动以及工业生产活动。几千年来命中注定只从事种植业的农民，有了涉足工业和其他事业的舞台的可能性。商品经济扩大了农民的眼界，增进了商品意识和锻炼了经营能力，从前因循守旧，轻易满足的农民，变成了积极主动的商品生产与经营者。

社会主义商品经济竞争十分激烈，使那些家庭生产者必须从发展开拓中求生存，因此社会主义商品经济，不仅赋予个体农民以发展家庭生产的冲动，而且使它有了发展与扩大家庭生产的条件，从而使农民家庭生产的向纵深发展不仅是可能的，而且是十分必要的，这就是：社会主义商品经济孕育、激励与推动个体性的农民家庭生产，使它成为以公有制商品生产为主体的社会主义商品经济的补充。

四、社会主义商品经济赋予温州家庭生产以新的特征

（一）落后的、呆滞的家庭生产转变为具有活力的家庭生产

从历史上来看，家庭经济经历了两个发展阶段形成两个类型：自然经济中的家庭经济是以生产劳动者家庭自身所需要的消费品和生产资料为目的，或是为统治者生产剩余产品为目的。这种以使用价值为目的的生产具有自给自足的性质。这种家庭生产生产工具与生产方法

的落后。由于材料、工具，基本上都是自己生产，因而它具有封闭性质。由于不发达的交换和市场，生产者往往要完成所有的工序，不存在劳动分工，不能通过市场去利用社会分工的生产力。

也由于这种自给性的家庭生产，不存在价值规律的作用，也不存在竞争，不存在销售、市场问题，因而，生产者安于技术落后墨守成规，根本没有创新的动力。总之，自给自足性的家庭经济，它既不存在不断扩大生产的动机，也不存在不断扩大再生产的可能性，因而，它是以简单再生产为特征，是一种十分落后的、缺乏活力的、呆滞性的生产方式。它经历千百年的历史发展但还是保持着原有面貌。

家庭生产的特征是：生产目的不再是供自己家庭（或者其主人的家庭）需要的使用价值，而是交换价值。交换价值的需要，和对使用价值的需要是不一样，后者要受到主体的自然生理需要的限制，而商品经济所固有的竞争，给生产者以外在的压力，使不善于经营、不积极发展的生产者处在不利的地位，甚至有破产的危险。市场机制使经营得好的生产者获得超额利润，由此开拓了积累的源泉，市场使生产者能通过市场获得各种生产要素，使生产者获得了扩大再生产的经济条件。总之，市场改变了古老的家庭经济的行为特征和活动机制，使这个社会生产细胞有了动力、活力，成为一个不断发展增殖的活跃的机体和社会经济细胞。

（二）小而全的家庭生产变成小而专的家庭生产

商品经济发展了社会分工，从而使家庭生产由小而全变成小而专，即只从事某一部件的生产或是专门从事某一工序，这样就大大地发展了生产分工与协作。温州家庭生产十分发达和十分精细的社会分工和生产分工，乃是商品化与市场化的产物，因为存在着一个发达的市场交换，使人们可以从市场上购得各种必要的生产资料，还可以通过市场将生产出的未完成品、部件、零件销售出去，因而，人们就完全可以从事某一项局部产品的生产，而不必由自己去进行全部生产工序。而且，这些互相衔接的生产工序，无须管理机构去加以有计划地组织，而是可以由市场机制这一看不见的手去组织、联结，等价交换的纽带把单个家庭生产联结起来，形成互相协作的群体。正是因此，商品经济促进了分工与生产的专门化，而市场越是发展，专业市场越多，越是促进了温州十分精细的社会分工，农民家庭不再兼营种植，而专门务工；不是从事某一项工业产品的全部制造过程，而只是从事于其中的某一个工序，成为一个独立的部分劳动者，从事家庭生产的农民，现在处在一个不断发展、日趋精细的劳动、技术分工体系之中，成为一个十分"专业化"的生产者，由此也就使一个村或乡变成了一个在工序上的紧密衔接的大作坊，尽管其物质技术基础尚未超越手工技术（包括简单机器），从而基本上是一种手工劳动，但是，分工使劳动工具进一步专门化，从而改善了生产的物质技术条件，促使劳动专业化、改进劳动方法和提高劳动的熟练程度，可见，劳动分工使劳动生产率大大提高。

大力发展商品经济，依靠市场的联结作用，家庭生产较为精细劳动分工，充分运用社会劳动生产力，来促进农村经济的发展，这是温州经济迅速发展的一个重要原因。

对于经济不发达国家来说，实现经济的社会主义现代化必须依靠国有经济，依靠资金积聚和现代技术，但是不应忽视社会劳动组织的完善（分工）和社会劳动生产力的作用。作为经济十分不发达的国家，我国经济的二元结构将会长期存在，按照辩证法的观点应该是现代技术与落后技术并存，大生产与小生产（包括家庭生产）并存，因此，我们应该在大力发展现代工业的同时，充分利用一切落后的生产方式（包括家庭生产），既利用技术生产力，又充分利用分工这种社会劳动生产力。对这种分工的生产力估计不足，或者是看不见落后的家庭生产在分工基础上创造出的生产力，是片面的。人们不曾想到这样的农村分工会带来经济的飞跃，我国过去的农村合作社和人民公社化在指导思想上的失误，正是由于这种认识上的片面性，只是追求大，单纯扩大简单劳动协作规模，而不是充分运用小生产，通过合理分工，形成以分工为基础的协作，这种"一大二公"的做法，违反了社会主义初级阶段生产力发展的规律，使我们付出了沉重的代价，温州的经验之可贵，正在于它表明，在经济落后的地区，在国家的投资还很有限，大工业生产和机械化大农业还难以迅速发展的情况下，首先借助分工和社会劳动组织方式的完善，充分运用社会劳动生产力，使经济获得迅速发展，这一条经济发展道路其意义就不仅仅是限于温州，它对于我国其他的经济落后的农村，都有着重要的意义。

（三）温州家庭小生产转化为大生产，实行雇工经营与经济联合化

在温州存在着十分普遍的雇工现象，城乡家庭生产不同程度使用了雇工，在目前大体上存在以下几种类型：

1. 原生的家庭生产

基本上依靠家内劳动力来进行生产，一般有四五个劳动力。这是家庭生产原生的形式，也是不发达的形式。距离乡镇较远的农村的家庭生产，多属于这种形式。

2. 扩大的家庭生产

依靠本家劳动力，但同时雇用少许工人，例如四五个工人，这是

家庭生产在合法的范围内的扩大化，可以称之为社会主义制度下扩大的家庭劳动方式，这是温州家庭生产的较为典型的形式。

乐清县街上的电器制造家庭，普遍有七八个工人，雇工多为经营者自己的亲属，向社会雇工也十分普遍，这种家庭生产带有小业主的性质。

3. 联户生产

两户或更多户，七八户人的联合。平阳县的一家联户生产厂，生产徽章，有家庭劳动力和雇工，是一种私人企业性质的生产形式，因为它既有自身劳动力，又有雇工劳动力，是向完全雇工经营的过渡形式。

4. 雇工经营

人们称为"大户经营"即"三五牌"：雇工50个，产值50万，利润5万。这已经是典型的较为完全的雇工经营，是一种社会主义制度下的私人企业。这种大户，首先是表现为包买主形式，即一个供销经营者，在外面签订供货合同，再向若干农家分派合同任务，收购加工订货的产品。一些从事工业生产的大户已经有一定规模的厂房和生产设备。因此，它已经不是家庭生产，而是手工业工场，或是工厂了。

由于存在着法律的（即法律规定的是雇用帮手两三人，学徒一两人）或是意识形态的约束，特别是后者，人们怕被戴帽子，因而目前家庭生产的流行形式是，这里有着大量的使用五六个雇工的家庭作坊。但是另一方面，大户经营却已经以难以阻遏之势而逐步发展起来。

五、如何对温州的雇工经营加以认识和在理论上予以说明

就那些大量的扩大的家庭经营来说，在家庭主要劳动力参加生

产，使用雇工不是很多，5人以内，可定性为社会主义制度下的家庭生产。尽管对雇工有一定量的剥削，但是这种剥削是受到社会主义法律、意识形态等因素的制约，而不再是"最大限度"的，而是带有"温和的"和"有节制"的性质，雇工的工资要受到客观形成的社会生活水平的制约，例如目前流行的是日工资四五元左右，写信封一个月工资150元，贴邮票一个月工资120元，分拣塑料袋一日工资四五元，另外，雇工本人不是"无产者"，而是社会主义制度下的"过剩"劳动力，是那些支配了一定的生产资料，从事独立经营的家庭中因为种种原因，生产门路未能得到开拓而一时受雇，多半是来自农村其他商品经济不发达地区的富余劳动力，另外，一部分雇工是带有学手艺、学经营的目的，即家庭学徒的目的，此外，更不用说雇工与雇主同室劳动，同桌吃饭，在生活上保持平等关系，这是一种受到限制的资本主义雇佣关系，特别是，经营者自身从事劳动，使这一生产成为社会主义制度下的家庭生产。明确这种生产的性质，有利于这种家庭生产的发展和充分发挥它的积极作用，但是也不必否认这种劳动者的雇工性质，不必使用非雇佣"帮工"的定义，不必排斥与回避"剥削"。因为，这里本来就存在着对他人剩余劳动的占有的关系。特别是对那些享有利润收入数万、数十万、上百万资产的"大户"来说，它们更是一种有限制的资本主义雇佣关系，这就不必说了。

温州的家庭小生产，不是停止不变的，在商品经济的机制中，它通过自我积累逐步扩大生产规模，目前，有个"三五牌"的工场，而个别地方已经有了上百工人的工厂。从家庭小生产方式向大生产方式的过渡，目前主要是通过建立私人企业的形式。温州经济中的一个现象是雇工经营的私人企业的出现，某些私人企业已经有了上百万资本积累，使用了机器生产和科学管理，通过预测市场动向和产品开发，获得了较好的经济效益。如乐清的叶文贵办的塑料厂，目前资金200万元，今年产值可达1000万，有工人150名。由同济大学教师研究新技术，塑料产品质量较好。

温州雇工经营的产生表明：在社会主义社会的初级阶段，在个体经济所有制还是社会所有制结构的组成部分的条件下，社会主义商品经济的发展，必然会诱发和促进以个体所有制为基础的小商品经济的发展，而在发达的个体小商品经济的基础上，必然会有资本主义雇工的商品经营的产生，这是一种商品经济机制下，在非社会主义性质的经济领域中产生的资本主义经济现象，它是社会主义初级阶段经济异质体的自我扩张，但却与那种社会主义内部必然要产生资本主义的极左理论无干。因为即使是承认这种发展现象，社会主义经济的不断发展壮大，仍然是经济再生产的本质特征。

温州家庭经济生产发展中，也出现了联合化的趋势。家庭生产发展了多种形式的经济联合，特别是出现了统分相结合，家庭生产与集体经营相结合的双层结构。

浙江浦头县北沙乡九厅村，以3个村办企业为基础建立统一的"服务"中心，对各家庭统一印章，统一记账交税，另外，集中资金、投资和统一提留，进行产前、产中、产后服务，一些生产任务，交给农户，折价承包，不足者自建。苍南铁龙乡乡办塑料编织厂、珠东厂村办纺织厂，集体厂统一付费，农户分散加工，集体厂负责技术指导，原材料供应，统一销售。南通市海门县中兴村，也有这样的经济联合形式，这是统分结合的双层结构。它把作为中心的集体经营和作为基础的家庭生产联系起来，可以称之为社会主义厂外制度。这种经济形式有着广阔的发展前途。

（一）家庭生产向社会化大生产转化的障碍

家庭小生产如何转化为社会化大生产，是当前温州经济发展中一个带根本性的问题，家庭生产的劳动方式将生产规模限制在家庭范围内的，因此这种劳动方式不能有效地利用现代的劳动手段和社会化的劳动力，特别是不能有效地使用当代科学技术革命的成果，因而，它是一种落后的经济形式，在我国实现现代化的过程中，家庭生产只能是作为国营和集体大生产的一种补充。

当然，家庭生产发展的状况及其在社会经济结构中的比重，将会因各个经济领域各个地区的具体情况的不同而不同，在那些国营与集体大生产经济发展不足的地方，家庭生产将会有较大的发展，但是应该看到，即使是十分发达的家庭生产，它在整个社会主义国民经济中也仍然是起补充作用的经济成分，而且，就劳动方式发展的规律来说，家庭劳动方式将依次发展为手工工场劳动方式，最终发展为工厂机器生产方式，因此目前这种落后的家庭生产方式不会长期存在，家庭生产方式的长期延续，是与生产力发展规律的要求相违背的。因此，人们在发展家庭生产时，应该高瞻远瞩，要对其进行引导，促使它向工场手工业方式和机器大生产方式渐次过渡。

（二）家庭小生产转化的方式

当前家庭生产作为一种落后的小生产，它的发展将采取两种形式：（1）内涵的发展方式：这就是不断地革新技术条件，使用适合家庭生产的机器设备，改进生产方式，使家庭生产由手工技术转移到现代技术的使用上，家庭生产的这一条发展道路还是十分艰难的，要经历许多的产品转换、专业转换，甚至还要经受破产的痛苦，但是国家专门设置为家庭经济服务的机构，采取特殊的措施，将家庭生产与国有大工业结合起来，使之成为后者的厂外部分，这条路子将会越走越宽。第二种形式是外延的扩大形式。家庭生产联合起来，通过联户生产，转化为工厂大生产，家庭生产转化为工厂大工业，因为家庭生产已经存在的较为细致的生产分工，为进一步将它们纳入同一企业内，创造了劳动组织的条件。（2）家庭生产，具有适度积累能力，这是它由小生产到大生产转化的经济基础。家庭生产产品适销对路，没有积压；投资少，成本低，家庭劳动不计成本，劳动时间长；资金周转快，因此，社会主义制度下的家庭生产不再是连简单的再生产也难以维持的经济形式，而是拥有进行扩大再生产的可能性。

温州家庭工业发展的特点是：它较为普遍地实现了由纯家庭生产方式向扩大的家庭生产方式的过渡。这一过渡的条件是：（1）农村允许土地转包，许多农村的，特别是集镇的家庭生产者可以把土地转包给他人，而从事专业的家庭工业生产（或第三产业的生产）。（2）适当的家庭生产规模，能较充分地利用协作的生产力。（3）市场的发展，使家庭生产者能从市场获得必要的生产手段和资金。

（三）利润转化为消费与积累的滞阻

在温州经济中存在着一种纯产品转化为消费的趋势，也即积累的滞阻，人们不是把利润尽可能地转化为积累，而是转化为消费。它表明了积累机制存在障碍和扩大的家庭生产方式进一步向工场生产和工厂机器生产转化的困难。

（四）温州格局的完善

以上我们指出了温州经济取得了成绩，而且这个成绩是十分显著的，温州经济新发展和新变化是令人眼花缭乱的。另一方面，温州经济也存在着问题。这就是：（1）工业生产发展但农业萎缩；（2）城乡发展不平衡，特别是国营经济发展困难；（3）由小生产转化为大生产的障碍，特别是转化为社会主义大生产困难；（4）收入差别扩大，等等。

对温州经济，人们对之评价，仁者见仁，智者见智，有人说"好得很"，也有人说，"糟得很"，有人说，它姓"资"，走的是一条发展资本主义的道路。

对于温州经济格局，我们认为，不能武断地加以排斥，也不是一切都好，更不能作为模式来推广，而应该对于它的经济性质、它产生的条件和未来的发展，客观地和科学地加以分析。

要对温州经济予以较充分的说明，必须从社会主义初级阶段这一概念出发。由于中国的具体国情（是低下的生产力水平，工业基础薄弱，国营经济实力和积累能力有限，地少人多，地域辽阔，各地区经济发展水平差别很大），我国将经历一个社会主义初级阶段，其主要特征是：（1）公有制生产关系发展不成熟和不完全；除了有占据主导地位的社会主义经济而外，在某些领域还会有带有社会主义因素的过渡性的经济形式、非社会主义经济形式的存在。因而这一阶段社会主义将是不纯粹的。（2）社会主义经济的发展壮大是曲折的，甚至还会在一定时期在一定领域存在非社会主义因素的某些发展，特别是对于那些经济落后的地区，社会主义经济的不成熟、不纯粹和社会主义经济发展的曲折性将表现得更加鲜明。人们只有适应客观的物质生产力结构，自觉地保持多样性的所有制结构、不纯粹的社会主义经济形式，对社会经济的发展因势利导，才能促进社会生产力的迅速发展，加速社会主义由不完善到完善的发展进程。如果人们根据书本上的"纯社会主义"，追求"一大二公"，排斥一切非社会主义的经济形式，在"所有制"上"拔高"，人为地强行向前过渡，那么，只能造成生产关系对生产力的"超前"，从而对社会主义经济的发展带来破坏性的后果。

基于上述社会主义初级阶段的概念，结合温州的具体情况，我们对于温州的家庭工业+小商业（摊贩+跑单帮，推销员）的生产结构和个体性的市场与个体家庭生产互相推动商品经济的机制，就不会感到奇怪，我们对于温州经济的个体经济的发展和私人经济的出现，就不必惊惶。这种经济形成并不是"走回头路"，而是适应了社会主义初级阶段经济发展的客观规律。这是从总体上来说的，也并不是说温州经济发展中没有问题。

但是另一方面，我们认为不能笼统地说温州家庭经济是"社会主义的经济"，温州型的市场经济，就是社会主义的商品经济。在这里，应该看到，它是联结于社会主义商品经济的，但是却又是在社会性质上区别于社会主义商品经济这一主干的一个外在和异质的层次。

我们应该用科学的态度来分析阐明温州经济的性质，指出它的矛盾、问题与不足，不能对之进行缺乏根据的美化，因此，把温州经济中的家庭生产，视为是社会主义的和将之作为农村各地发展的目标，主张无条件加以推广的观点显然是不正确的。如上所述，温州农村家庭生产是以个体所有制为基础的，是由个体性的市场所联结和推动。这种经济结构并不是我国社会主义经济的主流，而是一个起补充作用的附属部分。这种个体性的家庭生产是我国当前十分低下的农村以及集镇生产力的产物；这种家庭生产，尽管存在着较细的分工，但它毕竟是局限于家庭范围内的，以陈旧的手工技术为基础的小生产，是一种落后的劳动方式，它很难与现代机器生产相抗衡，在激烈的竞争中，要想长期保持其阵地是很难做到的，因而，它只能是作为工场生产或工厂机器生产的准备，因而，是一种过渡性的生产方式。这种家庭生产，尽管能使一定范围内的生产者富裕起来，但是因其较大的收入差别，并不是实现农村共同富裕的道路；特别是这种家庭生产在发展中，不可避免地产生一定的资本主义生产，由此更有着加剧收入差别和引起某种"两极分化"现象的可能性。以上情况表明，发展以家庭生产为主体的农村和集镇经济，不可能是一种普遍的目标模式。

在社会主义初级阶段，我们一方面要根据各地的情况，充分发展和运用那些适合生产力性质过渡性的和非社会主义的经济形式，同时又要坚持以社会主义公有制经济为主体，不断增强经济的社会主义性质。因而，温州经济格局还需要有一个不断完善的过程，温州经济的最佳格局，必须是在这个地区范围内确保社会主义国有经济和集体经济的主导地位，同时大力和放手发展家庭生产，逐步引导家庭生产走向多种形式的经济联合，加强对资本主义性质的私人企业的管理和引导，促使它转化为国家资本主义性质的过渡性的经济形式。因而在那里，这才是形成温州最佳经济模式的条件和要求。温州经济也存在着另外一种发展前途，这就是家庭生产转上私人企业的轨道，这样将出现非社会主义经济的盲目增长，在一个600万人的地区，如果有这种经济发展，是与建设社会主义的要求不适应的。

我们认为，在当前，温州经济的发展中应该抓好以下几个方面的工作：（1）大力巩固与发展国有经济与各种集体经济。（2）加强对家庭生产的引导，促使它联合起来。通过各种形式使合作经济转上社会主义的轨道，这样，既把家庭小生产方式转化为大生产方式，以解放生产力，同时又发展了生产资料公有化，加强了社会主义经济基础。（3）社会主义商品经济繁荣发展中产生的资本主义要素，应该控制在一定的范围内，使之保存对社会主义经济起"补充"作用的性质，使之成为利多弊少的经济成分，更重要的是，应该通过各种方式，使之与社会主义经济相联结和逐步地转化为国家资本主义，股份制——集体+个人，国家+个人，合资经营可能是条出路！列宁说，"小生产是最可怕的"，过渡到大生产，社会主义来加以限制，较为容易。

国有企业的资本营运[①]

一、什么是资本营运

国有企业改革第一阶段是从事商品生产与营销，改统一的自上而下的产品调控为适应市场的商品生产与营销，第二阶段是企业要讲求资本的营运。

（一）一般的商品生产与资金营运

企业为计划而生产转变为市场而生产。国有企业改革的第一步，是20世纪80年代初国家逐步减少指令性计划，对企业扩权让利，企业开始为市场而生产与经营。

在现有的资本（产）结构下，从技术基础上通过加强生产管理，挖掘潜力，谋求产值的增大，成本的降低，利润的增加。它立足于现有内在资源的有效利用，使企业实力和生产能力以几何级数提高。具体的路径是：产品开发与创新，成本的降低，市场的开拓。整个经营活动的目的是：质优价廉的商品，着眼于价值量，产值增大，这是一

---

① 写于1998年。

般的商品生产；经营资本运作，讲求低成本的公司资本形成与结构优化，低成本的资本聚集，与扩张股权原理，资本的流动等行为。

资本营运：在优化资本结构，扩大资本量，提高资本回报率上下功夫，它谋求产品创新，技术创新，产业升级，使企业实力和生产能力以几何级数提高。

我国20世纪80年代初期，企业自主地进行商品生产与营销，生产量增多，产值增大。由于企业自主权还未包括投资权、资产处置权，企业只是卖商品不能卖分厂、卖设备、卖商誉和品牌，还不能自由涉足其他生产领域进行投资，因而，那时企业品是进行自主的商品生产，还不是资本营运。

此后，随着企业自主权的一步步落实与扩大，特别是随着经济的市场化，1986年上海开始发行股票，1992年股票市场的出现，国有企业改革中资产流动重组的出现，一些企业逐步开始资本营运的操作，20世纪90年代，外商开始在国内进行企业并购。在资本市场逐步发展的条件下，特别是在国有企业面对更加激烈的竞争条件下，1994年以来通过并购产权交易等形式进行资本营运，作为法人实体的企业，特别是授权经营的投资主体，既从事商品生产，又从事投资活动即对其他企业进行并购股权，购买产权，实现资本的扩张，还售卖劣质资产、分厂，扔掉包袱以优化它的资本结构和提高公司资产价值；或者用知识产权（专利、技术、管理）与其他被兼并联合的企业产权进行置换（如上海两毛与成都毛纺厂），来扩大自身的资本；或者转让闲置的土地，加强技改，购置关键设备，盘活闲置资产，上述活动是围绕着资本，是着眼于资本的质即内在结构的优化，它的做大即量的扩张，领域的转换（一二三产业间各行业，企业间、地域间），目标是资本回报率的提高。

（二）资本经营由社会主义国有资本的性质决定

从事资本营运，是由资本性质，价值不断增值决定的。资本是不断增值的价值，在市场经济中，投入企业的资本表现为货币资本价值的不断增加。社会主义市场经济中、投入竞争性、经营性的企业资产，过去称为国有资产，是资本，企业的直接目标是利润最大化，价值不断增值，企业投入的资本是母金，它的量和质（结构）决定营利性的高与低，这就决定企业要采取资本量的扩张，质的优化和不同领域间的转换等各种运营活动。

（三）充分利用市场进行资本聚集，是资本运营的重要要求

1. 计划体制下企业的资金由政府供应

这是一种计划划拨，基建资金，是由政府计划来保证，流动资金，由政府确立，一部分由财政拨划，一部分由银行供应。

2. 市场融资，包括有效利用国内外银行贷款

在项目进行招标基础上，利用银行贷款，利用承包商的资金，是资本经营的方法。

一个中外合作的大桥建设，中方投2亿美金，外方投入10亿美金，实行分段分项目招标承包，利用建筑承包商10亿美金，从而中方2亿美金引来10亿合资方投入→引来10亿承包商贷款，从而引来外资银行（世行）贷款。

3. 市场经济中借助于资本市场进行直接融资

这是市场经济资本金形成的主要途径，通过发行股票等形成公司资本，不需还本，只支付红利。

此外还可以通过配股，再次从市场融资。可见，直接从股票市场融资是一种低成本筹集和扩大公司资本的方法。实行资本经营，就是

要求企业根据一定时期的具体条件，对从银行信贷融资，从发行企业债券融资和发行股票融资等方法进行比较，而做出融资的决策。在采取上市募股时，还要认真研究股票发行额多少，溢价发行每股价位如何定，如何利用时机上市，以取得最佳融资效果，显然，这是一门大学问。企业讲究资本筹措的方法、技术，进行资本运营，就比只是从事日常的一般的商品生产与营销前进了一大步。

4. 市场融资，已经成为当前我国资本聚集的主要形式

我国国有大中型企业需要在注入资金的基础上，分批分期地加以搞活，但当前客观的情况是：银行信贷规模有限（56000亿），财政资金不足，中央财政占GDP10.8%，难以使用财政资金支持企业（应25%），而居民储蓄达4万亿元，近年来年增长达7000亿元。当前人们普遍看好股市，因而，发展直接融资不仅是客观必要的，而且有现实的可能。股票上市规模1996年起150亿，1997起年300亿——溢价10倍=3000亿，可见，在当前进一步利用股票市场，包括可转换债券市场融资，已经成为搞活国有企业的重要的一着棋。

5. 国有企业改革的需要

我国国有企业改革的新经验是：一些企业利用其上市公司地位筹集了资金，同时，依靠这一资金，去实行兼并或收购破产企业，既盘活了一批处于困境的企业的资产，又进一步实现了自身低成本扩张。1997年8月，成都人民商场通过国家股配股，将市针织品公司并入人民商场，针织公司的净资产9224万元，折价认购所配股份。这种把资产重组和市场融资相结合的模式，体现了资本营运的作用。

6. 集团化经营的需要

除了国有企业改革的需要而外，为了加强企业的技术基础，取得规模效益，实现增长方式的转变，要组织大集团，扶持能进入世界500

强的大企业（现在只有2~3家），大集团的形成和发展也需要利用股市融资。

二、资本的低成本扩张：股市并购与市场收购（购买企业）

（一）资本的扩张，是现代化大生产和生产集中的要求

现代化的大生产，具有现代技术密集与知识密集的特点，它要求有一定的资本规模，特别是经济的规模效益和市场竞争，决定了生产向少数骨干企业集中，这种生产集中是以资本的扩张和集中为前提的。

（二）低成本的资本扩张，是资本营运的重要内容

在发达的市场经济中，低成本的资产扩张是通过资本市场的并购来进行的。

并购是一家企业购买另一家企业的股票，获得控股权，并购的作用是：（1）低成本取得规模经济效益；（2）它扩大集团内的生产分工与协作，降低成本，保证资金原材料供应，就生产同类产品的企业来说，大企业控制生产同类产品，分工体系中的各个不同工序，从下游原材料生产到加工组装上游产品的一系列企业，从而保证原材料零部件供应，降低购买原材料和外协件的成本；（3）促进新产品开发和进行多种经营，形成一种多元化的结构，使单一生产的企业成为一种生产多种产品、多角化、跨行业的集团，由此不仅带来高回报率，而且，可以减少风险；（4）资本支配范围的扩大。现代的资本营运，使公司企业的资本，深入其他公司资本领域，形成可支配的资本。我们所说的财团，就是这种包括公司自己的资本和受其支配的资本。母子

公司体系中的多层次的并购和持股，使一笔资本支配比它大若干倍的资本，产生资金资本的"放大效应"，使大企业以少的投资得以控制一大片。

（三）市场经济中通常采用并购与股市运作相结合

企业进行并购同时发行新股，实际上使大企业并未付出多少投资就取得了控股权。

例如A公司并购B公司股票，付出10亿成立C公司，以其强大经济实力为依托在市场发行股票10亿，溢价5倍为50亿元，从而完全依靠股票运作控制他人的资本。

并购拥有的资本低成本、大扩张效果，决定了当代世界范围的企业并购如火如荼，1993年我国首例股市收购宝延收购。中国深圳宝安集团股份有限公司，总股本34308股。1993年9月宝安下属三企业，悄悄收购延中股票，9月30日持股比例超过10.6%（按规定5%应报告，再增2%又应报告），又受命下单扫盘，集合竞价，再购入342万股，从而持股15.98%；10月6日宝安宣布作为延中实业第一大股东，要求参与管理与决策，引起一场风波。收购使延中股票由8.8元飙升至42.20元，宝安实现打开上海市场的战略。

（四）外商在华先合作，合资，然后收购企业

20世纪90年代以来，外商在"合资"形式下，收购产权和实行控股，它们的目的在于以蓝筹股形式在海外上市，而不在于参与管理，金狮川橡的合作就属此性质。

20世纪90年代，香港中策公司以合资方式控股收购太原双喜轮胎公司55%和杭州橡胶厂51%的股权，将股权纳入"百箭火"，注册"中

国轮胎控股公司", 以中国概念股形式在国外上市。后又收购重庆、大连、银川等3个轮胎橡胶厂过半股权。最大外资企业500家中, 医药占14家, 其中13家由外方控股, 西安杨森52%, 中美史克55%, 重庆Glaxo外方控8%。并购控股目的不仅是为了亲自参与经营管理, 获得产业利润, 更主要是为了购入—包装—出售来盈利, 因而, 这种收购成为一种获得高回报的资本运作。

我国多数企业集团, 是混合型的, 它既是获得国家授权的, 从事国有资产营运的投资主体, 代表所有者实行投资职能, 从事投资（控、参）, 又是从事某种生产与经营的企业。如由大企业获得授权的集团公司, 东电、希望集团。这种企业集团如何进一步发挥投资主体的功能, 有待进一步探索。又如石化总公司、轻工总公司, 既是投资主体, 又是生产企业, 又兼有行政管理职能, 又发挥投资主体功能, 要将行政管理职能分离出去。

在我国进行并购, 最有效的方法是组成以单一从事投资和资本营运的公司——控股公司, 在国外都是成立金融公司, 即专司控股的投资公司。在我国可以通过建立投资性的国有独资公司, 然后由它去控制从事生产的子公司。

（五）破产兼并

搞好资产重组和债务重组, 实现国有企业间优势互补, 优化企业的物质生产结构、技术结构、营销结构, 减少债务, 优化资本结构和加强管理, 形成周转快、成本低、高回报率的优质资本, 它表现在新企业的产值比原有企业的产值更大, 即1+1>2, 进行合并、兼并后的大企业中的资本=优质资本+非优质资本。各分厂, 技术水平, 产品质量效益不同; 一些开工不足, 非生产性组织太多, 增大成本, 消耗利润，使资本质量差；军工部分太多，占用大，效益少，兼并后要进行内部调整，发挖潜力，填平补缺，进行技改，通过技术水平提高，产品质量提高，产品上批量。

股市融资包括本国发行A股、B股、香港H股，以及在纽约发行股票等多种形式，1992年金杯汽车就在纽约成功上市。也有采用"买壳上市"的，如上海实业。

当前搞好资本营运，就是要有效地利用市场融资。一些企业，不善于利用市场融资，不愿意搞股份制，怕股东进来，怕分红，技改只有找银行贷款，结果是"搞技改找死"。

总之，用好从市场筹集的资金是资本营运的要求。一些企业把筹到的资金不知如何用，而用于搞房地产或流入股市，离开了企业主业，这也是川盐化亏损的重要原因。不是每家企业都需要上市。

三、兼并、联合、租佃、承包等形式（行政划拨与市场交易）的资本扩张

这是当前我国国有企业进行资本经营的形式。并购有股市并购，也有非股市的并购。这是因为上市公司只是极少数，还存在上市公司与非上市公司之间，以及非上市公司之间进行的股权（或产权）转让，它或者购买全部股权（或产权），或是购买部分股权和实行控股或参股。

我国当前正在兴起的兼并、收购资产重组，体现了低成本资本扩张，带来资本结构的优化，就这一方面来说，它具有资本运作的性质。（1）国有企业或通过并购或划拨财产，同时承担债务，返还利润，承担职工安排等，获得对方的资产，从而达到资本价值增大，即

1+1>2。（2）组织结构的完善，减员。（3）机制转换。（4）管理加强。（5）存量的盘活。总之，一方面，提高生产与经营效益，另一方面降低成本，从而使企业资本回报率得到提高，这样的资本就成为优质的、高效益的资本。

兼并及资本量的扩张必须结合以资本结构的优化和质的提高，即1+1>2，以资产有效重组和整合和资本结构优化，包括转换机制，管理的加强为前提，如果不能进行重组，使机制转换，管理加强，而只是"堆大堆"，就不可能实现1+1>2，甚至可能是1+1<2。这种资产重组就不是能带来价值增大的资本运作。

为了在我国当前条件下进行资本营运并提高其水平和效果，应该把企业联合、兼并、破产和股市融资相结合。例如由优势企业兼并一批企业，在实行有效重组和深化内部改革与加强管理的基础上，使其上市发行股票获得更强的融资和资本扩张效应，即1+1>3。

这样的大企业的资本扩张，既体现存量盘活（依靠资产重组）的扩张，又体现增量（依靠新股发行）的扩张，意味着少数大集团的组建和联合。这是当前搞好搞活国有企业的可行的战略，也是我们强调实行资本营运的原因之所在。

四、搞好资本流动和股权的转换

资本的扩张和结构的优化，和资本的流动和股权的转换重组不可分，也与债权的流动和重组不可分。

控股集团公司日常资本营运中发生的股权转移与重组的资本营运，就是投资要跟着盈利率转，某一领域的回报率高，就会有资本的竞相流入，某一领域的回报率低，就会有资本的从中流出。上述的资本流动，表现为作为投资主体控股公司经常进行的各种股票的买进和卖出，即股权的转让和流动，就一个个基层公司来说，它表现为投资主体股权结构的变化。例如，某一子公司由母公司甲控股转变为由母公司乙控股，即人们通常说的，控股的老板"××入主××董事会"。

股权转移和资本流动的意义是：（1）就投资主体来说，由于及时转让它持有的绩效差的股权，控股公司资本退出"夕阳产业"，并通过及时购进绩优股，而介入"朝阳工业"，以合理的投资结构保证资本的高回报。（2）股权的转变和投资结构的调整，对于通过资产重组的大集团来说尤其重要。兼并许多企业而重组起来的大企业集团，必须不断优化自身的内在结构，要适应市场的变化不断地调整劣质资本，防止重组起来的大集团"尾大不掉"，难以优化组合，不断互相扯皮而陷于困境。（3）就众多基层子公司来说，公司随着控股权的变化而进行的调整，如进行转产和生产协作关系的重组，使企业活动重新适应于市场，由此，防止了企业因股权不变，产品结构不变，"大而全""小而散"的结构不变，生产、经营与市场脱节持续化，而造成的资源浪费。可见，搞好股权转换——股票市场的交易和产权交易——是进行资本营运的一项重要要求。

五、搞好股权的置换，进行资本运作

（一）联合，兼并中的股权置换

通过股权的置换进行联合、兼并。在企业集团中，为了加强它的实力，要对同类企业实行联合或兼并，例如汽车集团为了控制零部件厂，对各地分散生产的厂家实行兼并，可以采用置换的方式，把BCDE等厂家资产价值折合为A的一定的股权，这就是并购中的股权。

波音以133亿美元收购麦道，组成波音麦道公司，是以原来两个公司股权按协议规定的价值转换为新的波音麦道公司的股权。

（二）组建母子公司体系中的股权置换

通过资本运作，大公司对几个子公司实行控股，形成全资子公司，或加强对子公司的控股程度，可以实行母子公司股权的置换。

1. 母公司→子公司的形成，用母公司股份，换取参股子公司的股份

国内企业为了在国外借壳上市，可以通过国内公司与国外公司的股权的置权，使国外的上市C公司获得国内A公司一定比例的股权，A则获得国外C公司51%股权，这里不进行资本的实际转换，而只是股权的转换，法律上A公司的一部分资本转移到国外，前提是得到国资局和外经委的批准。

2. 公司的资本运作，包括公司债权的重组

合理负债规模是公司资本运行安全和高效益的重要条件，因此，资本营运，要进行债权重组。在组建上市公司时，为了争取好的筹资效果，要将一些低效益不良资产划去。首先要将一部分债务挂起来，一部分债务交给另一公司承担，通过债务重组，形成一个高回报率的优质资本，以争取在股票上市时有高的市盈率。可见，不仅公司股权要流动，而且债权也要流动。而有效地进行股权和债权的流动重组，就是资本营运的重要方法。

（三）实行资本营运的制度结构

1. 进行资本经营需要利用和发展股份公司

市场融资要依靠股份制；产权流动重组，要依靠有限责任制（以

股份，若干法人相联合）；进行真正的资本运作，要依靠母子公司体系，首先搞好有投资职能的（履行出资人职能）大集团的授权经营。它们成为投资主体，通过控股参股母子公司，不断重组国有资产，使国有资产高效益。

2. 资本动作需要大力进行投融资体制的建设

传统投资主体是国家，由财政划，银行贷，而国家由于财力有限，银行风险大；企业依靠银行，负债率越高，利息负担越重。

基于居民储蓄4万亿元，居民收入占GDP比重高。应该发挥居民投资主体的作用，发展资本市场。

大企业的组成，资本扩张，主要依靠市场融资和存量重组。

发展资金，主要在资本市场筹集，短期资本从货币市场，长期资本从资本市场。

直接融资，意味着企业体制与机制的转换，要对融资者形成监控。应扩大直接融资的比重。

资本市场=股票（股权转让）+产权转让+债券市场（债权转让）

健康运行的投资性为主的市场，是健康的资本运作的客观条件，投机性十分突出的股市，不是鼓励人们从事理性的投资行为，而是引发投机活动，引使大量生产资金流入股市。房地产市场也是如此。

资本市场健康发展，需要组建机构投资者基金会，抑制股票持有者太分散，流动性太强，投机性太强，要大力发展法人（基金会）持股机构投资者。

3. 进行资本运作需要大力发展从事投资的金融机构

资产重组的金融工具之一是投资银行。

传统产业（产品落后，单一，大而全或小而全）与现代产业的矛盾日益尖锐，产业升级刻不容缓，政府提出增资减债，优化资本结构。要将88%负债率降到45%（国际标准）需8万亿人民币。

投资银行是企业的财务顾问，参与兼并收购，在交易价格与非价格条件等方面提供咨询服务，尤其在与上市公司的并购中起主要作用，为企业做出财务安排，提供融资帮助，也可以为被收购公司设计反收购策略。

通过投资银行进行兼并收购，就是依靠市场杠杆进行并购与企业重组，而不是主要靠行政力量。

资本来源不足，资产运作渠道狭窄，难以进行企业间并购重组，通过投资银行将工业资本转为金融资本。

此外，证券公司已经开展投资业务。

六、资本结构的优化

企业的资本，自有资本、借入资本（信贷、债券）有一个结构问题。实行资本扩张的企业，采取控股参股，有股权结构问题，实行资本流动的企业，有不同领域的投资结构问题，如：（1）投资结构——部门结构，投于什么部门，购买什么企业股权，单一性或多元化。（2）债务与效益结构：一些企业债务重，一些债务少。（3）长期、短期结构：一些是短期投资，轻工业一年回收；一些是长期投资，水电建设要5~10年。（4）风险结构。

总之，结构的优化，关键在于有一种适应于盈利极大化的资本组合，由其利率的高低来确定一个合理的自有资本与负债的结合，利息成本与企业盈利率密切相关，因而企业要有25%~30%的资本金，再加上社会筹集的股本，就不是负债经营。要讲求借入资本的结构：负债中银行贷款与发行企业债券的比重，前者后者都要付息，但后者可向银行抵押再贷款，或者是在市场转让，企业要权衡利弊，而选择合理的债务结构。资本经营，意味着要讲求资本结构的优化，争取最高的资本回报率（总资产–负债=净资产，利润/净资产）。就国企来说，自由资本很重要，全部负债经营，使企业完全依赖资金市场（货币、信贷资金、资本）会承受很大的融资成本，企业难以盈利；缺乏资本金，企业在基建完成后，难以有足够流动资金用以投产；缺乏资本金，企业——投资公司——难以在一项建设完成后，继续进行流动开发。

借入资本的结构：商业信用，银行信贷，社会融资。在市场经济体制下，企业是市场主体，要自负盈亏，自行发展，因而盈利率就十分重要。1983年后实行拨改贷，流动资金和技改投入的钱要由企业还，出现过度负债经营问题。随着市场经济的发展，平均利润率要决定资本竞争性领域的各部类产业行业的转移，因而，盈利率对企业十分重要，成为决定企业兴衰成败的要素。而资本结构与盈利率密切相关，因而，每一个企业，非竞争性的除外，都要自觉关心资本结构的优化。

1983年拨改贷后，资本结构优化问题已经提出。过度负债经营和资本金不足带来的利息负担已经使许多企业痛苦不堪，但是仍然采取由财政让利，银行扶持的方法去减轻利息负担，而没有从资本结构优化上着力。

论企业家精神①

一、企业家精神的含义

  人总是要有点精神的。杰出的、在各项工作中做出卓越贡献的人，都体现了某种特殊的品质、风格与精神。如杰出的运动员在体育活动中表现出来的体育精神或竞技精神，功勋演员在文化艺术活动中表现出来的艺术家精神，等等。我们将那些在企业经营管理中有突出表现，取得显著成绩的企业领导人身上所表现出来的某种特殊的品质、风格、精神面貌称为企业家精神。

  在论述什么是企业家精神时，一些人说，它是指企业经营者的卓越的组织能力与领导艺术，有的人则说，它是指经营者的勇于创造和革新的精神；有的人则强调它是指经营者制定与做出经营战略决策的胆识和能力，等等。上述种种说法可以说都是从不同的角度来阐明企业家精神这一范畴。但是如果我们要对这个范畴的内涵做出一个较为准确的解释，我们不妨这样说：企业家精神乃是企业生产领导人的

---

① 写于1998年。

经营、管理能力的总和，是他们在商品生产与经营中开拓、创新能力和科学组织管理能力的统一。开拓、创新，首先是销售市场的开拓和新产品的开发和革新。我们这里所说的企业家是社会主义的商品生产者，企业的独立经营、自负盈亏（全民所有制企业是相对的自负盈亏，集体所有制企业是完全的自负盈亏）和主要实行指导性计划的管理方法，与此相伴随的市场作用和竞争压力，要求企业经营者具有下述主观品质：

（一）适应和开拓市场的经营决策能力

这就是：要按照市场需求组织生产；要把握时机，保证产品及早投入市场；要善观时变，掌握市场动向及时调整生产方向，保证生产适销对路；企业经营者不应该消极地适应市场，而要善于积极地开拓销售市场的新领域，打开生产的新门路，善于做出开拓性的经营决策，这是企业家必备的品质。

（二）生产创新的能力

销售市场的开拓有赖于产品的创新。开拓市场，从根本上是产品适销——对不断变化的消费需要的适应性问题，这就要求经营者能向市场的更广与更深层次开发。其次在于产品是否具有满足不断变化的消费需求的品质，这就要求生产者对原有产品进行改进、革新，开发新产品，一句话：在于产品的创新。人们清楚地看见，一些物质生产条件差的企业，通过旧产品升级换代，新产品的创造，很快在国内甚至国外市场打开销路，而某些大企业"十年一贯制"的产品则长期陷于困境，这些事例生动地表明了产品创新的重要作用。产品的创新又有赖于物质生产条件、工艺、生产方法的革新，以及劳动组织的完善和革新，一句话：在于生产手段与生产方法的创新，只有那些勇于和善于进行上述生产创新的企业，才能够做到不断地向市场投入日新月异的、更富有吸引力的新产品，从而做到在激烈的竞争中长期保住甚至增强它在市场上的阵地。

（三）组织和管理的能力

上述产品的创新与生产条件和方法的创新，又都是立足于企业生产过程的科学组织与管理的基础之上。这种科学的组织与管理保证了企业内部生产力诸要素的最佳结合，从而使生产具有很高效率，能够以最少的劳动耗费取得最大的效果，做到产品物美价廉。可见，科学的组织与管理是企业具有竞争力的基础。

综上所述，社会主义商品经济要求企业家具有以利用和开拓市场为内容的决策能力，生产创新能力、组织管理能力，上述能力的完满结合就是我们所说的企业家精神。

二、企业家精神的产生

谈论企业家和其他的职业家的主观品质时，存在着历史唯心主义与历史唯物主义的原则差别。资产阶级学者从历史唯心主义出发，在谈论企业家精神时，是就精神谈精神，把企业家精神之于人的某种固有的主观品质，或是某种追求"品质的完满"的特殊性格，如此总结了亨利·福特的创业能力和丰田精神，这是一种英雄造时势的唯心史观。

马克思主义历史唯物论阐明了人的品质乃是社会关系，首先是生产关系所决定的。马克思说："……这里涉及的人，只是经济范畴的人格化，是一定的阶级关系和利益的承担者。"①基于马克思主义历史唯物论，不能把企业家精神当作是纯个人的秉赋，主观的天赋才能。企业家精神是特殊的历史条件的产物，是发达商品经济的意识形态，社会主义企业家精神就是社会主义企业商品生产与经营的条件与关系的人格化。孕育和形成这种精神的客观经济条件是社会主义商品经济所固有的机制和市场作用。在这种经济机制下，那些经营管理卓越、经营者富有企业家品质和能力的企业，就能在市场上表现出强大的竞争能力，取得一个超额赢利，而那些经营管理不好、经营者能力低的企业，就往往迟早要出现货不对路、销售困难、赢利减少，甚至被迫停工关厂。因此，经营者的个人品质和经营管理能力的卓越、一般、低下的差别，就表现为企业经济效益的差别，从而引起自负盈亏企业经济利益的差别。对于社会主义商品经济中的企业的生产与经营，如果人们不是着眼于某些一时的状况和个别的事例，而是做长期的和综合的考察，将会发现存在一个企业经营者品质→企业效益→企业利益的连锁效应的趋势与规律。这种趋势与规律，也就决定了企业必须在经营管理上不断地自我完善，决定了企业生产当事人必须在经营管理的能力与素质上不断地自觉地提高，上述过程的结果和表现，就是社会经营管理总群体中的企业家精神的孕育、提高和发扬，可见，企业家精神植根于社会主义商品经济之中。如果说，在我国原来的按照产品经济模式而建立起来的经济体制下，由于缺乏经营品质→企业效益→企业利益的机制，因而广大经营管理层中的企业家精神难以表现出来并不是经营者的过错。那么在当前，一旦我国经济转上社会主义商品经济的轨道，在市场机制更充分地发挥作用的条件下，经营者能在

---

① 《马克思恩格斯全集》第23卷，人民出版社，1972年，第12页。

经济舞台上充分展示他们的能力和才智，也存在内在动力和外在压力，使经营者有了提高自身经营素质与能力的迫切需要和自觉的积极性。因而，当前我国新一代企业家身上社会主义企业家精神与风貌表现得越来越鲜明。这种情况生动地表明，经营者发扬企业家精神，绝不是什么个人的"赶时髦""图表现"，而是社会主义商品经济发展的客观必然性。

三、企业家精神的作用

如上所述，企业家精神乃是企业生产领导人的经营决策能力、生产创新能力、经营管理能力的完满的结合，因此，它是一种特殊的、高级的、熟练的管理劳动的品质。现代化大生产使这种管理劳动成为特殊的职业人员——企业经理和管理层——的能力。在这种情况下，生产劳动除了分化为一般物质生产劳动（一般员工的劳动）、技术劳动（科技人员的劳动）而外，还要分化为管理劳动（管理人员的劳动）。而生产力范畴的内涵就将由劳动力+劳动手段+劳动对象这一传统的三元简单构成模式，转化为劳动力+劳动手段+劳动对象+科学技术（知识形态）+经营管理的五元模式。这种生产力范畴含义的扩大，反映了现代化大生产的新特征。因此，经营管理同科学技术一道成为生产力的一个独立组成要素，是生产力要素中的软件。

由于卓越的经营管理劳动，能够使企业在适应市场需要情况下实现内部生产力诸要素的最佳结合，做到用最少的劳动获得最大的效果和以最小的成本实现最大的赢利，因而，它是充分地发掘和利用企业内部的物质潜力和经济潜力的触媒、催化剂和增效剂。这就表明，经营管理劳动乃是生产力的重要因素，而体现经营管理能力的完满结合的企业家精神，就是一种十分有效率的生产力要素。我们能十分清楚地看见，当代新型企业家，由于实行了科学的经营管理，带来了劳动生产率的提高和令人瞩目的经济效益。那些物质技术条件和资金条件处于下乘的小企业，由于有卓越的经营管理，也能在商品经济的竞争中经受考验和表现出很强的适应性和生命力，并逐步地充实自身的经济实力和获得迅速的发展。但某些拥有较强的物质技术条件和较强的科学技术人员队伍的大企业，由于经营者缺乏高级的、熟练的管理劳动的品质、造成经营管理的缺陷，往往在竞争中一蹶不振，在经营与生产上长期陷于困境。正是因此，要搞好企业的经营管理，增强企业的市场竞争力，保障经营绩效不断提升，就必须重视培育与发扬经营者的企业家精神。当然，社会主义企业家，作为新型社会、经济人，不仅要追求企业经营的卓越和赢利的最大化，还要自觉地遵守法纪，进行公平竞争，保护环境、生态和热心公益、慈善事业，而不是唯利是图、目标狭窄的经济人。

大力培育与发扬企业家精神，将大大增强我国企业的经营素质，从而给社会主义企业增添活力与生机。特别是从我国人口多、底子薄、积累少的国情出发，在社会主义经济建设中就更加要重视和发挥经营管理劳动的作用。如果我们能够使我国广大的企业经营管理队伍的业务素质有普遍的改善，那么，那些拥有较强的物质技术装备的大企业，将能由此使其所拥有的巨大的物质生产潜力进一步得到发挥。那些物质条件和资金条件处于劣势的中小企业，也将能由此使其所拥有的优势和内在经济潜力得以充分发掘出来。这样，我国生产力诸要素在企业范围内的最佳结合将能得到实现，我国社会主义经济将能得到稳定的与有力的增长，企业的经济效益将会有大幅度的提高。

总之，基于经营管理要素在当代生产力结构中的重要地位，根据唯物辩证法关于精神要素对物质要素有重要作用的原理，我们在社会主义经济建设中，不仅应该大力加强和发挥物质技术要素的作用，而且要大力加强和发挥科学技术（知识形态）的作用，也要大力加强和发挥经营管理要素的作用。见物而不见人的观点，重物质条件的建设，轻人员素质的培养，重科学技术（知识形态），轻经营管理，这些传统观念不仅是错误的，而且已经成为我国经济起飞的思想阻力。因此，我们认为，在建设具有中国特色的社会主义中，我们应该重视新型的社会主义企业家的培育和社会主义企业家精神的发挥，应该通过充分发挥企业家的经营能力与主观素质的作用来促进社会主义现代化的发展。

有关中国通货紧缩的治理
和经济的稳定增长若干问题[①]

一、中国实现了一次成功的软着陆

近20年中国的经济是高增长的经济。改革开放给经济带来活力，实现了持续高增长，平均年增幅达9%。1992年中国进一步把改革目标定位为社会主义市场经济和进行全面改革以来，经济活力增大，发展加快，出现了1992、1993两年GDP以14%的高增长。中国是一个发展中的和转轨中的国家，高通胀即两位数的物价上涨，是不用奇怪的。在出现高通胀后，政府要进行宏观紧缩。20世纪90年代这一轮高增长带来高通胀，物价水平1993年超过两位数，1994年物价水平为21.7%，消费物价为24%。1993年7月开始实行宏观紧缩政策，采取"软着陆"，这是一次成功的紧缩，1996年物价降到低位，为6%，而在实行紧缩的几年中，没有出现生产滑坡，平均增长率仍然为9%。

---

① 写于1999年。

二、当前的通货紧缩状况及其性质

"软着陆"实现后的1997年，中国经济开始进入新的运行周期。但是这一年7月东南亚金融危机爆发，进而引发东亚国家股市、汇市风暴。在此险恶形势下，中国采取了一项看得更长远的政策，保持人民币不贬值。这项政策当然也为此付出必要代价，扩大出口更为困难，下半年出口开始下降，1998年出口增长0.5%（过去平均年增长20%以上），1999年1~5月为-5.3%，7月份有所回升，但全年出口下滑之势难以改变。

由于1993~1996年紧缩经济使需求增长放慢，加之亚洲金融危机的影响，出口猛降，在中国出现了内需不足，逐步演变为通货紧缩。

1. 市场商品全面供大于求

商品的供大于求和销售困难在近年来不断发展，1996年以来，供大于求的范围急剧扩展，国内贸易局商业信息中心对1998年下半年610种主要商品的供求情况排查发现，供求平衡的商品403种，占排查总数的66.1%，供过于求的商品206种，占排查总数的33.8%，供不应求的商品只有棕榈油一种。可见，我国商品市场已表现出了全面的供大于求。

2. 物价长期持续下滑

消费物价1997年以来持续下降，迄至1999年6月已经21个月下滑，1998年全年负增长2.6%，1999年1~6月零售物价下降3.2%，生产资料价格已下降30多个月，1999年1~5月下降7.8%（比去年同期增大4%）。

3. 增长放慢

在需求不振、市场疲软形势下，国有企业、非国有企业投资增长放慢，企业经营困难，亏损增大，一些企业停产、减产，但是中国经济在深化改革中，总体活力在增强，有着抵御、因应（适应）内需不足的内在潜力，它在1997、1998两年仍然以平均8%的高速增长——1997年8.8%，1998年7.8%。中国经济没有出现像东南亚泰国、印尼、马来西亚以及东亚的日本那样的萧条，即两个季度以上的负增长，而只是降低了高增长幅度，1997年为7.8%，较上年降低1.1个百分点。因此，基于物价持续下走增长放慢和不稳，我们认为中国经济表现出轻度通货紧缩，这是没有大幅度增长下滑、大规模破产、大规模失业、市场萧条、社会动荡不安的特种通货紧缩。中国1~2年内可能是7%左右的增长；企业亏损面不小，国有企业亏损面50%，但是破产很少；失业增大，但下岗多，再就业也多，登记失业率3.3%，实际7%～8%，还不是很高，中国一方面市场疲软，但是1999年1~6月社会商品零售总额仍达8%，扣除物价下降为9%，各种吃、穿、用等基本消费仍然兴旺，上海南京路、淮海路仍然熙熙攘攘，饭店里高朋满座，中国大陆未出现其他地方出现过的市井萧条的景象。整个社会安定团结，5月19日以后股市上扬，表现出居民信心增强。当然，中国目前有消费需求不足和储蓄猛增。1999年1~5月，储蓄增长5600亿，比去年同期增长1700亿，储蓄率达40%以上，为世界第一。但是中国的消费不振，主要是消费需求增幅慢，但每年仍然有增加，因为职工收入还在增加，为准备预期消费，人们把新挣来的钱储蓄起来，少花，但并不是该花的不花，更不存在"勒起裤带"、降低生活水准的现象，因而，中国的1993年以来的经济紧缩与当前的通货紧缩，有着中国的特征：这是一次增长中的通货紧缩，或是通货紧缩中的增长，而不是国外的伴同萧条的通货紧缩，是轻度通货紧缩。

三、治理通货紧缩的方法

中国对宏观经济形势判断是准确而及时的，政策是对头的。1997年10月提出了扩大内需，为此近三年采取了一系列的扩大内需的政策措施。

1. 实行扩张性的财政政策

1998年发行国债1000亿用于政府公共投资，在中国出现了一个高速公路、铁路、航空港、城市基础设施建设的高潮，其规模是罕见的。公共投资弥补了社会投资的不振，使1998年的社会固定资产投资由低走转向增高，全年增长15%，支持了内需，使1998年经济保持了7.8%的增长。

1999年中国启动新一轮的规模达600亿元的政府公共投资。中国正在务求保持扩张性财政政策的力度的持续度，实行大胆的匀升又是稳妥的赤字财政政策。作为临时性甚至阶段性的"松动"措施，来保持投资拉动力，维持国民经济稳定增长。"发展是硬道理"，保持稳定增长和维持人民币币值是中国的重要任务。

2. 实行"松"的货币政策

中国在1997年以来实际上已经在货币政策上实行"松动"，国有商业银行的"信贷额度"已经取消，给银行更多的自主权，特别是迄至目前已7次降低利息，降低银行存款准备金，同时采取扩大住房、汽车、教育等的消费信贷，对中小企业增加信贷，对出口企业放宽信贷等扩张信贷的措施。

同时，还要采取增收储蓄利息税来刺激消费。尽管货币政策过去称为"稳健的""适度的"货币政策，实际上已经是而且也应该是"积极的"货币政策，把两项政策"松动"相配合，将能有效地启动货币需求，从而更好地强化投资拉动和刺激消费。

3. 刺激消费需求

中国正在实行一个全面刺激消费的计划：大力提高职工工资收入和低收入居民的收入，同时，采取措施——包括征收遗产税——缩小收入差距；另外，搞好社会保障体系，减轻职工预期消费压力；扩大消费信贷；减少政府收费，增加农民收入，减轻农民负担。这些措施，旨在进一步增加收入基础，使居民全面刺激消费。

4. 把投资消费需求的拉动和企业改革相结合

中国正在打一场国有企业的攻坚战：其途径是进行国有经济和国有企业的大改组，其目标是建立起有活力的、能灵活适应市场的现代企业，支持企业的投资振兴和职工收入的增加，来形成强有力的内生拉动。因而，中国这一轮内需的扩大，直接推动国有企业改革的深化。

5. 进一步扩大开放，增大国际贸易

扩大出口，增加引进外资，这既是当前扩大需求的迫切需要，也是中国市场化改革目标包括进入WTO的要求。目前中国实行了一系列扩大开放的措施，这既是搞好这一轮经济新启动的重要条件，又为我们的国外商界带来更良好的机遇。

结论：在亚洲金融危机尚未完全过去和世界经济增速放慢的负面影响下，依靠卓有成效的宏观调控和经济调整，中国在1997、1998年保持着良好的发展势头。

1999年中国采取的新的宏观调控和改革措施，正在进一步增大投资和消费拉动力，7月出口的增长是一个良好的信号。进一步增活国有企业的新的措施正在出台，我相信今年中国有可能保持8%的增长，在经过几年的调整和深化改革后，实现经济的稳定和适度高速的增长。

对外开放形势下发展我国自有支柱产业①

在进一步对外开放的大格局下，千方百计发展我国自身（主要是控股）的支柱产业、民族资本或民族经济。中国与美国一夜间达成进入WTO协议，是党中央审时度势，以大气魄做出的一项重大战略决策，这项决策是基于当前复杂的世界政治形势下，掌握好中美间既斗争又协调的关系的需要，也是基于发展社会主义市场经济本身的需要。加入WTO，意味着要进一步打开国门，降低关税，废除传统保护国企的方法，实行世界上各国达成的有关关税通则，它意味着我国各行各业将面对激烈的市场竞争，外资将进入广泛的经济领域，甚至要有外资的股权。在经济转轨尚未完成，长期处在政府保护下的国有企业，实力薄弱、竞争力缺乏，加之农村经济素质很差的形势下，加入WTO，无疑是会带来强大严峻的挑战和现实的冲击。

但是取得世贸组织成员资格和与相关国实行最惠国贸易，也将为

———————————

① 写于1999年。

我国带来一系列发展机遇。（1）纺织等劳动密集型行业出口将增长，它每年为我国带来200亿美元顺差，就业会增加。（2）外资引进将会增大，新技术将更多引入。（3）实行全面开放，进一步使经济与国际经济接轨，由此带来的激烈竞争压力，这有如背水一战的形势，将推动我国深化改革。加入WTO成为我国1992年大改革以后，在20世纪末21世纪初新一轮大改革的推动器，真正能达到加快向社会主义市场体制转轨，并解决当前由于改革滞后产生的一系列问题，如国企搞活难，结构调整不动，大量失业，经济过剩等。

加入WTO是件大好事，但应清醒地看到它给我国带来许多紧迫问题。开放市场降低关税后，中国的支柱产业如何应对国际竞争，各个产业开放程度及关税降到什么程度有一个时间表，但是总是要面对强手的竞争。我国多年来发展建立起较完备的工业体系，但我国除少数产业如家电具有国内优势外，多数产业缺乏竞争力。具有比较优势的产业——劳动密集型在工业中比重27%，总产值20078亿占工业总产值29.6%；机电产业，1998年增加值4935亿，占整个工业25.4%，依靠进口的产值1998年638亿美元，占工业总产值1/4，这意味着进口配额限制取消冲击大。

如何在入关条件下和充分开放的宏观环境下，培育有竞争力的优势支柱产业，在进入WTO的过渡期，要下大决心、大力气，以新思路，力争建立起两三个有竞争力的大企业，也就是有竞争力的大产业。

一、从世界竞争形势和我国各行各业具体情况出发选择好产业模式

优势大产业可以是友邦式+大公司，可以是日本式中小企业群

体，如电子行业。总体是重点集中——不要盲目求大，充分重视中小企业。

生产能力优势产业——资本密集、技术密集行业集中在11个行业，电力、化学、非金属矿物制品、纺织、黑色金属冶炼及压延加工、石油天然气开采、交通运输、设备制造、烟草加工、电气机械制造、普通机械制造，39个工业部门中，以上11个行业占工业总产值53%。

上述产业缺乏比较优势与竞争优势。入关后，将受到很大冲击，2006年25%汽车关税下中国汽车产业能否生存，入关与国有经济竞争力弱是一对矛盾。中国是一个大国，应该发展民族资本，要有自己的大产业，有国有、公有性质的大产业。在入关和经济进一步对世界开放，对500强开放的新形势下，如何发展我国民族资本，我们自己的大产业，是一个需要深入研究的问题。

世界上没有哪一个国家不是千方百计支持其民族资本，以壮大本国的经济实力。日本在1953~1973年这20年间，通过经济转型，政府主导的市场体制之路，利用通产省选定支持的支柱产业，银行予以信贷支持，实行贸易保护，使其汽车、家电等一系列支柱产业崛起，并进入美国市场，它先实行贸易保护加速发展，再逐步放开，实行自由化。我国南部、台湾发展了自己的新兴产业；印度发展自己的计算机产业。搞社会主义市场经济要增强社会经济实力，要千方百计立足实际，抓住重点，采取有效对策，发挥优势，大力培育，加快发展起我国自身的——国家资本控股——支柱产业，要看到可能性，要敢于与强手争高下，不要举白旗。

二、走与国属资本协作之路，培育竞争优势

少搞全国资，要鼓励外资参股，一些企业也可让外资控股。工业企业中我中有你，你中有我，但是关键产业实行中资为主体（汽车力争）。以市场经济的方法"培育竞争优势"。如日本1953~1973年的20年；韩国的十大财团；我国台湾对电子产业的保护支持。

要允许、鼓励竞争，政府在竞争中选择优势企业，要在结构调整中使企业平等竞争——优胜劣汰，兼并，联合，走彩电10强之路，不要去保那些没有前景的企业。依靠企业自身的积极性，以自主经营、自负盈亏的企业为载体，要以体制创新，搞活企业。

要建立起技术研发机构，企业可自建，或与学校、科研单位合作。

政府采取产业政策支持支柱产业发展，政府思路转变，由"保大"到真正"扶优"，做好扶优汰劣、产业大调整、企业大改组这篇文章；包括扶国优，扶集优——阳光，扶民优——中关村、华为、中汇等。

银行与企业关系要理顺，以竞争力为准，7000多户国有大型企业，500多户重点企业，实行竞争力标准，决定对其支持，上市筹资，技改立项。

大力进行制度创新，
构建真正具有充沛活力的企业[①]

　　《中共中央关于国有企业改革和发展若干重大问题的决定》（以下简称《决定》），是我国当前国有企业深化改革的行动纲领。《决定》高瞻远瞩，基于跨向21世纪的时代特征、世界的政治经济形势和我国建设有中国特色社会主义要求，进一步阐明了我国国企改革和发展的目标和指导方针，根据国企当前的状况，制定了进行深入而彻底的改革的具体措施。《决定》内容丰富，意义重大，《决定》的发布，吹响了国有企业进行改革攻坚战的号角。

　　市场体制是以企业为其微观基础，建立社会主义市场体制必须要有适应这一体制性质的微观基础，即，要使国有企业成为真正的企业。这一基础的构筑关键在于国有企业的改革，使其成为新的市场经济体制的微观主体。《决定》再次强调"建立和完善社会主义市场经济体制，最重要的是使国有企业形成适应市场经济要求的管理体制和

---

① 写于1999年10月。

经营机制"。《决定》强调要通过深化国企改革，"实现公有制与市场经济的有效结合。"《决定》再次从理论上阐述了我国进行国企改革的性质和目标：要使企业能在市场之海中自由游泳，适应市场而运作，又要坚持企业的公有制性质。上述性质和目标，是我国进行国企改革的指导思想，是小平同志所阐述的，也是党的十四大、十五大明确规定的，《决定》再一次加以阐述。我认为，从理论上把握和加深对国企改革的性质和目标认识，对于更有成效地进行这一场国企改革攻坚战，是十分必要的。

国有企业要能在市场中自由游泳，适应市场状况变化而灵敏地做出反应，不断地自我调整产品结构、企业组织结构，不断地进行科技创新，不断地自我完善，提高自身竞争力，也就是有真正的企业行为。真正的企业，一不靠国家减免税利，二不依赖银行，三不等待宏观环境的变化，而是靠企业的自主精神和创新精神。真正的企业是一个自动机，它在利益驱动下，发挥自身的内在的积极性，不要靠政府下指标，外力来推动。真正的企业是一个永动机，它追求盈利最大化，为此不断地创新、调整、完善，不断增强发展后劲，追求长期的目标，而不是只顾当前上产值，短时期风光一阵子，而不顾今后长远的发展。真正的企业是一个灵敏的"活体"，它充满活力，生气勃勃，市场信号灵敏地做出反应，决策快，调整快，创新快，在市场瞬息万变的情况下努力使产品适销对路。要不断提高自身竞争力，不能行为僵化，决策程序繁多，行动迟缓，丧失时机，乃至"产品投产之时，企业亏损之日"。走向21世纪的新时代，要求国有企业要把自己改成能对市场做出灵敏反应的，能不断自我调整、"日日新，又日新"的充满活力的企业。

国有企业要真正具有企业行为机制，关键在于体制转换。《决定》再次明确了企业要把"比较完善的现代企业制度"作为改革的目标模式；要对国有大中型企业实行规范的公司制改革，明晰产权，搞好产权主体多元化和公司法人治理结构，确保出资人到位，加强激励机制和约束机制；要探索国有资产管理的有效形式。《决定》为我们指出了适应于市场经济的现代企业，特别是公司制企业的制度结构的主要内容。我国国有企业改革近20年，不少企业近年也进行了公司制改组，但效果不理想，许多企业困难越来越多，其原因是多方面的，但是根本的原因是制度创新未到位。不少企业"翻牌公司化"，公司产权制度、法人治理结构未能形成，企业或是仍然从属于政府干预，或是从属于内部人控制。上述企业制度转换的不到位，特别是产权制度改革滞后，是新的企业机制未能形成的根本原因。搞好我国当前国有企业的改革攻坚，应该把制度创新和机制转换作为主要目标。企业由传统国有制到新的市场公有制的转换是一场"致命的飞跃"和深刻的革命，不可能有现成的范本可以照搬。《决定》要求人们解放思想，实事求是，从实际出发，勇于创新，着力寻找公有制的新的实现形式，着力建立有活力的、生气勃勃的市场主体。

只要我们坚持邓小平理论，按照《决定》精神，着眼企业制度的创新，致力于国有企业真正的、彻底的体制转换，又使企业拥有高素质的经营者，我国将塑造出新的公有制的市场主体，国有经济完全有可能搞活。我国正在进行的公有制与市场经济有效结合的历史性探索的前景是十分光明的。

<h1 style="text-align:center">开拓市场，促进增长①</h1>

一、突破市场制约，电力工业才能加快发展

　　水电是资源性产业，是四川具有优势和良好发展前景的支柱产业。在市场经济条件下，发展四川水力发电业，需要解决好资本金投入、资金筹集，减少债务、利息负担，加强经营管理，降低成本，充分发挥四川水电业的竞争优势。但在当前更为重要的是要开拓市场，增加电力消费，改变我省电力供应过剩的状况。我国电力产业长期发展不足，在 20 世纪 80 年代以来经济发展中，出现了电力瓶颈，表现为全国性的电力供应短缺，经常拉闸，工厂停三开四。由于国家增大了电力投资，各省也自行发展火电、水电，允许外商投资办电，近 20 年发电能力增长迅速，在 1997 年以来买方市场全面形成的大背景下，电力生产也逐步由短缺转为过剩。

　　四川 20 世纪 80 年代电力瓶颈十分突出，电力生产严重不足，抑阻了我省经济的增长。20 世纪 80 年代中期国家决定进行二滩建设，但

---

① 写于2000年7月。

是中国经济全面买方市场的形成步伐超出人们估计，1998 年以来我省出现发电的市场瓶颈，特别是在发电高峰，电力供应过剩，在当前，二滩公司的生产能力难以充分发挥，这一具有技术、机制和管理优势的公司，出现了经营亏损与营运的困难。

二滩公司出现的问题，有多种原因，但是最根本是宏观经济形势的变化市场制约。我国当前商品大范围的市场过剩是一个转型期阶段性的问题，在近两年来中央采取的扩大内需的政策措施下，目前市场状况和经济运行已出现好转。就电力行业来说，沿海某些地区已出现供不应求和"拉闸"。我们可以设想，如果今后我国 GDP 增长幅度适当提高；如果今后采取正确的适应于市场经济电力的政策，把电力生产、交换立足于竞争，发挥资源优势的基础之上；如果四川采取积极的扩大电消费的政策，大力开拓我省电力市场，那么，目前四川的水电力生产能力过剩将得到缓解。

如果在我省的努力和在中央支持下，我们能突破市场制约，我省电力工业将有可能做到加速发展，溪落渡、向家坝等优质水电资源将能更快地得到开发，水电工业将真正在我省成为支柱，并成为我省特色经济的重要组成因素。

二、建立适应市场经济的电力新体制，实现西电东送

一方面具有资源优势与良好前景的我省电力卖不出去而沿海地区开始呈现电的不足，有可能再次盲目发展能源，这是当前我国电力工业中出现的新情况。这一矛盾的解决，在于对现行电力生产、分配体制进行改革。

我国电力产业实行的是高度集中的管理体制，近 20 年在电力瓶颈

条件下又形成了各地自行办电、自求平衡、分割市场、地方保护。这种电力体制已不适应于向市场体制转轨的需要，特别是各省电力自求平衡，地区保护的体制不适应新时期产业结构、地区经济结构调整和优化的需要。因为首先自行办电，自求平衡使各地区不顾条件许可，不问代价，浪费资金和资源。在当前形势下，是又一种低水平重复建设，它造成电力高成本，不利于竞争力的提高。其次它造成环境污染，不利于经济可持续发展。

在加快向市场体制转轨和进入 WTO 的形势下，我国应该加大电力工业改革力度，要建立适应市场体制的电力生产、交换制度，电力要和其他商品一样，实行统一的大市场，引入竞争机制，发挥市场配置资源的作用。生产上是发展水电还是火电、核电；电力布局是在沿海建厂，还是内地建厂，这些均应该由市场、由竞争来定，使那些自然资源条件好、技术好、管理好从而成本低的能源企业，在市场上找到应有的位置。这样才能优化电力生产的资源配置，把供给搞上去，把价格降下来。这样的电力生产、供应体制将有利于全国经济的发展，也有利于各地区经济的发展。

实行新的电力体制，将能改变电力生产中长期存在的高投入、低效率、高成本问题，使我国电力产业拥有竞争力，以应对我国即将进入 WTO，国外资本将扩大进入发电业的新形势。实行新的电力体制，将能从根本上解决"西电东送"这一我国电力生产和分配中十分紧迫的问题，它才能使西部地区富有优势的水电产业得到发展，才能促使良好的地区分工，促使西部特色经济的发展。在实行西部大开发的当前，实行电力体制的改革意义重大。

三、走加快我省电气化发展之路，在拓展市场上下功夫

我省电力供应过剩的解决，要依靠市场的启动，由于我国历史上形成的电力生产供应体制不是一下子能获得解决，因此，我们应下决心大力启动我省的电力市场。

第一，搞好搞活我省经济，加快发展，特别是加快我省工业的发展，这是开拓电力市场的根本之途。

第二，努力培育和发展高耗能的产业，如发展攀西优势钒钛业、有色金属、稀土等产业，形成发电、用电相衔接的产业链。

第三，大力发展农村电网，特别是要加快阿坝、甘孜、凉山民族地区和边远山区的电网建设，扩大农村生产和生活上的电能消费，这将为我省电力带来十分广阔的和不断增长的市场。

第四，实行鼓励居民用电的政策，更好满足城市居民生活用电的需要，在这方面还拥有很大空间。还应开拓城市公用事业的电力消费，如搞好城市公共照明，提倡企业搞好灯饰，发展现代城市文明。

第五，实行鼓励用电的优惠政策。要能做到多途径地扩大电力消费，启动我省电力市场，需要有鼓励电力消费的政策，例如实行优惠的价格政策，对某些生产企业实行税费退还和补贴政策，为此可建立一项鼓励用电的财政基金。采取积极有效的政策措施，可以起推动刺激电力消费，扩大电力市场的作用。

第六，理顺关系，形成合力，扩大电力市场。从改革着手，理顺生产、分配、销售等环节的关系，理顺网内与网外电厂上网的关系以及水电与火电的关系，解决发电高峰期和低谷期在发电、分配、销售等方面的具体矛盾。防止各方面互相扯皮，各环节不协调，自设障碍，

造成生产与销售的困难。

　　总之，以扩大电力市场为目标，走一条加快我省电气化的发展道路，是解决我省电能产销矛盾的可取之策。

当前中国经济的若干热点问题[①]

一、对当前经济形势的认识

从1997年开始，中国经济出现了新的情况。总的来讲，市场愈来愈疲软，价格持续下降，1999年至今还没结束。

我国经济1992年以来经过了一轮大的发展。1992年国内生产总值增长14%、1993年增长13.8%的速度是世界最高的速度。高速度就引起了高通货膨胀，物价上涨得很多。1993年消费物价上涨24%，所以1993年开始治理通货膨胀，进行经济软着陆。1993年到1996年底48个月，物价降到6%，通货膨胀治理取得成功；虽然我们采取软着陆，经济的增长速度也不慢，平均还是9%左右。但是1997年以后出现了物价持续下滑，市场全面疲软，许多东西卖不掉的状况。1999年初国内贸易部对600种商品取样调查，70%的商品供大于求，30%的商品供求基本平衡，就是说600种商品都难卖。物价由1990年底的6%降到1998年的-2.6%。物价下降是1997年10月开始的，1998年月月下降，1999年至

----

① 写于2000年。

今没有起来，所以一个市场全面疲软，一个物价长期负增长，这两条就叫通货紧缩。我们经济发展由一发展就过热就通货膨胀变成了通货紧缩。

通货紧缩，从国际上来讲，物价比较长的负增长，就叫通货紧缩；物价两年的持续下降，叫严重的通货紧缩；一年的持续下降，叫中度的也是值得注意的通货紧缩。通货紧缩意味着生产放慢，在西方国家就意味着萧条失业、企业增长得慢、亏损破产。在我国是一种特殊的通货紧缩，一种轻度的通货紧缩。我们尽管物价长达二十几个月的下降，也有一系列的问题，但是我们的增长仍然在持续，因为我们采取了一系列政策措施，经济还没有出现企业大破产、大崩溃、大失业，所以没有出现萧条，东西虽然不好卖，整个经济应该说还是稳定运行的。基于上述情况，中央及时提出了扩大内需拉动经济，保持经济的增长，在1997年7月东南亚金融危机发生以后，当年10月的十五届二中全会就提出扩大内需，1998年进一步实行积极的财政政策。积极财政政策的主要内容就是实行拉动，因为市场疲软，企业投资积极性不高，投资没有项目，在这种情况下要增长，就得要国家投资，于是采取了财政发行1000亿元国债的措施。主要用于基本建设、基础设施的这1000亿元国债加上银行贷款1000亿元，再加上地方配套资金，主要就是搞高速公路、铁路、机场、城市基础设施建设。1998年四川的基础设施是搞得最快的一年，叫作"1180"，即全社会资产投资1180亿元。中央的财政资金也不少，高速公路又增加许多条，包括成都到南充、西昌、雅安，成都市的基础设施也增加不少。1998年一季度开始，经济呈现下滑趋势，工业生产增长放慢，由于扩大了国家投资，下半年生产开始增长，扭转了下滑趋势，第三四季度增速加快，因此1998年的国内生产总值增长达到7.8％。

1998年我们没有追求速度，仍然用财政投资拉动保持经济的正常发展速度。但是，1999年三四月份以后形势发生了变化，4月份以后增长速度放慢。首先工业生产增长速度放慢，整个工业生产是在下滑。另一个就是物价持续下降，1999年上半年物价继续下跌3.2%，1998年全年是-2.6%，价格纷纷下降，商场里都在降价。农产品价格也很低，粮价极低，粮食库存卖不掉，全国装不下的粮食够吃一年，棉花也装不下，够用一年半。四川的生猪价格下跌40%，农民卖仔猪二三元一斤，农民都不愿意养猪了。湖南的生猪价格下降60%，比四川更严重。农产品价格低走，农民就搞技术革新、搞果子、搞副业。广西农民到成都卖荔枝，荔枝的价格1999年仅卖5元钱一斤，而前年是十几元钱一斤。山东的蔬菜去年1000多万吨积压，寿光是一个全国性的蔬菜大县，去年的积压使他们压力很大。1999年物价没有提起来，市场没有变化，体现了消费不振，社会商品零售额上半年只增加6.4%，比去年同期低。在20世纪90年代，社会商品零售总额一般年增长都在18%左右，扣除物价指数也是12%~13%的增长。1999年3月社会商品零售总额增长5.8%，4月份5.7%，5月份5.3%，分月份看，市场上买东西的人、购买东西的消费支出逐月下降。这几个指标的问题就在于1998年的固定资产投资拉动到了尾声。1000亿元的国债都给各省划拨下去了，该修公路的、修铁路的都到位了，效益到了尾声，固定资产投资下降。1999年一季度固定资产投资增长了22.7%，二季度回落，上半年平均增长15.1%。这就是说国家投资拉动的钱用完了，国有企业投资没有起来，找不到项目。集体企业、个体私营企业有的有项目，但没有资金，总的来讲市场过剩，不敢搞大的投入。加之1999年外贸出口下滑，1998年我们出口的速度下滑，但总的是增长5.3%。1999年出口1~6月是负的4.6%，是多年来没有的。七八月由于政府采取各种措施促进出口增长，增加出口退税，所以，七八月出口有所增长，但是1999年出口下滑之势难以逆转。出口问题是整个国际经济宏观环境不好，东亚及东南亚各国经济复苏缓慢，购买力就有限。此外这些国家货币贬值，正在想方设法创新市场，扩大它的出口，我们坚持人民币不贬值，所以我们的竞争力削弱。现在台湾地区的电子产品大量出口，韩国的大宇经过改组，其产品包括汽车向东南亚出口。我们的电子产品，包括深圳向东南亚的出口就遇到了竞争，所以出口很困难。

1999年上半年，我国的经济态势总的来说是稳定的，国内生产总值增长了7.6%，工业增长9.4%，应该说是不错的，比哪个国家都好。但是问题是有下滑之势，也就是通货紧缩没有打破。1998年的财政政策效益走到了尽头。在这种情况下，为防止经济急剧下滑，中央及时出台了一系列拉动经济的措施，实行"三个拉动"即加强投资拉动、加强消费拉动、加强出口拉动，千方百计扩大需求，拉动经济以稳定经济、深化改革、促进发展。

目前国内工作的重心还是经济问题。我们的经济尽管总的还是好的，经受了亚洲金融危机的冲击，人民币没有贬值，稳住了香港，顶住了大压力，我们获得了稳定的增长，这是很不容易的，但是也出现了不可小视的新问题，具体地说就是如何治理通货紧缩。就四川情况来讲，四川跟全国一样，1999年3月以后，在大气候之下，市场东西那么多，价格又那么低，销售又那么困难，所以企业遇到困难。总的来讲，四川普遍遇到了销售的困难。三四月工业生产出现了急剧下降。上半年工业生产增长3%左右，列全国29个省市的最后一名。工业经济下降，主要是最大的工业企业长虹实行了限产促销，停了一两条生产线，产量一下去，产值就下去了，绵阳的工业产值掉了十几二十个百分点，影响了全省工业下降七八个百分点。在四川，就是长虹打喷嚏，四川得感冒，而绵阳就得重感冒。四川工业支撑点太集中，1998年全省利润42亿元，长虹就占了20亿元，所以长虹对四川的影响很大。竞争这么厉害，长虹不得不调整生产。

当前的内需不足，应充分予以重视，理论上要十分清醒、十分明确。我国需求不足有出口的影响、国际的影响，但更主要的是内需不足，我国的出口拉动经济是1.5个百分点，增长主要靠国内需求拉动。现在我们的投资需求上不去，消费需求启不动，消费市场疲软，问题在需求不足特别是国内需求不足。理论界对这方面的认识不一样，对当前的形势有各种各样的看法，一种看法是需求不足是东南亚金融危机引起的，是出口引起的，这叫外因论。把出口弄上去经济就发展了？1999年出口形势即使到年底有所增长但也不会有多大成效，我们不能完全依靠出口，应主要依靠国内需求。增加出口要有国际形势，要看东南亚形势。要看别人愿不愿意买，看市场怎么样。另外，出口还有个大问题，就是别人货币都贬了值，人民币不贬值，我们一贯主张保持汇率稳定，因为我们要稳定香港，汇率调整对香港有很大冲击，要扩大出口就有个人民币要不要贬值的问题。这个问题是个大问题，既是经济问题也是政治问题，要做出决策也不简单。所以现在不要寄托在出口上，现实的是扩大内需，因为我们主要靠国内的投资和国内的需求。现在我们主要的问题是国内的投资不振、消费不振，不是说东西少了，而是东西卖不出去。市场问题成了经济增长的最大制约，市场问题不解决，我们的经济就上不去。

对当前的形势，还有一种片面的买方市场观点。说买方市场是多年来没有的，是很好的，很有利的，东西卖不出去就好，就可免除通货膨胀，促使企业调整结构。这个理论有一定道理，我们这个结构难以调整，价格过低，逼着调才调。但这个理论是片面的，现在说买方市场有益，是完全脱离实际的。现在是经济过剩，而现实条件下经济过剩严重地影响着我国经济发展。市场再不打开，投资再不振兴，中国的工业增长速度仅靠政府拉，拉得起来吗？仅靠国家能维持多久？所以当前在理论上要认识到经济过剩运行的危害性，它有促进结构调整的作用，但是持续的过剩运行会变成发展的最大障碍。经济要稳定运行，不能老是过剩。现在不能认为买方市场有益。这种买方市场我们不需要，这种买方市场莫说会把差的企业弄垮，好的企业也要被拖垮，谁能应付得了这样一种价格这么低的市场？这种市场采用各种手段包括不合理的竞争、价格战，就是这种过剩引起的。彩电过剩，生产能力5000万台，生产量2500万台，市场买不了那么多就只好降价。长虹1998年生产了900万台。长虹是四川的一个很好的企业，但彩电除了长虹，还有TCL、海尔、康佳等，上海不仅原来的金星还在扩产，还在想方设法到处销售，同时正在建索广，即索尼和上海广电，2000年就要投产，年产200万台新型彩电。这种形势之下大家只有杀价。现在29寸彩电卖2600元，前年要卖5300元，有一家企业21寸彩电降到999元，折合100多美元，在全世界都是最低价。所以杀价到成本左右，甚至成本以下，这就叫不合理的竞争。长虹因为批量大，还没有降到成本以下，小批量生产的企业无法生存。当然这样有利于集中，但是几个大企业都你死我活地杀价竞争，那我们的民族工业就是自相残杀，就不利于它的增长。现在的市场，四川已买涨不买落，价格愈降得低，愈没有人买。商场到处都是人，物价低得出奇，问题在于愈便宜愈没人要。

如何认识当前的经济形势，理论界没有搞清楚，当前的经济不是一般的买方市场，而是一个经济的过剩运行。我们的经济由过去的短缺运行变成了过剩运行。中华人民共和国成立50年来大部分时间是短缺的，计划经济是短缺经济，改革以来到20世纪90年代以后才发生了变化，东西过剩，价格低位，市场疲软，过剩运行。在过剩中维持经济运行，这种经济就不稳定，一遇到问题增长速度就可能下来，所以必须采取政府拉动需求的措施。

为什么会出现过剩运行呢？过剩运行是因为需求不足，就是说经济在发展过程中由物资短缺变成了需求不足，具体就是20世纪90年代中期需求不足显现。1997年的东南亚金融危机加剧了我们的需求不足，出口减少需求不足更明显。需求不足是个新问题。过去我国是短缺经济，为防短缺就拼命发展。需求不足是西方的概念，经济危机就是需求不足。资本主义一成型，1682年英国就出现了生产过剩的经济危机，差不多十年一个周期，所以叫周期性经济危机。到了20世纪危机更厉害，1929~1933年出现了一次世界性大危机。经济危机就是需求不足，就是购买力的增长落后于生产能力的扩张，这是马克思经济学的原理，也是事实。需求不足是西方经济学家凯恩斯在20世纪30年代的一本书中认定的，他认定资本主义有需求不足，凯恩斯经济学一直是西方经济学中处于支配地位的理论。我们过去的研究认为需求不足的现象是西方的现象，社会主义国家没有需求不足。事实上，我们经济转轨期会出现需求不足。转轨没有转到位，改革没有改到位，体制没有弄好，机制没有整好，会出现需求不足。我们需求不足除了东南亚金融危机引起出口下降这个外因以外，有几个内因：

第一，我们的投资需求放慢。投资率在经济高增长时达到国内生产总值的39%以上，近年来投资率只有20%左右。银行前几年贷款实行限额，基本建设实行控制，上项目实行审批，投资就降下来了。我们近年来投资水平较低，正常的投资应达到国内生产总值的35%或33%左右，太高了经济会过热，太低了投资拉动不足，现在是投资拉动不足。

第二，出现了消费需求的不足。这也是最重要的原因。消费需求是拉动经济的主力，在国内生产总值中多年来是65％用于消费，近年来特别是1998年这一比例降到45％，1999年有统计说只有40％，降了20个百分点。消费之所以下降，一个原因是城市消费的下降。城市是消费的主体，消费品60％是在城市里卖掉的，农村只占40％。城市消费的主体是政府特别是国有企业的职工，所以消费的主体是国有企业及其大量的职工，这是城市的基本消费群。如果我们的企业效益好，职工收入增长得快，我们整个城市消费就旺盛。20世纪80年代城市消费是很旺盛的，联产承包后农民收入增长也很快，城市企业放权让利，把利让给企业，企业一改革就得到政策优惠，最大的优惠就是赚的钱可以发给职工。成都川棉厂是20世纪80年代初改革的试点企业，一改革就修宿舍，职工收入就提高。到1987年实行承包制改革，缴够国家的都是企业的，发给职工的也不少。20世纪90年代以前城市里有一个消费增长的时期，那时的问题是财政上不去。20世纪80年代国家担心的、理论界讨论的叫国民收入超分配，就是说留给企业的比较多，政府的税收比较少。20世纪90年代国有企业深化改革。企业自我约束、自负盈亏，搞现代企业制度，政企分开，搞得好就发奖金，搞不好则基本工资无法保证。原来企业是国家保着的、银行扶着的；现在企业改革，国家不能保，银行不能扶。原来亏损了，企业向银行借钱发工资，银行不得不给，银行本来就是为国有企业服务的，借钱给企业是它的任务。现在银行也要追求平衡，要消灭不良债务，银行也不乱贷款了，亏损企业它更不给贷款。企业钱也就发得少了。加之1994年以来改革全面推进，职工下岗分流，近两三年全国每年下岗近千万人，今后10年每年下岗不少于800万人。城市企业正在调整，国有企业面临着激烈的竞争形势。20世纪80年代国有企业因为市场短缺，好的卖得出去，孬的也卖得出去；技术含量高的卖得出去，技术含量差的产品也卖得出去。那是一个消费的低级阶段，求温饱的消费阶段。现在情况不一样了，是提高了的、小康的消费，老百姓有选择地购买东西，"三转一响"是过去好生活的象征，现在要DVD、电视机、电冰箱、房子，收入高的还要小轿车。城市里基本生活用品，进入升级换代时期，成都市彩电户均1.02台，电冰箱也差不多每户都有了。所以市场形势变了，企业行为变了，银行行为变了。在这种情况下，第一个问题是人们需求的增长也要求收入增长，另一个是产品的结构要调整。我们恰恰在改革过程中收入增长成了一个难题。国有企业改革是不可回避的，但国有企业改革是难题。怎样才能把国有企业搞活、效益搞上去，使收入能增长？长虹职工年收入1万多，月收入1000多元，而我们大量的企业职工一个月就拿几百块钱。现在问题是50%以上的企业亏损，大工业城市60%~70%的企业亏损。城市基本消费群就是国有企业职工，这个基本消费群体在改革中遇到了困难，像20世纪80年代收入持续3年、5年增长的时期已经过去了。现在就看一个地方国有企业的经营状况，就能看出这个地方整体的国有经济调整得如何，整体国有经济实力如何，效益如何。

二、社会主义经济不能只靠国有经济，非公有制经济、非国有制经济发展要跟上

江苏的苏州、无锡、常州经济发展很快，靠的是集体经济。但近年来，集体经济也在下滑。1992~1994年，四川的乡镇企业产值年增长80%，现在乡镇企业增长急剧放慢，因为它也有个结构调整的问题。

乡镇企业层次低、技术又差，在目前的竞争形势下，产品销售很困难，当然也有搞得好的，如苏、锡、常的阳光集团生产西服面料，年产2000万米，产量世界第三，质量可以和进口的媲美，全国使用的西服面料几乎都是它的，北京的几个最有名的西服品牌都是用的阳光集团生产的面料。阳光虽是乡镇企业，但跟长虹一样，搞技术创新，引进先进设备，而北京的清河制呢厂、四川乐山的川康制呢厂和德阳的毛纺厂都不行了，20世纪80年代初还红火的重庆南岸的毛纺厂早就拍卖了。为什么阳光就行？值得思考。集体企业潜力很大，要很好发展。

另外，要看非公有制企业。在市场疲软的大形势下，温州地区形势就好得多。温州没有什么国有企业，靠的是个体私营加上股份合作，靠的是中小企业，靠的是小生产、大市场，靠的是那里的市场体系。它把那一块搞活了，那一带需求还相当旺盛。《经济日报》头版头条称"温州无市场疲软"，至少说明温州的市场疲软没有内地严重，企业搞活了，城市需求就上去了。现在需求不足的原因，就是结构即国有企业、集体经济、个体私营结构不好。内陆地区如四川国有的太多，集体的不少，个体私营发展不足。川西集体经济、个体私营经济发展得快的是德阳、金堂、绵竹等几个地方。重庆国有经济突出，乡镇企业发展不足，个体私营经济比之广东、上海比例就低得多，所以重庆的经济也很严峻。城市经济需求要从结构上找原因。

除了城市这一块之外，我们20世纪90年代需求不足很大的原因在农村这一块，是农民的需求上不去，也就是农民的收入上不去。农村的问题主要是一个产业结构的改革，增长方式的变化。联产承包以后，农村变成了家庭经营，一家一户的小农场，一家三五人，三五亩地。家庭农户的小生产与现代化的生产方式是有矛盾的。家庭小生产如何搞出生产率高的大产业呢？日本搞了一套经验，在家庭农场的基础上发展现代农业，引进科学技术，依靠各种供产销的作用。中国联产承包以后，如果不解决采用科学技术、依靠供产销合作搞现代农业的问题，还是一种粮、二养猪、三搞点科学技术那一套老的东西，农业就只有几年的增产空间，只有几年的效益增大的空间。靠种粮食是富不了的。粮食能卖几个钱？只能靠多种经营、靠养殖业。现在农产品卖不出去有个结构问题。比如大米，城里人不想吃一般的米了，要吃好的米，吃泰国米。在进入世界贸易组织后，美国的农产品还要与我国竞争。所以，农民要增收就要调整结构，这个问题近几年进展比较迟缓。

市场需求启动不了，关键是钱少了，就是收入没上去。收入上不去主要是城市收入上不去。城市收入上不去核心是企业问题，农村收入上不去核心是小农户怎么搞现代化农业的问题。这是一个转轨期的问题，在转轨期国家要解决一个制度的转轨，国有企业体制要转，农民生产方式要转，产业要升级，结构要调整。

除了收入上不去，市场困难还有一个重要原因是结构失衡或者叫结构不合理。我们当前的经济过剩叫作相对过剩，老百姓钱少了，购买力不足的相对生产过剩。如果城乡居民的收入都能提高很快，市场东西不愁卖不掉。现在全国房子积压8000万平方米，除了写字楼、富人住的别墅，一般居民住的起码有5000万平方米。积压的原因是购买力不足。但是我国的过剩还有另外一个原因，即结构失衡，就是产品低水平重复。市场上尽管商品堆积如山，但是质量一般的占多数，低水平的、重复的占多数，名、优、特、新产品还是少数。现在什么东西都卖不得，万种商品无俏货，这也许讲得绝对了，质量好、适销对路的产品还是供不应求。一般东西卖不出，质量高的空调销路很好，1998年上半年海尔空调销售120万台，全年估计生产了200万台。我们现在结构上出了问题，重复生产、重复建设，特别是还有一大批质量差、老一套、十年一贯制的产品充斥市场，还有假冒伪劣，所以我们的需求不足并不是说人们完全没有钱，现在储蓄还有5.9万亿元，据说20％的人占有80％的存款，也就是说基本群众的钱不多，但也不是说基本群众没有钱。现在热门货人山人海，旅游也热得不得了，九寨沟夏天一天进去1万人。大学扩招很厉害。现在中学办学兴旺，大学办学也兴旺，以前教育没有放开，人们有钱也投不进去。中国当前生意不好做，问题在产品。为什么成都的伊藤洋华堂那么热火，轻工大厦却出租柜台变成商场了？北京的大商场前几年一下子上了几十、几百家，但现在大部分倒闭了，剩下的1/3都亏损。原因一是市场不振，二是千店一面，都是一个样子，卖的东西都差不多，没有特色，缺乏专业店，产品又少。一些大商场卖的产品不到1万种，国外的大商场产品有10万种。中国国内的产品就只有1万多种，国外有10万多种。现在高级一点的东西日新月异，要求质量，要不断更新换代，要适应消费者的需要，要适应消费者的个性，就是一般的产品都要讲究质量。大量的商品卖不出去，质量高的都热销，问题还是工业问题。德阳有个工程师搞了一个木制足球的工艺品，国外大量订货。搞一些新品种，就有可能供不应求。现在是既有疲软的市场，又有疲软的产品，但事实上应该是"没有疲软的市场，只有疲软的产品"。比如汽车，原来桑塔纳风光，现在买别克的又多了；奥迪出来卖了一阵子，红旗出来也卖了一阵了，现在红旗车消费者不看好，奥迪是进口组装，但车型不好，而别克出来到处脱销；现在面包车很难卖，但沈阳金杯海狮车1999年上半年的纯利润达6亿元，全年可获10亿元纯利润。你说需求不足，它的需求为什么旺盛？说到底，当前需求不足有两个原因，一是收入问题，二是工业结构问题。

三、当前如何搞好双拉动消除市场过剩，保证我们的经济持续稳定发展

（一）采取积极的财政政策

由国家财政出钱，搞基础设施，西方称之为凯恩斯主义。没有投资不行，企业不投政府投，如果政府也不投生产只有往下滑，所以积极的财政政策是正确的。积极的财政政策下，1998年1000亿元力度不算小。但是实践表明，1999年4月份，财政政策1000亿元的效应基本到顶了，4月以后就出现了一个政府投资的断层，政府投资第一轮的用完了，第二轮没有跟上。第二轮投资要经过8月份人大常委会批准，将发行600亿元国债。所以我们出现了财政投资的断层，其原因就是我们对当前经济运行这个阶段没有清醒的认识。经济遇到了需求不足，供给过剩，这是改革过程中出现的一个难点，改革过程中遇到的一个难翻的坎。而且这个坎不是一年就翻得过的，因为企业的改革不是一年就搞得好的，企业没有投资积极性。国有企业不是一年就搞得好的，非国有企业、乡镇企业也不是一年就发展得上去的，个体私营企业也不是一两年就起得了势的。民间投资两三年上不来，所以政府拉动不可能是短期的，1999年12号文件强调积极的财政政策，今年、明年、后年都要进行，也就是说要搞三年，三年满了还要静观。所以财政政策第一是力度要够，第二是时间不能太短。这一次积极的财政政策不仅要准备1999年的政府投资，还要准备三四年。国外的经验说明财政拉动经济往往要搞多年，如美国1933年经济危机实际上到二战时才结束，经济才复苏。

（二）搞好投资拉动

积极的财政政策有风险，也就是说要看有多大的财力。发国债就叫赤字财政，1998年赤字2.6％，1999年加上600亿元比例就更大一些。赤字也不可怕，关键是经济能增长，收入能上去，到期就能还钱。但另一方面的确也有风险，因为我们这个国家财力毕竟有限，搞多了，钱不够用了还要向银行透支，增发钞票，这些可能性都存在。如果遇到突发事件，国家还有财政投入，如大旱大灾，更不用说如果国际有什么事变。要综合考虑，要看到它的风险，所以我们不希望这个财政政策老是搞下去。赤字财政发挥拉动经济的效果愈早愈好，关键是要拉动社会投资，不能只有政府一家投。市场经济是企业投资，财政投资是遇到了麻烦不得已而为之。目前的问题就是政府的投资要能够带动民间投资，政府的投资要能将社会撬起来，我们的问题和困难就在于撬不起来。财政投资搞基建、搞公路要水泥，水泥生产增长得快一些，要钢材，钢材的销售量就增大一些，但是基础设施拉动面不广。搞一个汽车工业，可以拉动几十个行业，但搞基础设施修公路顶多拉得动水泥、钢铁、运输。修公路能拉动民工就业，但拉不动城市里的再就业。城市里工人下岗他愿意去修马路、修高速公路吗？

必须要把社会投资搞活，要拉动社会投资就是一个复杂的问题了。企业体制要搞活，要解决企业的许多困难问题。1999年的财政政策已经做了调整，不仅用于基础设施，而且用财政涨工资、刺激消费，1999年500亿元，2000年500亿元，另外600亿元中的300亿元用来搞企业固定资产贷款贴息，拉动企业固定资产投资，用于重点企业、高科技企业这些企业的贴息，增加这方面的投资，包括教育产业。但是，光靠这几条恐怕还不够，实际上国有企业没有被拉动。国有企业拉动是一个全面的改革，搞固定资产投资它没有积极性，给它贴息贷款它是不是就能把企业的技改搞好？如果机制不转换，结构不调整，只给它贴息，不解决问题。

（三）要全面解决国有企业的困难

1. 解决债务问题

国有企业债务负担使其动弹不得，如攀钢债务现在有100多亿元，本息20年甚至50年都还不完，所以要把这种中国的重点、对国家对国防极为重要的企业弄活，首先就是要解决债务。比较好的方法是，债改投，债务变成股票，债务由银行转到金融管理公司，变成对企业的投资对企业的股权，企业以后就只给红利，不付利息。债改股也只能搞少数企业，不是所有的国有企业都能搞。如果企业产品不行，今后又没有前景，企业再大，国家把债务接收了变成股权为企业减轻了负担，但企业的产品不好，仍然是老一套，这个企业上市后的股票卖得起钱吗？所以不是减掉债务就能解决的问题。要启动企业投资，把企业搞活一定要机制转换、调整结构、加强管理。

2. 机制要活

当然，企业的债务是一个严重问题，但企业如果机制不搞活，现在债务解决了，过几年它又背起新的债务，这几年例子很多。用政府资金、用银行资金保重点，保了多少重点？给了几亿元、几十亿元，那些企业风光了一两年，过几年又是亏损。所以关键是机制转换，企业要真正成为市场的主体，成为公司制。江泽民总书记讲话多次强调企业要变成能灵活适应市场的市场主体，企业一定要实行公司制的改革。企业要有激励机制也要有约束机制，现在我们的企业改革最大的问题就是走形式，不是它愿意走形式，而是搞来搞去都是形式。搞成股份公司，搞成股东会，最后还是政府行政领导说了算，股东无法起到制约作用。企业机制不是自主权不到位，就是所有者不到位。自主权不到位就是企业的事政府还在管，厅局还在管；所有者不到位就是厂长说了算，经理说了算，真正所有者国家在哪里？在企业里代表所有者的是谁？有的董事长又兼经理，他到底是所有者还是经营者？这就叫所有者缺位，国家的意志和利益没有人来代表，经营者乱搞或运作出问题没有人能制约。现在许多上市公司财务问题一大堆，都是些烂账，股票还卖得很高，但是股民不知道，我们一些"垃圾股"每股还要卖七八元钱呢！现在弄不好就变成了吃了国家吃银行，吃了银行吃股民。

3. 国有企业的结构要调整

结构不调整在目前形势下没有出路。现在市场商品过剩，优质商品销售也难。比如汽车，中国现在有没有人再敢搞轿车？现在上海别克出来了，广东本田出来了。中国要搞轿车，就要胜过别克，胜过本田。中国的民族工业要生存，就要进行结构调整。中国这么大一个国家，如果民族工业都搞不上去，如何立足于世界，如何进入世界贸易组织？所以结构调整是当前一个重要问题。如现在各地都在造农用车，四川农用车厂家不少，但总共年产仅几万辆，而山东黑豹60万辆。四川的农用车不得不搞，不搞了工人又吃什么？但是冷静一想，四川农用车还有没有什么前途？而且农用车是一个过渡性的东西，算不上真正的汽车，真正的汽车是轿车，所以要把结构调整好。如果没有一个好产品，企业能够生存吗？5年都危险。不要看中国的家电很风光，中国家电的关键产品都是进口的，VCD、DVD的芯片都是进口的。搞结构调整不仅要引进别人的，而且要消化别人的，搞出自己的，关键产品要搞到自己手里。所以中国将要打一场结构调整战。调整结构问题，四川尤其要重视。四川的产品质量竞争力差。四川的市场搞好了，消费上去了，需求增大了，但四川的产品竞争力不上去，仍然还是外省产品的销售市场。以前叫"广货东征"，广东货往上海销；现在说"广货北伐、西征"，北伐就是到北方、东北开辟市场，西征就是打进四川来。广东在成都一个展览会上签订160多亿元的合同。市场是统一的，竞争允许外省产品来，但四川的竞争力不上去，四川的老百姓就吃广东食品、喝广东水、用广东的货，四川造、成都造就上不去了。

（四）银行要松动

企业没有积极性，市场疲软，新项目不好找，但是也不尽然，有的就有好项目，但就缺钱，有的企业销路还可以，就缺流动资金。现在我们的问题是一方面企业有积极性，借不到钱；另一方面银行有钱又借不出去。现在叫通货紧缩。通货紧缩有两种情况：（1）政府金融部门管理得太死，货币发行、信贷控制太严，导致货币紧缩，信贷太少；（2）不是政府要紧缩，而是货币发不出去，因为没有人来借钱，没有人大量消费，钱老往银行里回笼。这两种情况当前都存在。现在银行惜贷，有钱也不想贷，因为这两年强调整顿金融秩序，减少不良债务，放贷实行责任制，乱放贷出问题要追究责任。东南亚金融危机以后，我们对金融管理很严，叫作建立金融秩序，这是必要的。但是在这种情况下产生一个现象：银行看到市场不好，对企业不太放心，担心整出债务哪天被追究责任，与其贷，毋宁慎贷；与其多贷，毋宁少贷，甚至也可不贷。现在银行惜贷的问题是银行改革过程中出现的新现象，这个问题不好办。既不能让他敞开贷款，又不能因为怕风险而不经营。我们国有银行在改革过程中还不彻底，管他赚钱不赚钱，国有银行不破产，所以现在银行少贷，业务上不去，亏损照样运作。

商业银行就不行，商业银行想方设法扩大它的经营，既要拉存款，又要放贷。另外，我们银行改革，大区银行设置以后，对基层的服务没有很好解决。现在银行垂直领导，只听中央银行、听中央的，地方政府无法支配它，但市场经济应该如此。银行如何最大限度地为企业服务？如果在国有企业改革期间，银行不加强服务，国有企业就搞不活。现在中小企业、民营企业、高科技企业正在兴起，有的很有前景，都需要钱。农村产业化正在兴起，农民需要钱，搞技术革新也要钱，现在金融支持力度太弱。四川1999年农村合作基金整顿是个很好的事情，农民的钱风险解决了，但是财政的钱也掏完了。农村的金融十分紧张，信用社如何加强对农民的技术革新服务，加强金融支持，这个问题变得很迫切。目前企业的发展、技术结构的调整，都需要金融支持。所以深化金融改革是当务之急。

四川工业下滑得很厉害，省委及时研究采取了对策，一条就是不能强撑，不能一定要搞多高的速度，要因势利导，促进改革，搞活机制，调整结构。所以工业的问题是调整的问题，长虹的问题也是调整的问题，八九月份它的市场份额也开始回升。四川的问题还是用好中央12号文件，搞好政府的投资，千方百计启动消费，特别是提高农民的收入，核心问题是企业改革，关键是国有企业的改革。国有企业的搞活，要思想解放，要有新的思路，真正把党的十五大精神吃透，真正把江泽民总书记的讲话吃透。这里有一个关键，江泽民总书记讲国有企业要有所为有所不为，就是要有重点。国家的重点、国家的支柱企业要想方设法把它搞好，至于面上的也不能样样都去搞，面上的竞争性行业要按市场规律办事，中小企业更要大胆放活。四川的希望在于把少数重点搞好，把面上的大批企业搞活。面上的大批企业搞活得要有政策的松动。企业该怎么搞就怎么搞，该怎么搞活就怎么搞活，该参股就参股，该控股就控股，该租就租，该卖就卖，要形成多种所有制共同发展的格局。重工业是少数，是重点，但是重工业不能太重，四川要多搞轻工业。大企业是少数，大量的要搞中小型企业。国有企业应该是主导，但不要去追求比重，非国有的要坚决放开。

中国的经济转型及当前主要问题[1]

1949年中华人民共和国成立，中国走上了建设社会主义的道路。

1979年以来中国在邓小平理论指引下，开始了由计划体制向市场经济的经济转型。

中国走的是一条渐进的经济转型之路，进行构建社会主义市场经济的改革，需要在实践中进行探索，用邓小平的话说是"摸着石头过河"，一步步地前进，中国渐进的改革表现在：（1）先从农村开始，然后进行城市改革；（2）先搞活乡镇企业，搞活集体经济，发展非公有制经济，然后进行国有经济的改革；（3）先逐步放开价格，放松计划管理，然后推进企业改革，放开、搞活国有企业，推进国有经济大改组。

这样的改革，目的在于把这一场经济大变革，置于保持稳定的基础之上，置于保持经济增长的基础之上。

改革使经济体制有了活力，解放了生产力，出现了20多年经济持续、高速增长。

---

① 写于2003年。

1980~2002年，22年间GDP年增长9％，总量突破1万亿美元，名列世界第6位，人均1000美元。市场取向的改革使中国发生翻天覆地的变化，过去贫穷落后的被称为东亚病夫的中国站起来了，经济实力增强，科技力量增强，人民生活水平提高了。当然，中国人口多，人均水平低，还居于世界中等收入国家的中下地位。

中国过去20年经历了经济转型的初始阶段，现在进入了经济转型的第二阶段，这就是要使改革全面推进，进入深层次，攻克改革的难点，进一步废除旧的计划体制，建立起更加完善、更为成熟的社会主义市场体制。

2002年，党的十六大制定全面建设小康社会的目标，规定了新时期进行全面体制改革和创新的主要方向。

一、保持经济持续稳定的高增长

中国人口多（13亿），人均GDP仍低；城市走向工业化、现代化，农村经济落后；沿海经济发达，内地经济落后；农民收入、生活水平低；近年来失业率增长（达到6％～8％），登记失业率4.5％。要解决面对的种种困难，必须立足于发展，"发展是硬道理"。

中国提出要在2020年达到人均GDP3000美元的目标，要力争保持20年持续、稳定地以7％为底线的高增长。2003年，有可能达到8.5％。

二、进行国有经济的深层次改革

中国以公有制为主体，国有经济为主导，当前要大力度推进：（1）国有经济有进有退，实行"精缩"；（2）国有企业公司化改造；（3）核心量产权的多元化，减少国有独资；（4）实行政企分开，通过国有企业经营管理体制改革，健全投资主体，放活国有企业，使之成为自主经营的市场主体。

三、进行所有制结构的改革，大力发展非公有制经济

根据社会主义初级阶段和市场经济的要求，大力发展非公有制经济，大力引进外资企业，实行经济成分的多元化。

四、实行就业优先，大力解决失业问题

中国失业人口的增长，原因在于：（1）国有企业改革、改组中减少人员，近年内每年大约下岗2700万人，失业1000万人；（2）每年新增就业人口750万；（3）农村大量剩余劳动力。

解决失业问题根本之途：（1）加快发展，做好国有企业失业人口的安排就业；（2）搞好社会保障体系；（3）采取高就业效应的产业发展政策，鼓励劳动密集型和中小企业的发展。

五、加大力度，解决"三农"问题

农村经济，农业发展，农民收入，统称"三农问题"，是中国改革发展中的老大难，解决三农问题，要：（1）在生产关系上实行农村土地承包体制的创新；（2）在生产方式上实行农业生产产业化，组织农业大生产；（3）大力推进城市化。加快农村剩余劳动力转入城镇产业。（4）实行城乡经济一体的新工业化模式，发展对农业具有高带动

效应的工业；（5）提高农民的教育水平，实行科技兴农。

六、深化金融体制的改革

金融改革的难点是：（1）国有四大商业银行的现代银行制度改革：推进股份制的发展，明晰产权，增强银行自主经营积极性与自我约束力（克服信贷僵滞或信贷过度扩张）；（2）鼓励多种股份制商业银行的发展——服务于民营、中小企业的民营银行和外资银行；（3）大力发展农村金融体系——农村信用社和地方农业银行，解决好对农村经济发展的金融支撑。

七、处理好效率与公平的关系，调整收入分配，防止收入高低悬殊

从2002年起中国已经进入了经济转型的新阶段，即市场导向的全面改革和深层次改革的阶段。

中国全面改革任务十分艰巨。中国要以建立完善的社会主义市场体制为目标，彻底破除一切不适应生产力发展的旧经济体制，要逐步推进政治体制改革，要着眼于发挥体制活力，促进经济发展、社会进步，提高居民收入和生活水平。中国政府最近总结了20年改革的经验教训，确立起新的经济观念，针对当前经济中存在的主要矛盾，提出了"五个统筹"——统筹城乡发展，统筹区域发展，统筹经济社会发展，统筹人与自然和谐发展，统筹国内发展和对外开放——的指导思想和具体措施42条。中国正在通过进一步改革，来处理经济生活中的主要矛盾，协调各种关系，实现经济可持续发展和人民群众更加获得

实惠的发展，更好地实现经济转型，力争将市场经济体制与社会主义相兼容。中国未来的道路不会一帆风顺，但有了22年的实践经验，有了中国特色社会主义理论，改革有明确的目标和找到了可行的道路和方法，我们对中国未来更好的发展是满怀信心的。

大力协调矛盾，促进稳定增长①

第一，党的十六届三中全会做出的《中共中央关于完善社会主义市场经济体制若干问题的决定》（简称《决定》），是一个具有历史意义的重要文献，《决定》为我国新时期如何深化和推进全面的经济体制改革，做出具体而详细的规定，特别是提出了要"按照统筹城乡发展、统筹区域发展、统筹经济社会发展、统筹人与自然和谐发展、统筹国内发展和对外开放""五个统筹"要求，来规划当前全面的体制改革，包括42条具体措施，内容丰富的《决定》贯穿着"五个统筹"的新思路。

第二，"五个统筹"是基于对中国20多年发展、改革经验的总结，立足于对当前我国经济实际的、科学的分析，梳理出和抓住了我国23年快速工业化过程中出现的五个主要矛盾，并且，根据建设中国特色社会主义以及在2020年实现全面小康的目标，对如何在经济工作中贯彻"五个统筹"，提出了一系列措施和具体布置。《决定》中提出科学的发展观及强调以经济的协调来促进平稳、持续增长的思想，

① 写于2003年。

为我们当前经济工作和十一个五年规划的制订，理清了思路。《决定》现实针对性强，提出十分及时，认真学习、切实贯彻《决定》十分重要。

第三，23年的中国工业化发展的探索是成功的。中国以较短时间走过了许多西方大国数十年走过的发展进程，但是也出现了《决定》中所指出的若干重大矛盾：（1）在当前，我们要正视我国工业化进程中的这些矛盾和负效应，在我国新时期进行新的工业化道路的探索时，我们需要冷静地总结过去，要争取在今后20年发展中取得成绩更大，付出成本更低；（2）要看到上述这些矛盾如不能得到处理，经济将难以持续稳定地增长，我们将难以抓住面对的机遇；（3）如果不能妥善解决好上述矛盾，将难以使今后20年经济的增长惠及广大人民群众、实现全面小康的目标和体现中国的社会主义经济制度的要求。

第四，经过一轮长紧缩和长复苏（1997~2001），中国当前进入新经济周期的上升阶段，出现了迅猛的增长，高增长中出现了投资超常规增大，贷款扩张，消费滞后，结构失衡加剧（重复建设），以及部分产品价格上涨过度等苗头，高增长中孕育着宏观比例失衡———一些增长行业生产与供给盲目扩张，从而会引起生产过剩，加剧经济总量不均衡（过剩）；银行信贷过度（扩张）是促进高增长的直接因素，不稳定的高增长，使不健全的金融体系的风险增大；资本市场的不景气，使银行成为融资的主要依托，如果银行的不良贷款增多，质量不佳，实力不强，在2005年后金融进一步竞争形势下，将使银行难以发挥有效融资、支撑经济高增长，另外，银行也面临竞争风险。

第五，"五个统筹"的思路，强调全面观察问题，恰当处理矛盾，协调经济关系，兼顾利益关系。"统筹"是新时期思想工作的方法论，就这种意义来说，"统筹"不只是以上五个方面，还包括其他方面的关系，如还要协调好效率与公正，国企、改革、产业升级与就业等关系，等等。

第六，《决定》始终强调经济协调，促进平稳增长，并对一些政策做出调整，在经济运行上升阶段，出现许多新情况的当前，更加显示出其重大意义。《决定》指出中国进入了新的经济增长周期，经济出现加快发展的好势头，但另一方面也出现了一些领域低水平重复建设等苗头性、局部性的问题，要求人们"见微知著"和"采取果断、适当的措施"，防患于未然。当前工业发展的不断攀高、经济运行中诸多矛盾日益显现的情况，表明《决定》强调经济工作贯彻好协调、促进稳定增长的精神的重大现实意义。

第七，基于上述认识，在当前应该树立持续、快速、协调、健康的发展观，搞好经济关系协调，为经济持续稳定、健康运行创造前提。为此，要切实把工作转到调整经济结构，转变增长方式，提高增长质量和效益上来，转变到大力抓发展产业，制度创新，技术创新，提升产业和企业竞争力上来。

我国国内需求不足问题及政策建议[①]

一、转型期经济运行势态的新变化——由短缺运行向过剩运行的转变

中华人民共和国成立以来，在高度集中计划体制下，中国经济是短缺经济，其表现是物质短缺，"一快就涨"。1978年实行改革开放以来，迄至20世纪90年代中，由于经济活力增强，工农业快速增长，产品供给增加，品类增多，消费品短缺逐步缓解，但经济短缺和"一快就涨"的运行势态并未发生实质性变化，其表现是经济高增长和高通胀并行，出现了两轮"双高"。GDP增长1982年9.1%，1983年为10.9%，1985年达到13.5%，1978~1984年期间，物价年平均涨幅6%，1985年后更节节攀升，1988年、1989年分别为18.5%和17.85%。在1992~1993年新一轮高增长中，GDP增长分别为14.2%和13.5%，1994年物价涨幅达21.7%，消费物价上涨为24.1%。

---

① 刘诗白教授主持的国家社会科学基金研究项目《中国转型期有效需求不足及其治理研究》（专著）已完成，于2004年1月由中国金融出版社出版。此文是该项目的结项报告，写于2004年1月。

1996年底实现了经济"软着陆",按照以往的经济运行轨迹,经济增长率应转跌回升。但1996年以来GDP增速一直下滑,1996年为9.6%,1997年为8.8%,1998年为7.8%,1999年为7.1%,尽管1998年已实行积极的财政政策刺激增长,2001年GDP仍在7.3%的低点,出现了5年增长放慢和低位徘徊;与之相伴,物价的涨幅一路回落,从1996年的6.1%下降为1997年的0.85%,1998年出现负增长为-2.6%,1999年为-3%,2000年为-1.5%,2001年为1.3%,表现出明显的通货紧缩,在市场上则是商品全面过剩。20世纪90年代末的通货紧缩和经济过剩,其实质是国内有效需求不足,其具体表现是投资需求不振和消费需求萎靡。

二、转型期国内有效需求不足产生的因素及其性质

(一)投资需求不足

投资难以启动和投资需求增长缓慢,是1997年以来经济生活中的突出问题。投资增长不振的主要成因是:

第一,内生投资动力不足和能力缺乏。国有企业是重要投资主体。国有企业改革尚未到位,一方面政企不分、产权制度改革进展慢,激励机制不足等深层次问题,妨碍国有企业实现资产改组、结构调整和机制转换,企业缺乏产品创新和技术创新的积极性。另一方面,多数国有企业资不抵债,缺乏足够的投资动力。

第二,金融体制改革滞后。商业银行强化了信贷责任和风险管理,实行对发放不良贷款人责任终身追究制等措施,但银行体制改革滞后,国有银行产权不明晰,激励机制与奖惩制度不对称,引起和加强银行"惜贷"现象。此外,银行缺乏对非国有企业特别是对农村的

金融支持，出现了一方面银行有巨额存差和大量资金闲置，另一方面企业贷款难的情况。

第三，资本市场发育迟缓，股市长期低迷，储蓄向投资转化的机制弱。

第四，民营经济发展滞后，对民间资本投资实行限制性政策，阻碍了民间资金向投资转化。

（二）消费需求不足

作为最终需求的消费需求增长滞后是20世纪90年代末投资需求增长缓慢和总需求不足的主要根源。

90年代以来一方面经济高速增长，GDP不断增大，城乡居民储蓄不断增长，但另一方面，消费率却显著下降。1978~1991年间消费率保持在60%以上，从1992年起下降到59.9%，1994年、1995年下降到57.35%、57.5%的历史最低点，出现了GDP高增长条件下消费需求日益疲软。消费需求疲软的原因是：

第一，国有经济深化改革中，出现失业高峰，1997年以来每年800万～1000万职工下岗。

第二，随着改革向前推进，国民收入超分配现象受到抑制，职工收入增幅放慢。1996~2001年城镇人均可支配收入年平均增幅为6.67%，远远低于1986~1995年期间年平增长的19.4%。

第三，农村经济的长期徘徊和1997年以来农民收入增长的明显减缓。1999年和2000年农民人均纯收入增幅仅为2.22%和1.94%，特别是粮食主产区和西部地区农民收入出现了下降，造成20世纪90年代中期以来农村消费需求低迷。

第四，居民边际消费倾向的下降。就业制度、住房制度、教育制度、医疗制度等改革向前推进而社会保障制度改革滞后，特别是失业率的增大，使居民消费倾向趋于降低。1998~2001年间的平均消费倾向明显低于前几年，2001年城镇边际消费倾向仅为0.528。居民收入更多用于储蓄，消费偏好下降，进一步加剧了社会消费需求不足。

（三）结构失衡，有效供给不足

数量扩张型的经济增长方式未得到基本改变，低水平重复建设严重，产品科技含量低，名优特新消费品少，生活服务、教育、医卫产品匮乏，呈现出消费品升级断层和有效供给不足，后者顿挫了居民的消费欲望和抑阻消费需求的增长。

消费需求不足引起消费品价格普遍下降，企业收益率下滑，1998年资本平均利润率降至3.7%，大大低于商业银行贷款利润（6.93%）。有利可图的项目难找，挫伤了投资的积极性，加剧了投资需求的不足。

投资需求和消费需求的放慢，造成商品普遍过剩和销售困难，物价低位持续下滑，工业生产能力和生产要素大量过剩，形成了20世纪90年代末市场上供大于求和总量失衡势态下的运行，作者称之为"经济过剩运行"，其实质是转型期体制和机制不完善造成的国内有效需求不足。作者认为，内需不足并非一个短暂的现象，而是中国经济实现体制、经济增长方式转型的很长过程中面临的一个主要矛盾。即使通过采取各种"制冷"和"启动"内需的政策措施，这种需求不足的程度和状态会发生变化，但总需求增长滞后于总供给增长很可能会长期存在，内需不足问题将成为抑阻我国经济持续、快速、稳定增长的一个不可轻视的顽症。

三、中国新时期经济持续、稳定、高增长应立足于充分的国内需求

针对经济过剩，政府在1998年及时采取了以扩张性财政政策为主的一系列扩大内需的政策。连续5年发行国债，扩大政府对基础设施的投资，逐步启动了社会投资，刺激了总需求增长，经济逐步升温，保持了1998~2002年连续5年GDP7%以上的增长率，分别为7.8%、7.1%、8%、7.3%、8%。

2002年底以来中国经济进入了新的发展时期，由于市场上短缺已让位给过剩，供大于求已成为供求格局的常态，经济增长的动力越来越依赖于市场需求，实现未来20年中国经济持续高增长需要有充分的国内需求。特别是我国加入WTO后，面对着充满不确定性的世界经济，为防止世界经济波动的冲击，更要把高增长的立足点放在扩大内需上，争取实现"内需拉动型"的经济增长。因而，应该将扩大内需作为今后中长期发展战略方针。

该书认为，在改革发展趋势和市场化、信息化、全球化大背景下，中国未来仍有较大的国内投资需求和消费需求增长空间。

（一）充分扩大国内的投资需求

第一，发挥政府投资功能，扩大基础建设投资，带动社会投资跟进。今后一段时期投资重点应集中在一些社会效益和间接效益较大而直接效益不显著的部门。例如农林水利，生态环境，城市交通，电网，通信网络以及文化、科技、社会福利等公共产品生产的基础设施方面。扩大政府投资的重要前提是不搞重复建设。

第二，释放民间投资潜力。我国经济增长在很大程度上是依托于

非国有经济的发展，今后在搞好国有企业改革和发展同时，应将更多的注意力转向为非国有经济的发展和启动民间投资创造良好的环境，特别是提供融资的支持。

第三，统筹城乡发展，加快城市化建设，加强小城镇的建设。

第四，调整结构，推动产业升级。

第五，培育和促进高增长行业的发展，特别是附加值高的高新技术产业的发展。

第六，振兴中国产业，创造新的经济增长点。

（二）充分扩大消费需求

内需不足表现为投资需求不足和消费需求不足并存，消费需求不足尤为突出。充分扩大消费需求是促进投资和经济增长、统筹经济社会全面发展的关键环节。为此，需要：

第一，促进城乡居民收入增长，切实增加农民收入。

第二，完善个人收入分配机制，增加中低收入群体的收入水平。

第三，建立和完善社会保障制度。

第四，拓展消费信贷，刺激消费需求。

（三）加大制度创新力度

该书认为"单纯以货币扩张和增大政府投资来扩大内需，可能会引发泡沫经济和需求虚增"，使供给畸化。在经济转型期，形成充分内需的根本途径是进行制度创新，解决经济的深层矛盾，其关键是深化国有企业的改革，塑造责权利相统一的真正市场主体；大力推进农村的制度创新，切实增强农村经济的活力；加快西部经济市场化和有效发挥政府功能，以体制活力推动西部大开发；大力促进民营经济的发展。

（四）坚持以扩大内需促进增长的发展战略

2003年以来中国经济进入景气上升阶段，许多行业出现了多年未有的投资热潮，特别是钢铁、机械、汽车等行业出现迅猛的高增长，但是居民消费增长仍然缓慢，储蓄率高达40%，特别是农民的收入增加少，再考虑到城镇失业率的增大和农村剩余劳动力数量庞大，农村购买力难以有很快的和较大的提高等因素，应该说，今后很长时期，国内消费需求增长仍将是滞后的。在存在消费需求"瓶颈"下，不仅投资增长不可能持续，而且，当前新一轮高投资形成的生产能力还将因市场不足而产生过剩。因此，内需不足仍然是我国经济实现持续、稳定高增长的制约因素，对于这一点我们要有清醒的认识。为此，必须始终坚持扩大内需的方针，当前特别要着力于扩大作为最终需求的消费需求。

该书最后归结为：在拥有13亿人口的中国工业化进程中，搞好改革和发展，将创造出不断增长和十分强劲的国内需求，实行扩大内需促进增长的战略，完全符合中国工业化、现代化、信息化的规律。

在增长质量上、提高基础上求快速[①]

一、锐意技术创新

"十一五"规划强调发展立足于技术进步，要求大力搞好技术自主创新，推进增长方式的转换。推进增长方式的转换，是我国当前重复生产、产能过剩、国内需求不足的严重势态下保持增长势头的迫切要求。

生产能力和低质量产品的过剩，越来越成为制约发展的重大问题。2001、2002、2003年汽车生产大扩张的局面，现在已不复存在，汽车业正在出现家电产业那样的"血本难保"的竞争。在外资大量涌入的形势下，我国技术水平不高的国有制造业的市场问题是严峻的。唯一出路是采用新技术，开发新产品，增强竞争力。

四川大企业技术创新滞后，国有企业在订单做不完的形势下，对技术创新、开发新产品缺乏热情和缺乏有效措施。名优大企业研发费用在销售收入中的比重不到1/100，某些企业销售费用比重畸高，一些

---

① 2005年11月。

企业多年依靠一个产品打天下，不致力于开拓新产品。近几年来从事的新产品开发，又表现为技术层次低，甚至市场已饱和。

国有大企业是四川经济的重要支柱，加大扶持力度，积极引导一批国有企业搞好自主企业创新，使其成为四川企业技术创新的带头羊。这对于四川经济今后的顺利增长，将起关键作用。四川的国有大制造业一方面缺乏规模效益，另一方面技术进步缓慢，缺乏自主创新积极性，这种情况给四川经济未来发展造成极大风险。因此当前国有大企业需要加强依靠技术进步求发展的意识，要采取有效措施，推进企业自主技术创新。

韩国三星1974年以一家小半导体公司起家，30年后成为世界IT第一强，2004年销售额达到4500亿人民币，超过索尼。三星起步晚于长虹，"三星现象"值得深思，我们应该对切实推进技术创新有紧迫感。

自主技术创新本质上是一个体制问题，它涉及企业、学校，特别是金融等多方面的创新和整合。因此，推进自主创新需要有通盘规划和多样措施。

推进企业自主技术创新，需要搞好两手抓：一手抓骨干大企业，一手抓中小企业。四川民营企业技术创新潜力很大，采取有效措施，支持民营企业的技术创新，形成一两个"华为"式的大企业，十分必要也有可能。立足于四川实际，既要强调自主技术创新，又要大力引进技术，在发展信息技术、集成电路上，四川没有国家大投入，还需要搞拿来主义。

二、力争适度快速

"十一五"期间，为贯彻科学发展观，要对近年来经济增长和改革深化中出现和突显的各种矛盾加以应对和处理，对绷得太紧、失衡的关系进行调整，不能把速度定得太高，要致力于增长方式、发展模式的转换，走质量提高型的发展道路，争取国民经济又好又快发展，但这并非意味着速度就不重要了，在质量提高基础上力求快速，是"又好又快"发展的应有之义。

从全国、全省来看，完成2010年规划是没有问题的。但是西部地区经济发展将更加落后于全国。尽管2005年沿海地区经济出现波动，但当前东部省份仍然是高增长，特别是山东发展迅猛；上海一季度有所放慢，三季度又出现增速。上海利用世博会、沪宁跨海大桥和上海港建设，进行产业结构大调整，加强发展大物流，实行全国综合改革新试点，发展服务产业；上海制造业转移到长三角。山东2005年1~8月呈现出鲁东、鲁西全面发展势态，人均总产值很快将超过广东。在经济市场化发展，资金、资源、人才流动性日益增强的形势下，会呈现出经济实力强者越快、弱者越慢的势态，这是四川今后长期面对的严重挑战。当前四川还面对生产能力过剩、内需不足、出口困难增多等问题，经济发展的诸多制约在今后会越来越显著，因此人们不能自我满足于完成2010年任务不成问题，而应清醒看到今后发展的各种制约因素与风险，预为之谋，千方百计缓和发展滞后趋势，力争经济发展"又好又快"。

对贯彻落实科学发展观、
社会主义和谐社会建设的若干看法[①]

第一，加深对"十一五"时期工作重要性的认识。"十一五"是我国发展的关键时期。20多年来的体制转型与经济发展取得了巨大成就，目前面对发展良好机遇。当前我国处在加快转型和增长方式的转换时期，多种矛盾凸显，不同性质社会矛盾频频发生，经济增长制约因素日益增多，发展的风险增大，各级干部对此应该有充分认识，要有紧迫感和忧患意识，戒骄戒躁，不搞花架子，切实搞好"十一五"的工作，认真贯彻中央一系列决策，搞好科学发展，才能把握住经济快速发展的良好机遇而避免丧失机遇；才能缓解、克服经济转型和现阶段经济发展面对的多种矛盾、风险而避免加深矛盾，造成社会不稳；才能推进经济、社会全面发展，实现中国特色社会主义的要求，

---

① 写于2006年12月21日。

避免发展的片面性和偏离我国改革与建设的总目标。

第二，把经济增长立足于国内需求，特别是消费需求的扩大之上。我国已进入新一轮经济高增长时期。当前的高增长立足于投资、出口拉动之上，外资、外贸是高增长的主要支撑，而消费需求则降至50％以下，国民经济对外依存度畸高（达70％以上）。这种高度投资拉动、出口拉动型的高增长：（1）会引起投资过热，信贷扩张，加剧产能过剩，带来经济大上大下的风险；（2）造成国内消费不足，保持增速只能依靠引外资、促外贸，增长中消费拉动力越弱，形成恶性循环；（3）使高技术部门外资公司（包括合资）的利润归外方独占，高增长的实惠国民享有度低。

改变目前不健康的高增长模式，要大力扩大内需，特别是增大农村需求，把经济高增长立足于国内需求，特别是消费需求的扩大之上，应该将此作为今后的一项发展大战略。

第三，认真贯彻好自主创新战略，切实推动科技进步、结构调整、产业升级和增长方式转换，走科技驱动的经济发展之路。在解决我国GDP做大高速而竞争力提升低速的矛盾上争取有实质性的突破。

第四，全力攻坚，破解"三农"难题。三农问题仍是当前的艰难课题。所谓艰难，一是本身难度大，二是做到地方、基层领导真正大力抓难度大。2006年大旱，农业基础设施薄弱，因而损失巨大，再次表明对农业发展不可掉以轻心。

中央提出的新农村建设，应该落到实处。特别是在我国快速的工业化、城镇化中，应防止和克服重工轻农、重城轻乡和以削弱农业来发展工业，以牺牲农民利益来求得GDP增长的做法和倾向。

第五，在公共卫生、基本医疗等社会服务事业的改革和发展中，要遵循社会主义市场经济的规律，做到既加强政府的功能，又有效利用市场机制，整合社会资源，形成新的公共产品生产体制和机制，推进多样、多层次的社会服务事业发展，防止单一靠财政力量，由政府直接经营，造成只铺大摊子而效果低，实质上是走计划体制的老路子。

第六，在大力发展文化产业中，要贯彻好文化事业和产业共同发展，有机结合，互相促进，认真防止和克服以削弱文化事业来发展文化产业，以及片面重视文化的经济效益而牺牲文化的社会效益的现象和倾向。

有关经济高增长中实行投资、
消费共同拉动和搞好市场、政府双重驱动问题[①]

　　"十一五"时期发展机遇良好，我国面对着新一轮经济高增长，保护好发展势头，促使国民经济持续、平稳和较高速度的发展，是十分重要的。为此，要针对当前经济发展中的深层矛盾，着力完善经济高增长的机制。

　　1997~2001年经济出现通货紧缩，增长缓慢，2002年四季度起迄今4年，年增长率在10%以上，2006年3月达11.3%，出现两位数增幅。速度上来了，但出现投资过热，信贷扩张。当前宏观调控的任务还很重。高增长是好事，但是高增长机制不健康，是一种较单一的投资强拉动型、政府强驱动型的增长。

---

① 原载四川省哲学社会科学研究项目《重要成果专报》2007年第3期，写于2007年。

一、投资强拉动是当前高增长的主要支撑，但消费率下降，对增长的支撑力降低

近年来，引进外资规模不断扩大，2006年达600多亿美元（增幅略小于2005年），外汇顺差超过1万亿美元。投资、出口成为增长的主要推动力，而消费率则降至50%，国民经济对外依存度畸高（达70%以上）。这是一种高强度投资、出口拉动型的高增长。由此带来的后果是：（1）会引起投资过热，信贷扩张，加剧产能过剩，带来经济大上大下的风险。（2）国内消费不足，保持增速只能依靠引外资，促外贸。增长中消费拉动力越弱，内需越加不足，越是需要依靠投资和出口，形成恶性循环。（3）高技术部门外资公司（包括合资）的利润归外方独占，高增长的实惠国民享有度低。主要依靠投资（外资又起了主要作用）与出口拉动的主要作用的高增长不可能持续，更不符合国民经济健康发展的要求。"十一五"期间应该采取有效措施，扩大内需，扩大消费，增大农民收入，增大农村市场，逐步把经济高增长立足于国内消费增长的基础之上，改变经济片面依靠投资和出口，对外依存度过高的风险和众多矛盾。应该将此作为今后的一项长期发展大战略。

二、政府的强推动是当前高增长的另一特征

2003年这一轮高增长是投资拉动的，投资快速增长除了是由于市场力量兴起而外，另一重要原因是政府在追求政绩工程下的大干快上活动，形成人为的投资低成本、高回报，扭曲了市场机制。如政府耗用大量财政资金，大搞开发区、科技园，搞五通一平，甚至实行零地

价，以各种违反政策的优惠条件招商引资。人为的投资低成本、高回报，是这一轮低水平、高耗能、高污染的项目（包括一些地方的房地产泡沫）一哄而起和刹不住的重要原因。

我国继家电投资热后，现在是汽车热、IT热、大化工热、豪华房地产热、经营城市热，这里面都体现了政府推力。

转型期市场乏力条件下，增长中不可能不发挥政府推动作用，但行政力扭曲市场机制，催化发展畸化，带来投资热，加剧产能过剩，增大不良贷款，增加污染，能源紧缺，等等。另一方面，追求GDP的政府行为，使不该热的热了，该热的热不起来。当前重工轻农，重城市化，轻农村建设、轻现代农业发展的思想很普遍，甚至把农业当包袱；在基层政府领导分工中，一把手抓招商引资，二把手抓工业，排位在后的领导抓农业；农田基本建设少有人管，大量失修，遇旱情时难以发挥作用，2006年大旱中表现得十分鲜明；农村医卫、科技、文化等事业排不上日程，财力支持不足，社会服务事业发展不起来。

我国当前许多地方，政府越来越成为生产型政府，而与现代政府加强规制和服务的要求相去甚远，人们称之为：基层政府机构公司化。一些地方政府成立机构，通过办一系列公司，进行市场运作——主要是卖土地，经营城市，政府机构成为母公司。

为了保证经济健康发展，发挥市场配置资源的基础功能，我们迫切需要转换政府职能，纠正政府功能错位，但是这并非是要削弱政府的经济职能。

市场经济存在市场失灵，搞好社会主义市场经济更要求有效治理市场失灵，要发挥好政府的经济功能。有人说，搞市场经济政府应"无为而治"。历史上从来没有无为而治，搞无为而治更与社会主义市场经济不相干。特别是在进行经济转型，增长方式双转换时期，发挥好政府的经济功能尤为重要。20年中国经济奇迹式发展，很重要一条经验是政府发挥了重要作用，可以称为"政府强功能"。印度经济总的增长较慢，叶利钦改革后的俄罗斯经济长期不振，与政府经济作用的削弱和瘫痪直接相关。

有效发挥政府的经济功能，这是中国经济发展的经验。在西部落后地区，在农业空心化的农村，在"三州"少数民族地区，政府还要在支持弱势农业发展，支持农民发展种养业中，发挥更多作用，包括市场信息、种养技术、信贷资金上提供支持。

有效发挥政府功能的关键，在于搞好政府职能转换，使政府经济功能的发挥立足于市场经济体制之上。应该明确政府职能定位，完善对政府的制度、政策约束，引导、规范政府行为，特别要寻找和使用适应市场经济的规制、管理、调控、引导的方法，要采用经济手段，防止搬用计划体制下的老一套办法。也就是说，我们应进行政府职能科学化的改革探索。

中国当前正兴起一轮大规模的经济、社会、文化建设。社会服务事业——公共医疗、义务教育、社会保障——不属于商品性生产，是市场失灵的；文化、科技事业也不是商品性生产。在市场经济条件下，为推进社会服务、文化科学的发展，要利用市场，发展文化产业，发展私人医院。但应该看到，在社会服务、精神文化领域中，市场化的负面效应十分突出。前一阶段公共医卫市场化改革的失败，近年来又出现文化产业发展加快，经济效益增大，伴随不良文化增长和文化滑坡加快的现象，这些均表现出文化发展中引进市场的"双刃剑效应"。因此，越是在社会、文化、科技领域中引进市场，越是要加强政府的规制、管理、调控、引导的功能。在文化、精神生产中既要利用市场，但还要利用"有度"，而且，要对市场进行引导和校正，不能实行精神生产全面商品化，要坚持发展好非市场性的文化、科技事业。

前一阶段文化新闻领域，炒得沸沸扬扬的"超女"，对艺术学院的教学引起很大冲击，对大学生文化思想也有不良影响。一些地方领导的经济效益偏好，表现出对待文化商品化的思想认识中的模糊和混乱，以及对搞好文化事业发展上的重视不足和作为不够。在"十一五"时期大力发展文化产业中，还需采取更加有效的措施，来应对正在兴起的商业文化对先进文化的冲击。如还需要有一批从事先进、高雅文化的艺术家由政府来维持和把他们生活保障好，要对社会现实中正在发生的把艺术家推向市场进行降温。

在我国经济、社会全面发展的新阶段，发挥好政府的功能不是理论之争，而是搞好社会主义事业发展的客观需要。如果我们花大力气，认真努力，搞好政府改革，切实推进政治民主化、法制化，构建和搞好适应社会主义市场经济的政府行为机制，发挥好政府的作用，使之与市场机制相结合，这不仅将有利于促进经济高增长，而且有利于和实现经济、社会全面发展，特别是精神文明的发展。

我认为，如何改变单一投资强拉动，实现投资、消费共同拉动，如何改变片面依靠政府强驱动，实现市场、政府双重驱动，应是争取中国今后经济高增长和社会事业大发展中值得认真研究的两大理论问题。

经营要素的引进与所有者、经营者的组合[①]

任何社会化生产方式和经济运行方式都需要有组织劳动，微观的组织劳动包括生产决策，即生产、交换以及分配的组织与管理，对资产进行处置、让渡等。在简单的小生产方式下，上述组织劳动是与直接生产劳动相结合的，在大生产方式下，组织劳动就与直接生产劳动相分离，由管理经营者来履行。组织劳动的独立化成为一种专门的职能，体现了社会分工的发展。在生产现代化和市场经济高度发展的当代，作为微观组织的大企业，对人财物、产供销实行有效管理和资产的高效营运，越发需要熟练的管理劳动。在现代市场经济中，从事管理特别是负责经营管理的高层经理，被称为"经营者"，是一个包括各类管理人员的"管理层"，他们在实现企业的良好的经营中起着决定作用，这种情况表明经营劳动成为现代生产的重要要素。可见，现代微观组织的人力要素组合的一个重要内容就是：组合好经营管理劳动，充分发挥经营者的功能，可以说，只有搞好经营要素的引入和实现经营力作用的充分发挥，才能实现现代市场经济中四大要素——物

---

① 写于2007年。

质资本、劳动力、经营力、科学技术力——的有效组合。

一、经营者与所有者的组合方式

一旦经营要素作用的强化和专业的经营者出现，所有者和经营者的关系和组合方式的问题就被提出来。经营与所有者相组合的古典形式是经理人员雇佣制，即由所有者挑选和雇佣专业经理人员，安排他们在老板（所有者）指挥下负责企业某一方面的管理和经营，并由老板付给他们工资。在早期资本主义的工厂制度下，流行着这种吸引和使用经营者的形式，在这里，经营者是高级雇员，他的经营管理活动是直接从属于所有者，经营权还是所有者的权利，还未与所有权相分离。这种形式适合于那种所有者尚能充当主要经营者的生产、经营方式，例如现代小生产方式和小规模经营方式，在那里，主要由独资的所有者从事经营管理，但雇用少数经理人员辅助经营。这是一种用工资形式激励与黏合经营者劳动的组合方式，它在有效利用经营者劳动的同时，又不放弃所有者的经营权。经营者与所有者相结合的现代形式是财产委托经营形式，这种形式下，经营权在法人财产权形式下归属于企业，从而形成了一个与所有者相分离的经营主体，产生了经营者起主导作用的企业营运形式，这一经营形式大大强化了经营者的作用，它在法人治理机制下，实现了所有者与经营者之间的权、益、责的调整和重组。

财产委托经营是适应社会化大生产与市场经济的要求而产生的所有者与经营者的新组合方式，这种组合方式的作用是：

第一，减少多数所有者直接支配而产生的摩擦费用。谁都知道，众多所有者必然会产生生产决策的摩擦，由于各个出资人有着以其特殊利益为基础的不同的动机，因而形成统一决策的协调费用很高，它不仅表现为：意见分歧下的争论引起的决策时间的延误；而且要耗费许多请客吃饭这一类的支出，甚至会因达不成一致意见而散伙，这些支出也属于摩擦费用。可见，由众多出资人组建的资合组织，把经营权赋予委托经营者，不仅成为减少摩擦费用的唯一可行之途，而且成为企业组织得以长期存在和长期延续运行之途。

第二，它强化经营效率。经营权从所有权中分离出来，在委托经营形式下赋予经营者，这一资产营运的权、益、责结构的调整，改变了所有者直接经营的企业组织形式下经营者职能范围狭窄和经营力软弱的根本缺陷。借助独立经营机制的引入，使企业能够网罗致和使用高水平的、熟练的经营者，使拥有专门技能的经营者有了发挥其聪明才智的场所，同时，这样也使企业得以避免和减少因不良经营而产生的费用，这是实现现代市场经济企业营运中迫切需要的经营力强化的必要之途。

总之，借助财产委托经营，现代公司企业重新调整了所有者与经营者之间的关系，法人财产制度强化了经营者的权、益，课以责任，激发了经营者积极性，形成一种高效低费的独立经营机制，这也表明，产权结构的优化起着降低生产要素组合成本的作用。

二、资合组织中的要素组合

我们要进一步分析由众多所有者组成的资金联合组织的人身主体要素组合方式：它包括所有者—所有者之间的关系，所有者—经营者之间的关系，我们分析中舍去所有者—经营者—劳动者的关系。

（一）所有者与所有者的关系

公司是拥有多个所有者的联合经济与资合组织，这样的自愿的联合组织。需要有黏合所有者的机制，从而需要有所有者与所有者之间的结合方式，实行以股份为基础的联合，即一种能有效实现所有者与所有者相结合的方式。股份制企业把出资人投入的资本，划分为小单元——股份，并实行股权平等、利益均享、风险自负等原则。具体地说：每一个出资人都拥有在股东大会中的按股表决权，享有平等的按股份分红权，承担限于其股本价值的风险责任，这种股权平等原则，使出资数量不等的股东的权益得到保障，成为公司企业得以扩大股本发行，吸引更多的所有者参与出资的动因。

（二）所有者与所有者代表的关系

所有者作为财产的人格化主体，基于财产—利益机制，它关切微观组织财产的营运状况，为此它总是要参与企业的资产的支配和经营，在所有者不亲身参与经营时，它要对企业资产的营运进行监控。总之，所有者总要用直接的或是间接的方式对财产运作进行控制，而不可能对企业营运完全"疏远"，对他自身财产的运作"漠不关心"。

公司制度是由所有者委托经营者直接运作法人财产，这种财产委托经营是在所有者代表监督下进行的。由于公司拥有众多所有者，不可能让每一个所有者——出资人都参与企业的监控，而只能选派代表，董事会就是所有者代表参与决策的机构。董事会成员数量是有限的，它由企业主要出资人——个人、家族，或者是公司、基金会等——或者是主要出资人指定的代表组成，在美国，董事一般是企业外部的成员，在日本，则多数是本企业成员。公司必须处理好指派有代表的所有者与未指派代表的一般所有者的关系，董事会的机制能起上述作用。在董事会决策中，就一个个董事来说，他们固然往往是从维护各自或他代表的出资人的利益的角度来表意的，但董事会是由若干董事组成的团队，在议事决策时，会有各种不同的特殊利益的互相制衡和意见的修正。在董事会不是由少数人操纵的场合，董事会的决策行为，不仅仅能体现个别董事的特殊利益，而且实际上也在相当程度上代表股东的共同利益。

可见，通过表意的协调和综合化机制，董事会能代表大多数股东的意志，对企业经营活动实行有效的监控，董事会运作机制，能够使众多所有者和所有者代表之间的矛盾得到妥善处理，从而发挥一般所有权的功能——当然，在大资本控股下，它首先维护大所有者的利益，这是股份公司能够黏合众多所有者的资金而成为一个稳定的资合组织的原因。

（三）所有者与经营者的关系

《公司法》和公司章程，设计了一个由所有者代表——董事——对企业的重大事项和活动参与决策的公司运作构架，但是董事会的实际操作中，存在着权力向经营者倾斜的现象，这就是：根据公司章程，要经过董事会讨论决定，要由董事会来"定"的许多事项，甚至重大决策，实际上是由经营者提出，由董事会同意和认可。由经营者提交到董事会的事项，董事很少反对，在一些场合——例如在日本的许多企业中，甚至可以说股东对企业的经营没有发言权，这种现象使经营者越来越在公司法人财产的支配、营运中起主导作用，它意味着经营权的更"实"，更加强化，而所有权在企业生产、经营活动中的权能内容的进一步弱化。人们可以看到在现代公司的法人治理运作中，不仅仅大多数出资人无权干预也无须干预法人财产的实际营运，而且，作为所有者代表的股东也无须介入公司经营和财产运作的一般具体事务，股东主要不是从事经营决策，而是越来越多从事经营状况的监控，他们主要关心的是由经营者操作的资产营运是否在盈利极大化轨道上运行，而不参与其操作。这种所有权的支配权能的弱化和经营权能的"实化"，并不是一个悖理的现象，恰恰相反，它体现了竞争日益强化的现代市场经济中企业更加充分进行独立经营的客观要求，它体现了法人财产形式下的经营权同所有权的进一步的分化。

经营者权力的进一步强化，并不是表明所有权消灭了，不再成为公司企业的制约因素。这是因为：

第一，对企业出资的股东他们拥有所出资金的终极所有权，它们是公司的主人，财产的"所有者"，这是现代公司法所明确规定的，法律明确规定和维护出资人所有权，正是企业法人财产权得以分化出去和独立化的前提。

第二，权力的向经营者倾斜，这并非表明所有权从经营领域的完全退出，不再发生制约作用，恰恰相反，有关企业的重大事项，例如重大企业产权收购、兼并活动、工厂关闭、在国外设厂等整体资产的处置，股东仍然要通过董事会机制参与决策。特别是在一旦公司出现经营状况不妙，发生重大亏损时，董事会就立即做出反应，例如进行抗议和对生产、经营直接介入，当然，也包括采取更换经营者这样的措施。另外，所有者通常采取出售其持有的股票的行为，也是对公司经营制约的方法，它被称为"用脚投票"。可见，董事会的运作机制，恰当处理了企业独立经营与所有者的控制、监督之间的关系，使所有者，经营者巧妙地互相制衡，它使经营充分独立而又不"失控"，在权力向经营者倾斜中所有权又有保障，这正是公司企业在市场经济中表现出充分的活力的原因。

综上所述可见，现代化大生产要求实现资金联合，形成资合组织，这种组织众多所有者的组合和所有者与经营者的组合，需要有一种能黏合、稳定要素组合的工具与机制。股份制企业，以其法人财产组织形式与运作机制，实现了所有者—所有者、所有者—经营者的有机组合，划分了不同主体的权益和职责，形成明确分工，减少了人身要素组合中的摩擦，大大减少了要素组合中的成本，从而成为市场经济中的一种有效的人身要素组合方式。

三、社会主义条件下仍然要借助产权制度实现所有者、经营者的组合

在社会主义市场经济条件下，建立资合组织，例如建立国家控股的股份有限公司，或是法人相互持股的有限责任公司，都需要在股权形式下，明晰主体产权和维护主体产权。显然地，对于不再由出资人直接支配，而是由法人治理机构支配企业整体财产的资合组织来说，如果不能明晰和有效维护出资人的财产所有权——确保它们的经营者选择权、股本分红权和大政方针决策权，出资者就不会放心地对股份公司进行资本的投入。可见，为了形成和发展现代化大生产和大经营，需要组建起各种各样的资合组织，以确立和丰富社会主义市场经济的构架，人们必须利用法人产权制度，借助主体产权机制，来激励出资人——国家、企业法人、机构（基金会）、个人——进行资本金的投入和组成公司企业。此外建立各种经济联合体，也必须有主体产权明晰化，因为参与联合的单位，在联合体中财产权界线的明晰，利益、责任的明确，是联合体的稳定存在和顺利运作的前提条件。

社会主义国家，在人民当家作主的条件下，特别是在劳动者家庭经济大发展的条件下，必须放手发展各种各样的合作经济，形成以平等劳动联合为主轴的，多种要素组合的合作经济。这种合作经济得以建立起来，稳定和有序地运行，必须以主体产权制度的形成为基础。

社会主义传统理论，否认个人产权，主张实行纯粹的公有产权。人们认为，一旦实现社会主义，联合起来的劳动者应该放弃一切生产资料的所有权和支配权，放弃一切按资产分配权，只是实行有组织的集体劳动和按劳分配。按照这种经济理论，我国在农村，曾经实行了构建农民个体产权，然后通过合作化又迅速地消灭农民个体产权。

第一，个人产权的确立。中华人民共和国成立后，在农村进行了土地改革，消灭了封建地主土地所有制，赋予农民以土地所有权，实行"耕者有其田"，这一主体产权的确立，形成了农村普遍的个体农民经济。

第二，合作化与个体产权的消灭，由于认识上的片面性，只是看见一家一户的个体农民经济的局限性，例如生产规模小，家庭经济力的薄弱和"两极分化"，而对个体经济产权明晰的长处缺乏认识，土改后赓即实行了合作化。

论农村土地流转①

一、治理三农问题必须深化农村改革

治理和解决三农问题，要求我们认真贯彻科学发展观，统筹城乡发展，走出一条农业现代化与工业化并进、城乡经济一体化发展的新路。

1978年就已经在安徽、四川启动的作为我国经济体制改革的第一战役的农村改革，通过实行家庭联产承包制、放开农村市场——包括长途返运——销售、逐步放开农产品价格等新政，将市场活力引入农业和农村，结束了计划体制和优先发展重工业下的城乡发展失衡，带来了20世纪80年代初以来农业的快速经济增长和农村经济的兴旺。特别是沿海地区乡镇企业以及乡土工业化——以温州模式为典型——的兴起，更有力地拉动了这些地区包括农村在内的经济发展。20世纪80年代末我国出现了农业徘徊。（1）一家一户的农业小生产劳动生产率的低下；（2）粮食、农产品价格偏低；（3）家庭生产与市场对接的

---

① 写于2007年。

困难；（4）"民工潮"，即农村剩余劳动力大转移下农村人力要素受到削弱；（5）农村基础设施、社会保障与公共服务发展滞后；（6）农村金融改革滞后与资金"枯萎"；（7）农村土地制度的刚性，不适应农业现代化和农村经济市场化的需要。上述农业经济市场化、现代化转型中的问题和矛盾，集中表现20世纪90年代以来农业增长、农村经济发展、农民收入增长"滞后"上，人们称之为"三农问题"。尽管政府采取多项惠农措施和不断加大支农力度来治理三农问题，但在农村与农业的诸多体制性障碍下，支农措施的兴农效果，很大程度为现实生活中的"弱农"因素和机制所抵消。20世纪90年代末以来，在工业化与城市化中，还出现了导致"农业空心化"的过度的劳动力外流，以及损害基本农田、影响粮食增产的对农村土地的过度占有，这就使国民经济近十多年，一方面，城市化、工业化快速发展，另一方面三农问题越来越突出，城乡失衡，国民经济赖以发展的农业基础受到削弱。

三农问题是多种因素造成的，既有生产方式问题，又有体制性问题，这是工业化、城市化这场城乡大改组和传统农业向现代农业转型中必然会发生的问题，总的来说是进行社会主义市场体制改革过程中发生的问题。改革中出现的矛盾和问题，需要通过深化改革来解决。针对农业与农村各种矛盾缠身的现状，当前需要深化农村体制改革，突破农业、农村领域的深层体制障碍，在构建起与城市经济、运行接轨的市场经济体制基础上，增强农村经济活力，调动内生增长力量，使我国农业和农村经济真正能迈上正常发展和加快发展的轨道。

二、土地流转的必要性

搞好以农村土地流转为内容的土地制度的创新，是我国新时期深化农村改革的一项重要的和绕不过去的课题。

农村土地流转，是我国市场取向改革的内在要求，是农业现代化、工业化和城市化发展的现实需要。正由于此，土地流转实际上早已经不同程度、不同规模出现在各地农村经济生活中，更是当前农业、农村发展的现实需要。

（一）农村剩余劳动力向城市转移的需要

20世纪80年代中后期农民进城务工兴起，由于土地不能流转，出现了农地闲置，为交纳农业税，一些农民将承包地请人代耕，实质是土地无偿流转。但也有一些农民自发地出租土地，进行市场性的土地流转。20世纪90年代以来，农民外出务工进入高潮，加之农业规模化经营的兴起，土地流转进一步发展，出现了转包、出租、转让、入股等多种有偿土地流转形式。

我国当前进入了工业化、城市化快速发展的新时期，在各地政府为务工农民提供进城"入户""居住"、子女就读等支持，特别是在加大务工农民社会保障力度下，更多的农民将自愿离乡、"离土"，也就是更大规模的土地流转正在经济生活中发生。[①]

（二）农业规模化经营发展的要求

土地"向大户"集中，即农户将承包地归合作经济组织和龙头企

---

① 如安徽小岗村60%的承包土地已经进行流转。

业集中使用，是当前农村土地流转的新特征和发展趋势。2001年以来重庆的核心圈，即"一圈两翼"流转土地中50%是流向农业产业化龙头企业，30%～40%是流向种养专业大户和农民合作经济组织。近年来在成都农村，"土地向大户集中"，表现得更加鲜明。

我国农村中一家一户的分散的传统小农业生产方式，以其低劳动生产率和低效益，成为市场经济中的"弱质产业"。这种情况也就决定了我国农业的振兴，需要走发展规模化、集约化的现代农业之路，要通过提高农民自组织功能，依靠发展专业合作组织——包括新型集体经济——和现代农业企业，在适度土地集中基础上，加强机器、技术、知识、资本等生产要素的投入和聚集，形成集约型的现代农业大生产，由此，提高农业生产率和投资效益。

我国当前面对着对农产品的国内和国际需求不断增长；铁路公路等交通建设快速发展和向农村延伸；新农村建设加大力度，农村投资的硬环境日趋改善；支持农业的公共政策全面推出；涉农金融创新增大了对农村的金融支撑。对农产品的市场需求的扩大和农村的投资环境日趋改善，它既激励农村乡土企业——集体企业与私人企业——的发展，更激励社会资本流向农业和农村。我国农村正面对着大农户，特别是规模化农业企业加快发展的新形势和机遇，而实行土地流转，正是当前农村农业生产规模化、集约化发展的需要。可见，实行土地流转，是我国当前工业化、城市化和现代农业发展与新农村建设的现实需要，是解放与发展农业生产力的迫切需要。

三、土地流转的功能

土地流转意味着土地这一农业生产要素与农村资源的商品化和市

场流动化。土地流转具有多方面的促农功能。如：（1）盘活了闲置的和低效使用的农民承包地；（2）形成了土地集中机制，促使有适度规模的大户和有较大规模的农业企业的出现；（3）通过宅基地流转与换购新宅，实现居住的集中，也由此挖掘出在数量上不菲的土地资源；（4）土地流转启动了农村产业结构的调整，推进了农业的地域分工和农业专业化。我国城市近郊农村近年来出现和迅速发展的绿色蔬菜种植园、花木园和休闲、观光农业集群，正是立足于土地的流转；（5）为农民开拓了一项财产收入的泉源。土地流转，意味着土地的商品化和进入市场，实质是农民拥有的土地承包经营权成为可转让，从而拥有市场价值——简称市值——的商品，而农民也由此拥有转让土地承包经营权的收入，即土地财产的收入。这是一种市场性的收入。尽管在当前其数量不高，①但是随着农村经济发展，土地交易市场状况的变化，以及土地市场性转让机制的完善，土地财产收入将会"水涨船高"。可见，土地流转不仅仅带来促进农业生产、农村经济发展的效果，更有着增加农民收入的功能。在"地权"不一次"转断"的场合，农民还将持续获得土地财产收入。可见，土地转让有其"富民"作用，当然，我国农民的富裕必须立足于农业和农村产业的发展，而不能单纯寄希望于转让土地。

四、引进土地价值流转和增值机制，发展农业企业化经营

土地流转使土地成为商品，具有了价值性，由此实现了农村土地由无交换价值的"自然土地"，转化为有价值的商品，这是我国

---

① 成渝等内地农村通常是每亩土地租金或股息相当于800~1000斤黄谷。

深化农村改革，发展社会主义市场经济体制的改革进程中最为艰难的"一跃"。

这一项改革使"土地价值"流转和增值机制得以引入农业生产活动之中，从而为发展和完善农业企业化经营创造了制度条件。

我们把企业化经营规定为：以盈利为目的的大商品生产。其主体可以是农业企业、个体农户与新型集体经济组织，企业化经营的本质特征是生产要素作为资本和生产过程中资本价值增值。（1）实行农业企业化经营，用于土地获取使用权的投入、用于购置机器设备和雇请劳动力等的资金支出一样，都是作为企业的预支资本，其价值按照资本性质——固定资本或流动资本——以不同方式转移到产品中，也就是要参与资本流转和实现资本价值的增值。（2）实行企业化经营农业生产中使用于合理施肥、科学耕作、改良灌溉体系、植树造林等方面的投入，会物化在土地的肥力（生产率）中和体现为土地的价值增值，这项新增价值实行谁投入、谁占有，在转让土地时，或是在评估企业的盈利和确定土地转让——包括再转让金——时，人们就需要考虑改良土地的投入形成土地价值的状况。（3）企业化经营不仅要立足于自有资金，而且要使用信贷资金，从而需要以企业资产抵押、获取信贷，而作为企业资产的组成要素的土地资产（使用权）价值，理应予以承认和表现在信贷能力上。（4）发达的企业化经营，需要有效利用现代金融工具，从而要求土地资产得以债券化和转换为金融资产，参与资本市场流通。

可见，企业化经营的内在机制，要求在土地（经营权）商品化和拥有土地（市场）价值基础上，实现农业资金投入的资本化。

我国农村经济发展滞后，重要的原因在于农业投入乏力，特别是资金投入农业生产在总体上没有摆脱低投入、低产出、低效益的状况。在工业化、城镇化引发了"劳动"大外流，近年还出现农村"资金大外流"，农地上则出现了投劳"萎缩造成劳动投入不足和稀薄"。在探讨农业投入不足的原因时，人们多半是着眼于"个体农户力量薄弱和小生产"的局限性，但却忽视了农村缺乏资本化机制这一"体制缺陷"。

我们认为，正是这一深层原因，阻碍了资金向农村流入，抑阻了农业企业和"大户"的投资积极性，也抑阻了广大家庭农户的投劳和投资的积极性。就农业企业和企业"大户"来说，由于土地的不流转和无价值，尽管投入与物化于土地的投资和劳动事实上提高了土地质量和"肥力"和价值，但却不表现为产出价值——土地价值，一旦租期期满土地使用权回归，企业的土地投资支出就一去无归，由此出现土地"资本价值投入流失"。特别是无价值的土地，不表现为企业资产，也就不可能抵押融资，也不能转换为可转让的"股权"，更不能转化为其他金融资产，这意味着农业领域的资金投入缺乏流通的空间，投入农业的货币资金"流通中断"。可见，我国农村经济运行中存在着土地投入要素有价值与作为产出的土地无价值的矛盾，投入资金运行要求的价值流通性与无价值土地不流通的矛盾，这两项矛盾可以归结为：市场体制下土地投入作为资本运行与传统计划体制下土地作为无价值的产品而运行的矛盾。这是我国农村投入乏力和资金外流等现象出现的深层原因。而解决上述两个矛盾的根本之途，就在于改变不流转的土地制度，也就是说，要实行土地的商品化和市场性流通，这也就是我们当前所说的土地经营权流转。

可见，农村改革不仅仅是生产方式层面的改革，即把细小的家庭农业小生产转变为适度规模化、集约化的现代农业大生产；更重要的是要依靠全方位的体制与经营生产创新，促使从事吃饭农业的"家庭"小生产转化为以盈利为动因的企业化的农业经营,并且充分利用土地资产的资本价值流通与增值机制,增强农业经济活力,提升农业经营效益。这也表明,农村改革不只是要进行土地制度改革,还包括发展农村市场体系,深化农村金融体系的改革与建设,是一场全方位的市场性制度构建,它将带来城乡在"市场体制"上的"一元化",这将为城乡经济互促、协调发展奠定坚实的制度基础。

土地流转的目的是解放、发展农村生产力。允许和实行农村土地经营权流转,不只是为了方便离乡、离土的农民"卖掉土地",也不只是出于使农民从市场获得更多土地财产收入,它是出于当前农业规模化、集约化、市场化发展的需要,在本质上,是解放农村生产力的要求。因此,应该谋求使土地流转,充分适应于现代农业发展的现实需要以充分发挥土地制度的解放,发展生产力的功能。

应进行有序的土地流转。既然新时期农村土地流转的目标是解放、发展农业生产力,因此,农村土地流转,要体现这一性质,不能实行听凭个人意愿自发的土地转让,不能是听凭基层政权官员意志和适应利益集团要求的土地流转,而应该实行以促进现代农业发展为目的、以农民为主体、发挥政府规制功能、有序的土地流转。

要对土地使用方向进行规制。我国人多地少,使稀缺的土地用于发展农业和加强农业基础,是我国长期的需要,这就要求当前土地流转,一要确保农业用地不减;二要确保耕地面积不变,切实防止土地流转中的"农地流失",特别是"耕地流失"。贯彻落实上述两项原则,需要发挥政府的职能,实行有规制、有管理的土地流转。

实现土地适度集中——"向大户集中"——用于现代农业企业的发展,是当前农村土地流转的主要目标。因此,在土地流转中,要实行自上而下的引导推动,形成"向大户集中",即土地集中流转的机制。这就要求：（1）实行"成片""大片"，甚至"全村性"的土地集中流转。集中流转涉及众多，甚至全村的农户，首先要动员有关转让方共同参与协商，整合农民意愿、要求，形成转让双方的自主交易谈判。（2）有健全的土地流转中介组织——土地市场。（3）要有农民、中介组织、政府共同参与的有成效的"招商""引资"活动。（4）要进行土地整理和建设，提升土地生产力和土地资产价值，增进土地对资本的吸引力。

可见，土地的集中流转，就其内容来说，已经不只是简单的实行土地转让"放开"，而且包括对土地交易的引导、交易平台的构建、交易活动的组织，以及作为交易客体的土地的整治等一系列要素。要实现和搞好集中流转，既要立足于农民自主参与，又要依靠政府力量。只有发挥好政府的功能，才能实现土地流转的合目的性、有序性和效益性，既用好又用活土地要素。

五、土地商品化与"土地价值机制"

土地流转使土地成为商品，具有了价值性和价格，因此实现了农村土地由无交换价值的"自然土地"，转化为有价的商品的"飞跃"，这是我国经济市场化转型中最为艰难的"一跃"。

土地的商品化和市场交易化促进土地集中，促使拥有土地的主体——农民与农村集体——转让闲置和低效使用的土地，使农民有了一项土地财产收入。对土地流转的这些效果，我们已经做了阐述。

土地商品化的最重要的功能，是它在"土地或地产价值"基础上，使土地转化为资本。

土地转化为资本，在当前不仅仅是指通过土地价值评估，折价入股，组建和发展有限责任公司和上市公司，进行企业化生产与经营，由此使土地投入成为企业中的创业资本价值投入，土地转化为资本更重要的含义是指有价土地资产流通中的价值增值机制的形成。这表现在，农业企业中，作为企业的有价固定资产和法定的企业财产——包括农民个人的土地财产——可以进行转让和再转让；可用来抵押、融资；可以变形为金融资产债券化和参与资本市场流通，等等。当然，上述多形式土地资产流通的形成，是以农村的市场体系的发育和银行、金融业的发展为前提。上述情况，也就意味着企业购置土地的货币投入，与购置其他生产要素的货币投入一样，能进行正常循环与流通，实现价值增值，由此，租用土地的资金投入也就成为真正经济学意义的资本。而农业生产中特有的资本，以及劳动、科技投入和土地资本价值增值①——包括市场机制性的地价上涨——就会表现为土地的高价值增值。

六、土地集中流转与土地建设

我们把当前农村土地的流转，归结为发展和解放农业生产力的要求。因而，良好的土地流转应该实现土地归种养大户和企业集中使用，发挥农业规模效益。这就要求采取土地"成片""大片"——甚至全村性——的集中流转形式，人们称之为"打捆"流转。

进行土地集中流转，可以通过农民与企业双方协议，将"成片土地"——包括宅基地——的使用权同时转让，包括由企业进行农户的

---

① 土地在进行开发、科学使用前提下，还会越使用肥力越增大，效率越高。土地固定资产"不磨损"，是现代科学农业生产中的新情况，它不同于机器设备等工业固定资产，会在使用中发生"物质磨损"和价值减少，反而资产市值还会增大。

搬迁、安置，这是简单的土地"集中流转"方式。另一种方式是进行先行的居民搬迁和土地综合整治，使土地连片、平整和农业基础设施齐全。这是以土地建设先行，然后进行招商活动的土地流转方式。

我们把在成片土地上进行综合治理与基础设施建造，包括开发沟渠、道路以及林木生态等农业的活动称为土地建设，这是一项立足劳动和资金投入的系统工程，这项建设，通常由获得土地产权的农业企业来进行，或者由土地转让主体来进行，也可以由政府来从事。把进行先行的土地建设与推进土地集中流转相结合，是当前一些地方发展农村经济，也是成都城乡一体化实践中的新经验。具体做法是：（1）进行居民新村（社区）建设，通过宅基地置换和建房补贴，实行农户集中居住；（2）进行土地综合整治，平整集中成片；（3）配套进行沟渠、村路、绿化等农业基础设施建设；（4）按照土地使用规划，在基本农田规模不变条件下，搞好土地流转，促使土地向"大户"集中，这项被称为"筑巢引风"的土地建设+流转的方式，取得了推动社会资本的流入农村，使用于发展现代农业和新农村建设的明显成效。邛崃市2005年以来进行"金土地工程"，三年来整理区域面积42.7万亩，平整土地12万亩，新增耕地5.4万亩，整治村路480公里，新建农民新村33个，集中安置农户8990户33800人，目前已实现10万亩土地集中流转。全市建成优质粮油、茶叶、西瓜、猕猴桃示范园区12个，无公害粮油基地27万亩，绿色农产品基地12万亩，有机茶叶基地4000亩。

土地建设和土地集中流转相结合，还是一种在我国农村有效地进行土地建设的方法和机制。现代农业的发展，必须立足于农业基础设施的建设和"地力"的提升。为此，必须加大对农业的投入，我国土地上的投入，主要是依靠国家的财政资金的投入。如，2002~2007年各级财政用于大型水利、灌溉系统、风沙防护林、生态林以及交通等建设，投入了数千亿资金。在2020年前，为推进农村土地建设需要投入数万亿元的资金，这样庞大的投入不可能纯由政府财政承担。特别是我们这里考察的是一个特定村或乡，作为吸引农业投资，实现土地集中流转的土地建设，是在即将转让或已经转让的土地上进行有具体目标和要求的土地建设，如村乡土地平整，灌溉沟渠的修建，乡道村路建设，等等——这种局部性、特殊性的土地建设，土地流转和土地建设相结合，是一种实现土地集中流转的方式和使农民能从土地流转中更多获益的方式。我国农村投资环境差，土地基础设施薄弱，生产率低，小土地上的种养活动不赚钱，即使集中成片，也难以寻找到投资者，进行土地整治与基础设施建设，形成大片的可使用的良地，才能引入有竞争力的龙头企业，进行农业产业化经营。可见，土地建设是实现和搞好土地集中流转的手段，人们称之为"筑巢引凤"。特别是在引入一批新型农业企业，形成一批乡土集体企业的场合，农民不仅能获得地权收入还能从就地务工中得到工资收入。

土地建设可形成大范围内具有公用性的农业基础设施，如灌溉、道路、绿化带等都是在经济学上的具有效益外溢性的公共品或准公共品，对这种庞大公共品进行投入，不可能只依靠私人和企业进行投资，而需要借助公共资金投入。农业基础设施建设也是一种大资本投入，在当前土地无价值，土地上投入不形成土地市场价值的制度环境下，难以通过折旧来回收私人投资，因而，需要借助非经营性的公共资金投入。①这是一种实现土地集中流转而发生的费用，是惠及一定的流转主体（若干农户）的公共开支，因而，它应该由土地流转集体——村集体——来承担。实行土地建设与土地流转相结合，就找到了和打开了依靠集体力量，和依靠农村内生力量来进行公共投入与土地建设之门。基于实践的经验，我们认为，可以从土地集中流转实现的土地收入中，提取一部分作为农村公共建设基金，用于土地建设、开发和其他新农村公共建设，如村卫生站、文化站、养老院等建设。尽管当前内地农村土地收入有限，集体土地建设基金形成和积累能力薄弱，但是土地稀缺性和工业化、城镇化与新农村建设加快发展带来对土地的市场需求的越来越大的基本势态，决定了地价的上涨趋势。因此，以集体土地收入从事土地和新农村公共建设，将会有着巨大潜力。这也就表明，在土地集中流转基础上，通过对土地收入的合理分配和集体公共建设基金的形成，人们就能构建出一种立足于集体的村、乡公共收入和形成公共投入机制，并使这一机制有效地服务于农村的公共（品）建设。在我国的公共建设投入，是多层次的。重大的公共建设由中央财政投入，地方性的公共建设由地方财政投入，在最基层，如村、乡范围内，特别是西部经济不发达地区进行的公共建设，应作为公共品由政府承担，依靠财政资金进行投入，此外，还应该发挥立足村乡集体的公共投入功能，用它来作为补充。这就意味着在农村多层次的公共投入机制的形成和更宽广的公共投入源泉被发掘

---

① 土地上建成的路、桥、坝、林，以及其他固定设施，可以进行价值评估，对其物质磨损进行成本核算和折旧，但是在土地本身无价值条件下，人们难以计量和承认形成"土地内生肥力"的那一部分投入的价值。这样，在土地租让期满和不再续租时，就会出现土地投入主体的资本价值流失，这种我国转型期农村土地制度缺陷下的土地投入——资本、劳动、技术——价值流失现象，可以称为吸食投入的土地黑洞。

出来。土地质量、公共设施和农村环境将因此得到切实改善。

七、土地流转与农村集体所有制

搞好农村土地流转，首先必须进一步明晰农民的土地产权：经营承包土地和宅基地的产权。

我国农村实行土地集体所有制，改革以来，农民拥有对土地的经营承包权，表现在承包期内土地的支配使用（经营）权、收益享有权上，这是一种支配使用（经营）权与所有权相分离的土地公有产权制度，它既维护了作为生产主体的农民的个人利益，又维护了农民的整体利益以及全社会利益。这种土地公有产权制度适应了社会主义建设的需要和我国的国情。当前实行土地制度的改革，仍然要坚持集体所有制基本制度，但要适应农村经济市场化发展需要实行经营权的流转。

土地使用（经营）权，包括支配权、收益享有权。但上述权利是不完全的，而且，只存在于承包期内，不具有永久性，因而，土地使用权范畴不同于具有权利完整性、排他性的"私人所有权"范畴。允许农民个人拥有的土地承包权，是农民土地权利的扩大，但仍然是土地集体所有制框架下，农民个人使用经营权的一种调整，而不是将地权对农民完全放开，更不是实行土地私有化。如经过流转的土地：（1）就支配使用来说，凡属基本农田，就必须使用于农业，特别是使用于粮食、油料等基本农作物的种植，而不允许非农业的使用。（2）就收益分配来说，依靠乡、村集体公共投入——资金或劳动投入——以及中央、地方财政投入，进行土地建设，提高了土地肥力，由此获得的土地收入，一部分应归集体占有。（3）土地使用（经营）

权转让具有时限性。农民拥有20年或30年承包期，流转期则根据土地性质、使用状况而可长可短。对大规模土地投资性的项目，可以实行较长租期，以利于投入固定资产折旧。地权转让的时限性，表明被转让的是使用（经营）权，而不是所有权。以上三方面表明：经过流转的土地，仍然保持了集体所有的性质，能从属于集体意志和体现公共利益。只要人们立足于农业和农村市场化发展的需要，根据农村土地的性质及其生产使用和进行投资的具体状况，对转让方（农民）、被转让方（投资方）以及从事土地事务的机构（政府或专门机构）的土地权益的具体内容和上述三个方面的权限，进行科学设计形成制度，并规范当事人行为，实行土地流转就不会造成人们所担心的：（1）出现农业、粮食用地和农业基础受到削弱，"转移"他用；（2）化公为私，"集体土地"变成"私人土地"，稀缺的农业资源为少数人垄断占有；（3）我国数亿农民长期仍然需要"土地保险"的丧失。

而在当前经济市场化驱动的农村自发性的土地变革中，上述消极现象也或多或少地在发生。正由于此，从明晰农民主体产权和科学划分规定土地流转当事人土地权益入手，确定科学的土地流转方式，进行和搞好适应于新时期经济发展需要的自觉的土地制度改革，就不仅仅是解放和发展农业生产力的需要，而且也是在新的条件、新的情况下坚持土地集体所有制的需要。

大力发展农业企业化经营^①

一、更加重视搞好农业生产主体的企业化经营

我国城乡统筹发展的农村家庭承包经济的基础和核心，是农户经营。由于农户土地规模小，生产方式落后，劳动生产率和效益低，积累少，扩大再生产力量弱，使我国农业成为市场经济中的"弱质产业"。这种情况也就决定了我国农业的振兴，要走发展现代农业之路，为此，需要在适度土地集中基础上，加强机器、技术、知识、资本等生产要素的投入和资金积累，形成规模化集约型现代农业和企业化经营。

农业企业化经营的特征是：（1）以营利为目的，从事农业大商品生产与经营。它不同于小农户从事的带自给性的"吃饭农业"。（2）它要依靠资金投入——自有资金和信贷资金——以购置和利用机器、其他农业生产资料和科技，为此要积累资金和在增大资金投入基础上进行扩大再生产，不同于农户的简单再生产。（3）它要进行精打细

---

① 写于2007年。

算，讲求降低成本，增大盈利，谋求资金增值，从而要加强管理、营销，谋求效率和效益的提高，它不同于粗放的和不讲求经济效果的传统家庭农作。因此，它要求提高农民教育文化素质与进行现代化生产和市场化管理营销能力。

企业化经营，是市场经济中成熟的和最有活力的经营方式，它通过经营管理的加强、生产要素的投入和有效利用以及利用市场力量，实现规模经营效益。依靠企业化经营将能从根本上改变我国农业"弱质"的性质，由于提高了投入效益，将增强农业的积累和农村内生的发展能力，还能增强农业对要素投入的吸引力，促进社会资本流入农业，为城市促进农村、工业反哺农业打开经济通道。

（一）农户经营

我国家庭承包经营将长期存在，家庭是我国农业生产的基本单位，发展农业企业化经营，首先是要发展农民家庭的企业化经营。通过发展企业化经营，把我国农户经济做大、做强，是在坚持农村家庭承包制基础上解放农业生产力的要求。

农户进行企业化经营的途径和关键是通过发展合作与专业化、产业化，把资金、劳力投在主要生产环节上，并通过现代生产、营销管理，确保生产与市场需求相对应，同时，通过强化成本、效益核算，切实提高经济效益。

近年来我国农业生产中，在大力发展产前、产中、产后各环节合作下，专业种养大户，只需修建有关生产设施和集中力量搞好主要农业生产，而无须独立照管和从事施肥、除虫、销售等环节的生产。这些家庭农户往往养殖生猪数十上百头，养鸡上千只，养鱼上千斤，或大面积种菜、药和花卉。在内地农村每户往往能达到投入资金10万元、20万元和获得10%以上的盈利，成为能获得较好经济效益的资金投入型的小农户，就实现了"集约型的家庭农户扩大再生产"。面向城市市场，例如温江万春镇，经营规模不大的花木家庭农场，是成都的集约型家庭农户扩大再生产的一个具体形式。

可见，不能把家庭农户经营和企业化经营视为互不相容的。在搞好发展多样合作和引入、发挥龙头企业的组织功能条件下，特别是在加强信贷资金支持和政府多方面公共支撑条件下，家庭农民经营有着进行和发展企业化经营的广阔空间。而力争实现集约型家庭农户扩大再生产，也就是我国现代农业发展的必要之途。

（二）大户经营

我们将大户经营规定为土地适度规模化经营，农业的主要生产资料是土地，农业规模化经营立足于农场，即土地集中和土地规模化，"小农户"因土地面积狭小只能进行有限的集约化和规模化，而在20世纪90年代以来"农户离土"和自发的土地流转状况下，出现了农民农户大农场，他们依托自有资金，使用一定的信贷资金，使用家庭和雇工主要是临时工，进行较大批量种养等生产。大户集中土地的程度，因地而别，上千亩的是少数，在大城市郊区，数十上百亩的正在加快出现。当前我国农村大户经营已成为农业生产稳定发展的重要力量。特别是在农村经济市场化发达的地区如沿海与大城市郊区，大户经营已成为农业经济发展的中坚力量。而在当前农村经济商品化、市场化进一步发展条件下，大户经营正在更有力地兴起，促使和搞好大户的企业化经营，是发展现代农业的有效之途，也是农民发挥先富促后富，实现共富的必要之途。

（三）合作经济组织和新型集体组织

当前多种经济合作正在加快发展，一部分种植业、养殖业以及特色农业专业合作社，已经成为产业化、规模化生产与经营的主体，另一方面，在农业产业化发展中，借助土地经营权流转，集中了村、乡农户承包土地，以农民为主体的一些集体组织既具有股份合作性——主要是土地入股，也包括农民集资因素以及资本投入因素——又使用了社会资本和分取红利——是一种新型农民集体经济组织，不过在当前它往往带有"股份公司"的帽子。集体经济组织形式与利益共享机制，是土地经营权在企业，农民通过务工领取工资收入，参与企业化经营和民主决策，使农民乐于参与集体企业，特别是集体经济组织，其优点是：（1）使土地得以合理地集中，达到最佳规模；（2）在统一经营下，能对种养等生产进行合理布局和规划，充分利用土地资源；（3）能对各种农业生产活动实行统一标准和有计划安排，即实行"订单生产"；（4）能发挥农业能手作用，搞好企业经营；（5）能获得政府有力的公共支撑；（6）能调动人们的积极性。因而，集体经济能有效实现农业集约化和使规模效益获得充分发挥，其表现是：许多新集体企业组建之后很快就获得大幅度增产增效和农民增收的业绩。

我国农业的发展，要探索和走出一条依靠广大农民和造福农民的社会主义的农业现代化之路。在农村经济市场化发展大趋势下，家庭农户不只是要发展多种合作，走经济合作中发展家庭农户企业化经营的道路，而且，还要走组织联合集中使用农地和进行统一经营的发展农民集体经济的道路。而大力地扶持、培育和促进农民新集体经济的企业化经营，便是当前发展农业经济中一项重要的战略性任务。

（四）龙头企业

龙头企业是进行较大投资和以盈利为目标、进行企业化经营的农业市场主体，龙头企业和农户、合作社、新集体经济一起，成为构成我国农业产业化多种模式的基本要素。龙头企业的优势在于：（1）作为现代公司企业，它按照成本、效益法则，适应市场需求，进行企业化经营，提高生产效益；（2）它组织分散的农户，进行产业化的大生产，或是依靠土地集中进行规模化、集约化农业经营；（3）企业有较大资金和能利用银行信贷资金，一些上市企业利用股市资金，一些企业由外资投入；（4）它能有效利用机器和现代科技，充分使用专业人才。依靠现代农业企业组织的上述优势，我国众多明星龙头企业得以在当前农村投资环境不佳的条件下，进行卓有成效的经营并获得不菲的盈利。

龙头企业不仅是拥有竞争优势的生产主体，而且是促进农业生产现代化的强大力量，而且，它是形成"公司、农户、合作社、新集体"的组织模式的主导力量，它组织分散的农户小生产，形成农业产业化，并且带动和促进多样农业主体的生产方式现代化、科技进步和管理、经营创新。可见，采取多种措施，积极支持龙头企业，特别是大力扶持由大户形成的乡土龙头企业搞好企业化经营，增强其内生发展能力，十分重要。

我国已进入新的发展时期，一方面农产品的国内和国际市场需求不断增长，另一方面农村与农业的环境、条件不断改善。如铁路、公路等交通建设的快速发展和向农村延伸；新农村建设的加大力度，农村投资的硬环境日趋改善；支持农业的公共政策的全面推出；涉农信贷体制改革增大了对农村的金融支撑。我国农村正面对着经济市场化加快发展的大趋势。因此，更加关注和切实采取措施促进各类农业生产主体加强和搞好企业化经营，将会大大增强微观经济主体的活力和自我发展能力，特别是加强包括大户新集体经济，即乡土农业主体的企业化经营，将推进中国社会主义农业的发展，有力地促进现代农业的发展。

二、土地流转是发展农业企业化经营的一项制度安排——土地流转的必要性及其功能

发展农业生产规模化和企业化经营，需要实行土地流转，即土地经营权的市场性转让。

20世纪80年代中后期农民进城务工兴起，由于土地不能流转，出现了农地闲置。为交纳农业税，一些农民将承包地请人代耕，实质是土地无偿流转。但也有一些农民自发地出租土地，进行市场性的土地流转。20世纪90年代以来，农民外出务工进入高潮，加之以市场启动了经济农业规模化经营，上述背景下土地流转进一步发展，出现了转包、出租、转让、入股等多样有偿土地流转形式。

我国当前进入了工业化、城市化快速发展的新时期，在各地政府为务工农民提供进城"入户""居住"、子女就读等支持，特别是在加大务工农民社会保障力度下，出现了更多农民自愿离乡、"离土"，更大规模的土地流转正在经济生活中发生。

土地流转意味着土地这一农业生产要素与农村资源的商品化和市场流动化。土地流转一方面通过释放出农村剩余劳动力和腾出土地，起着促进工业化、城市化的功能；另一方面，它具有多方面的促农功能。如：（1）是土地集中和农业生产规模化、经营企业化发展的条件；（2）盘活了闲置的和低效使用的农民承包地；（3）通过宅基地流转与换购新宅，实现居住的集中，也由此挖掘出在数量上不菲的土

地资源；（4）启动了农村产业结构的调整，推进了农业的地域分工和农业专业化。我国城市近郊农村近年来出现和迅速发展的绿色蔬菜种植园、花木园、休闲与观光园，均是立足于土地流转；（5）形成土地财产收入，由此使土地得以拥有富民效应和增进农业、农村经济内生积累的效应。土地流转，意味着土地的商品化和进入市场，实质是农民拥有的土地承包经营权成为可转让的，从而拥有市场价值——简称市值——的商品，而农民也由此拥有转让土地承包经营权的收入，即土地财产的收入。这是一种市场性的收入。尽管在当前其数量不高，^①但是随着农村经济发展，土地市场的发展，以及土地市场性转让机制的完善，土地财产收入将会"水涨船高"。

引进土地价值流通和增值机制是发展企业化经营的重要条件。土地流转具有众多功能，因此，"涉地"的主体——包括农民、企业，以及地方政府官员——基于不同视角，对进行流转有不同期待和取向，如一些"离土"农民愿意以"宅基地"及房产自由出售，房产公司则期待在农村购地建房，一些地方官员则着眼于从经营土地流转中充实"二财政"，等等。但我们认为，当前土地流转最重要的功能是将"土地价值"流转和增值机制引入农业生产活动之中，从而为发展和完善农业企业化经营创造制度条件。

企业化经营的本质特征是生产要素作为资本和投入，在企业生产、经营活动中，实现资本价值流转和增值。（1）实行农业企业化经营，用于获取土地使用权的投入和用于购置机器设备、肥料、农药以及雇请劳动力的资金支出一样，都是作为企业的货币资本，要求"将本求利"，因而，企业要讲求用于获取土地使用权的资金投入的盈利

---

① 成渝等内地农村通常是每亩土地租金或股息相当于800~1000斤黄谷。

性。（2）实行企业化经营，农业生产中使用于合理施肥、科学耕作、改良灌溉系统、植树造林等方面的投入，会物化在土地的肥力（生产率）中和表现为土地价值，在转让——包括再转让——土地时，或是在评估企业资产时，人们就需要考虑改良土地的投入形成土地价值和取得来自他的投入形成的土地价值增值的收入。在各类农业生产主体为提高生产率、改进产品质量、发展绿色农畜产品而增大培育土地肥力的投入的当前，引入土地价值流通与增长机制于企业之中，意义是分外的重要。（3）土地流转意味着土地具有商品性和拥有市场价格，在土地肥力的提高和土地市场需求强劲时，土地价格会有超过内在价值的溢价，后者是土地收入的一项来源。这项土地收入的形成和获取，无疑将增强各类农业生产主体经营能力，鼓励其改进、增强土地肥力而进行投入的积极性。（4）发达的企业化经营，需要有效利用现代金融工具，从而要求土地价值得以债券化和转换为金融资产，参与资本市场流通。

可见，形成企业化经营的经济机制，要求在土地价值①范畴基础上，实现物化为土地肥力的各项要素投入——包括资金、劳动、科技等投入——体现为价值和实现投入价值流通与价值增值。这样，企业用于获取土地使用权的货币投入，就与用于购置其他生产要素的货币投入一样，都能进行正常资金循环与流通，实现价值增值，由此，租用土地的资金投入就真正成为资本。

我国农村经济发展滞后，其重要原因在于农业投入乏力，特别是资金投入乏力，农业生产在总体上没有摆脱低投入、低产出、低效益的状况。工业化、城镇化引发了农村劳动力大外流，近年还出现农村

---

① 这里的"土地价值"，指的是土地的市场价格或"市值"，其中包括土地内在价值。

"资金大外流"，农地上则出现了"投劳萎缩"与"投资稀薄"，在探讨农业投入不足的原因时，人们多半是着眼于"个体农户经济实力薄弱"和"小生产的局限性"，但却忽视了农村缺乏完整的生产要素投入资本化机制这一"体制缺陷"。

我们认为，正是这一深层原因，阻碍了资金向农村流入，抑阻了农业企业和"大户"的投资积极性，也抑阻了广大家庭农户的投劳和投资的积极性。就农业企业和企业"大户"来说，由于土地的不流转和无价值，尽管主体投入与物化于土地的投资和投劳事实上提高了土地"肥力"和价值，但却不能获得产出价值——土地价值这一表现形式，一旦租期满，土地使用权回归，企业的土地投资支出就一去无归，由此发生应归权利人享有的"土地资产价值流失"。特别是无价值的土地不表现为企业资产，也就不可能抵押融资，也不能转换为可进行市场转让的有价证券，这种情况表明：农业中用于获得土地使用权和改良、开发地力的资金投入缺乏流通机制，这一项资金投入出现流通中断，既不能实现资本金价值回流，又不能实现新创价值。可见，我国农业经济运行中存在着：（1）各项投入要素有价值和作为产出物的土地资产无价值的矛盾；（2）资本运行要求的价值流通性和无价值土地不流通的矛盾。我国农村投入乏力，特别是资本投入和资金外流等现象出现的一项深层原因，正是由于这两项矛盾，而解决两项矛盾的根本之途，就在于改变不流转的土地制度，也就是说，要实行土地的市场性流通，也就是我们当前所说的土地经营权流转。

不能搞"纯而又纯"的公有制[①]

一、由公有制独揽到多种所有制结构

改革开放30年来，我国坚持马克思主义所有制理论，解放思想，立足实际，大胆改革，走出了一条所有制改革的成功道路。一方面，推进国有企业和集体企业改革和改制，大力寻找与市场经济相兼容的公有制实现形式；另一方面，在众多产业领域对非公有制经济"放开""准入"，大力发展非公有制经济。当前我国所有制结构发生了巨大变化，业已由传统的国有经济包揽和非公有制独占的模式，转变为国有经济、集体经济、个体经济、私营经济等多种经济成分并行发展，形成了公有制、混合所有制、非公有制经济三位一体的所有制结构。非公有制经济在GDP中占1/3，40个工业行业中有27个非公有制经济比重已超过50%，部分行业中已占70%以上。迄至2007年11月，非公有制注册资本达到19万亿元，实现总就业1.1749亿人，私营企业就业人数占总就业人数的56.8%。非公有制经济已成为我国现阶段基本

---

① 写于2009年。

经济制度的有机组成部分，成为我国进行社会主义现代化建设的一支重要力量。

所有制是最基本的生产关系，形成完善的所有制形式，是生产力最快速发展的制度前提。公有制是社会主义的重要经济基础，发展和壮大公有制经济，是建设社会主义固有的要求，但是发展公有制经济必须立足于实际，而不能超越现实物质生产力水平的性质和要求，更不能追求"一大二公"，实行单一的公有制。由于缺乏经验和对经典作家论述的教条主义的和错误的理解，我国曾经在1958年的"大跃进"中出现"超前公有化"，甚至把公有化扩大到消费资料领域，实现个人生活公共化。这些冒进行为带来了严重破坏性后果。

在中国特色社会主义理论指引下，30年来我国所有制领域改革中，在大力推进国有企业改制，调整国有经济的结构和布局的同时，在广泛的经济领域实行放开、大力发展非公有制经济，有效地发挥了非公有制经济的积极作用。如：（1）绝大多数非公有制主体，属于中小企业，规模小，投资少，上马快，发展非公有制经济有利于发掘和充分动员我国庞大的民间生产资源，包括人力、物力、财力、土地、技术、知识，使其用于生产，促进经济增长。（2）能够拓宽就业门路。大量非公有制经济属于劳动密集型产业，吸纳劳动力多，在推进发展方式转型、产业升级的新时期，发挥非公有制经济的就业效应更加重要。（3）有利于增加劳动者的收入和财政收入。当前非公有制经济已经是城乡劳动力就业和获取收入的主要场所，也是财政收入的重要源泉。2007年来自非公有制企业的税收占全国税收12.7%。（4）非公有制经济，生产经营门类广，产品多种多样，富有自身、地方和民族特色，它的发展有利于人民群众多样物质与文化需求的满足。（5）随着当代信息革命和知识经济的迅速发展，出现了一轮立足于高技术和知识创新的新个体和新私营经济的发展。充分利用非公有制经济，有利于高科技产业和文化产业的发展，并且能更有效地推动知识创新。（6）非公有制经济由群众自主创业，依靠自身资源和努力自力更生地发展，发展非公有制有利于调动和鼓舞群众创业的积极性，使得人民群众无穷无尽的聪明才智得以充分发挥。

我国30年改革和国民经济发展的实践表明，非公有制经济拥有众多的积极功能，它已不止是对公有制经济起"补充"作用，而且是促进现代化、建设中国特色社会主义的一支重要力量。通过改革形成的以公有制为主体、多种经济成分并存的所有制结构，则保证了非公有制经济的积极作用得以充分发挥和当前各个领域、产业、行业一齐上的全面发展格局的形成。

二、符合马克思主义的所有制原理

实行所有制的多样化和将非公有制纳入现阶段基本经济制度之中，不仅是改革和完善所有制与建设中国特色社会主义的一项成功实践，也是马克思主义所有制理论中国化的一项重大成果。

马克思主义理论阐述了社会主义社会是立足于生产资料公有制，马克思称之为社会所有制。传统的社会主义理论把社会主义简单归结为"公有制独占统治"，从而要求实行单一公有制，这是对马克思的社会主义所有制理论的误解。马克思阐述了所有制的变革是决定于物质生产力的水平和性质，他强调只有在所有制关系与物质生产力发生冲突，成为"生产力的桎梏时"，生产关系的"革命"才能到来。恩格斯指出：建设社会主义中实行"由社会占有全部生产资料"，"只有在实现它的物质条件已经具备的时候才能成为可能，才能成为历史的必然性"。他又说："这种占有之所以能够实现，并不是由于人们认识到阶级的存在同正义、平等等相矛盾，也不是仅仅由于人们希望废除阶级，而是由于具备了一定新的经济条件。"他明确指出，"社会阶级的消灭是以生产的高度发展阶段为前提的"。

我国曾是一个一穷二白的半殖民地半封建国家，中华人民共和国成立之后是在物质生产技术还十分落后的条件下进行社会主义建设的。所有制的形式总是决定于现实物质生产水平和性质，而不能听凭人意。尽管我国近60年来的发展，特别是近30年来发生了经济大腾飞，完整的现代化工业体系已经确立，国力大大提升，但当前人均GDP在全世界处于低位，特别是城乡地区经济差别大，不少内陆边远地区经济技术仍然十分落后。我国就全国而言，在物质技术上呈现出现代信息技术、传统大工业技术、落后手工技术杂然并存的状况。现实生产力水平和性质决定了我国长期处在社会主义初级阶段，在这一发展阶段，前社会主义的个体经济和私营经济等非公有制经济形式不会退出历史舞台。

十一届三中全会以来，党对脱离、超越生产力的"所有制革命"的错误认识进行了澄清，坚持了所有制必须适合生产力性质的马克思主义原理。党的十五大报告阐述了社会主义初级阶段理论和将"公有制为主体，多种所有制经济共同发展"作为社会主义初级阶段的"基本经济制度"，指出个体、私营等"非公有制经济，是社会主义市场经济的重要组成部分"。党的十七大报告提出"处理好公有制经济和非公有制的基本关系"。上述有关把非公有要素纳入现阶段我国所有制结构之中的阐述，体现了马克思主义所有制理论和中国实际相结合，是马克思主义中国化的一项重大成果。

三、发展社会主义市场经济的要求

中国特色社会主义是发展市场经济的社会主义，这就决定了我国的所有制改革和构建必须适应于发展社会主义市场经济的要求。

市场经济立足于众多主体参与竞争的基础之上。单一的公有制结构和国有制的独揽，只会形成垄断，使经济失去活力。引进和发展非公有制经济，创建多样性的所有制结构，才能开展和形成多种多样的和众多的市场主体之间的平等竞争，有效地发挥市场调节的功能。

第一，有利于各类市场主体取长补短。在市场竞争环境下，各类企业在内在组织、营运方式的革新中将互相借鉴，取长补短，实现企业体制不断完善。

第二，有利于形成发展多种公有制实现形式，促使资源优化配置。发展股权多元化的国有经济是一种包孕非公有因素的新的公有制实现形式，它使不同性质的经济主体在企业内部紧密结合和互补互促，拓宽了不同性质的经济成分在国民经济的众多领域发展的空间，可以充分发挥非公有资本的潜力，又能有效促进国有资本向资源及重点、优势产业集中，同时又能加强公有制经济发展，更好发挥国有制的控制力和影响力。

30年来，我国实现了由传统的单一公有制结构，到公有制为主体、多种所有制并存结构的转换。我国在所有制领域进行的改革取得的成功经验，在理论上可以归结为：建设社会主义需要大力发展壮大公有制经济，但不能实行全面公有化，搞"纯而又纯"的公有制。

唯物辩证法的认识论指明：世界上的任何具体事物都不是纯而又纯的。自然物中的水是H_2O的结构，金无足赤，动植物新品种保有某些原品的性质。人类社会更是一个包括多样性质的复杂结构，即使是在特定社会形态的成熟发展阶段，社会生活中也仍然会存在先前社会的因素。特别是在新社会初始时期，旧因素会有较鲜明的体现。结构多样、不纯是事物的存在形式，还是内在矛盾的源泉、发展和运动的契机。马克思阐明了初生的社会主义社会"在各个方面，在经济、道德和精神方面都还带着它脱胎出来的那个旧社会的痕迹"①。

在社会主义不断发展和走向成熟中，旧社会痕迹、因素将逐步为新因素取代，这将是一场健康的"水到渠成"的社会新陈代谢，它首先要以社会物质生产力达到足够水平为前提，从而是一个较长的自然历史过程，而不能一蹴而就。我国当前现实的物质生产力水平和我国在很长时期处在社会主义初级阶段的性质，决定了我们在发展社会主义经济中，不能追求"纯而又纯"。

30年来我国立足实际和国情改革和创新所有制的成功经验，又一次给我们以下启示：我们应该按照唯物辩证法的认识论，学会全面地、辩证地和历史地观察事物，克服形而上学的各种片面性。确立科学的认识事物的方法，将大大有助于我们深化对我国国情和经济、社会发展的客观规律的认识，在各项工作中进一步贯彻科学发展观，更自觉地建设中国特色社会主义。

---

① 《马克思恩格斯选集》第3卷，人民出版社，1972年，第10页。

加深对"公有制为主体、多种所有制经济共同发展"的基本经济制度的理论认识①

一、立足于中国实际的社会主义所有制的伟大创新

将公有制为主体、多种所有制经济共同发展，确立为我国社会主义初级阶段的基本经济制度，是中国共产党对建设社会主义实践经验的科学总结和理论创新，是马克思主义社会主义所有制理论中国化的重大成果。我国在20世纪50年代建立了社会主义公有制度，为社会主义发展奠定了经济基础。但此后，也曾经发生过搞"一大二公"、追求"单一"的"纯而又纯"的"超前公有化"的错误做法，从而使所有制的变革与发展超越了现实生产力的要求和可能，给国民经济带来严重的危害。所有制形式必须适应生产力的水平和性质，是马克思主义的基本原理。我国社会主义的所有制的建设和发展，必须立足我国

---

① 写于2009年。

物质生产力的性质和发展的要求。改革开放30年来，党坚持马克思主义理论和邓小平理论，从我国物质生产力水平实际出发，走出了一条所有制改革和创新的成功道路。一方面，大力推进国有企业和集体企业改革，寻找与市场经济相兼容的公有制实现形式；另一方面，推动众多产业领域对非公有制经济放开准入，积极发展非公有制经济。30年来，我国所有制结构发生了巨大变化，已由传统的公有制经济"一统天下"，转变为公有制为主体、多种所有制经济共同发展，形成了公有制、混合所有制、非公有制经济三位一体的所有制结构。所有制的多样化，不同经济成分的发展和各得其用，开拓和形成了人民群众竞相自主创业、国民经济生机勃勃发展的大好形势。2007年，全国城镇就业人数29350万人中，公有制经济单位占24.2%，混合所有制单位占43.6%，非公经济单位占33.2%；2007年，全国固定资产投资137323.9亿元中，公有经济占31.18%，混合所有制占42.49%，非公经济占35.7%，其他占2%。[1]我国改革开放30年来，国民生产总值增长20多倍，生产力取得飞跃发展，人民生活水平不断提高。上述伟大成就的取得，其根本原因，在于我们找到了适合我国实际的社会主义初级阶段的基本经济制度。

二、建设社会主义需要发挥公有制的多种功能

第一，坚持发展公有制经济，以公有制为主体，是建设社会主义的重大要求。按照科学社会主义理论，社会主义是以公有制为其经济基础的。公有制是发展生产力和实现共同富裕的重要制度条件，是社

---

[1]　该部分数据来自2008年《中国统计年鉴》。

会主义制度先进性之所在。特别是在社会主义市场经济和多种经济成分存在条件下，坚持以公有制为主体，有利于缩小收入差别，实现共同富裕，防止社会财富集中在少数人手里的"占有不公"。

第二，发展公有制经济，有利于集中力量办大事，加速国家工业化和现代化。作为原先经济落后的国家，我国客观上存在资金、人才、技术等生产要素匮乏与快速工业化和现代化要求的矛盾。我们依靠国有资金和发挥国有企业的协作性，集中人、财、物等力量，快速建立起作为完整的工业体系的物质基础的重工业如钢铁、机械、能源、化工等。到2007年，我国钢铁（钢材）生产56560.87万吨，居世界第一位；机床（金属切削机床）生产64.69万台，居世界第一位。全国发电装机容量达71329万千瓦，居世界第二，仅次于美国；中船集团公司2007年造船完工655万吨，承接新船订单超过2300万吨，实现利润超过140亿元，居世界造船集团第二位。在世界科技革命迅速发展和高技术经济兴起的时代，我国依靠国有企业迅速建立起一大批高新技术产业，如信息、航天、核能利用、新材料等，大大提升我国国民经济的科技实力。载人卫星"神七"的上天，标志着我国在世界尖端技术领域取得举世瞩目的突破和快速进步，也体现了公有制集中力量办大事的优势。

第三，发展公有制经济，有利于发展基础设施，为社会和全体人民提供公共产品。私人产品和公共产品是市场经济中产品的两种形式。私人产品是以企业为提供主体，以营利为目的，从属于市场调节的产品。公共产品则是用于满足集体、公共需要，以政府为主导和主要依靠财政资金——包括利用市场力量——来生产和提供的。社会基础设施是最重要的公共产品，后者包括物质性设施，如交通、电信、国土、水利等生产基础设施，也包括教育、医卫、文化等服务基础设施，还包括科技基础设施和生态、环保基础设施。完善的基础设施是加快各个产业发展和改善国民生活的物质基础。现代化的基础设施作为"宏大公共产品"，具有投资大、建设周期长、周转慢的特点，单纯依靠市场和民间的力量来提供，会引起供应不足。我国主要依靠政府力量，推进与实现了基础设施的史无前例的和令最发达国家也为之羡慕的快速发展。1997~2008年，我国建设公路358.87万公里，高速公路5.39万公里，电气化铁路24017公里；到2007年，我国时速120公里以上快速铁路及线路延展里程达到2.4万公里。据铁道部发布的消息，今后3年我国铁路计划投资规模将超过3.5万亿元，其中2009年铁路投资计划为6000亿元。①我国将进入公路、铁路等现代基础设施快速增长的新时期。

第四，发展公有制经济和部门，有利于社会公共服务事业的发展。在市场经济中，义务教育、基本医疗、公共卫生、社会保障、灾害赈济、保障性住房、社会救助等公共服务和产品，也称福利品。福利品是以增进公共福利为目的，以政府为提供主体，以无偿或优惠的方式提供民众，特别是弱势群体。在市场经济中，竞争性的私人生产从属于追求利润最大化的机制，不提供福利品，福利品的生产和有效提供必须发挥政府的功能，依靠财政资金。在社会主义市场经济条件下，发挥公有企业、部门的职能，搞好福利品的生产和提供，不仅能满足广大低收入群众特别是弱势群体的迫切需要，而且能弥补市场性机制带来的收入分配的过大差别。在十七大精神指引下，我国近年来加强了社会保障体系的建设。2009年中央财政将投入社会保障资金2930亿元，比2008年预计数增加439亿元，增长17.6%；未来3年中央政

---

① 该部分数据来自2008年11月21日《21世纪经济报道》。

府和地方政府将投入8500亿元（其中中央财政投入3318亿元）用于基本医疗服务。政府还规划在未来两年的新增公共投资中，投向保障性住房4000亿元，农村的民生工程3700亿元，教育、卫生、文化、计划生育等社会事业1500亿元，这些投资将进一步壮大公共福利品生产和改善民生。①

第五，发展公有制经济，有利于促进文化科技等"知识品"的发展。市场经济中一部分文化、科技产品（知识品）是以商品形式、采取企业化经营来提供的。优质的文化、科技产品要体现社会先进思想和价值观。大力发展公有制文化产业，有利于生产优质文化品，实现经济效益与社会效益相统一。此外，通过大力发展文化事业，向人民大众提供免费或低收费的公共文化品，包括图书、广播电视、网络、文化服务，这样的双管齐下，既能使广大人民群众的文化需求得到满足，同时又能推进社会主义精神文明建设，提高群众思想、道德素质。在科技产品生产中，发挥国有大企业的创新主体的功能，同时大力发展加强研究单位的研发功能，有利于在重大战略性、尖端技术领域进行前瞻性的科学技术研究和取得技术突破，有效发挥科学技术第一生产力的优势。

第六，发展公有制经济，是有效维护生态环境和开发自然资源的需要。在当今世界，经济增长与环境、生态、资源的矛盾越来越突出，迫切需要政府行使公共治理和建设公共资源性基础设施的职能。当前，自然资源、环境保护已作为一个新的公共部门在全球兴起。在当代实践中，一个重要经验就是对矿藏、森林、河流、荒地、草原、重要风景名胜旅游资源等建立公有产权，而开发利用可以通过资源定

① 中央政府门户网站 www.gov.cn，2009年3月9日。

价、有偿使用的原则把使用权交给包括国有企业在内的各个市场主体；同时通过公共投资来进行大规模的自然资源保护和生态治理工程。显然，在这一领域公有经济发挥着重要的功能。[①]

第七，拥有强大的公有制经济与部门，有利于增强政府的宏观调控能力。在适当、完善的机制下，作为市场主体的国有企业能更好地承担社会责任，从而能更有效地从属于政府的调节。社会主义条件下，在国民经济的一些关键性产业，特别是在金融部门，大力发展和保持强大的公有制经济，可以大大增强政府宏观调节的效果。特别是在经济运行的调整阶段，依靠公有制经济的控制力和影响力，可以更有效地实现经济调整，保持经济稳定增长和社会稳定。在当前世界金融危机加深的过程中，西方各国政府纷纷采用和回归它们曾经采用过和被抛弃了的"国有化"措施来应对危机。这些新现象，表明了公有制所拥有的不可缺少的作用。

综上所述我们可以看出，公有制不仅起着维护社会主义制度的作用，而且在发展生产力、生产和提供公共品、维护资源生态环境、稳定宏观经济等方面具有不可替代的重要功能。我们应该立足我国建设社会主义的需要，也立足当代世界的新情况，以更广阔和更新的视野，加深对公有制经济和部门在建设中国特色社会主义事业中的功能的理论认识。

---

① 近年来我国政府按照落实科学发展观、构建和谐社会、促进人与自然和谐发展的要求，为全面建设小康社会提供环境保护和生态安全的保障，实施了大规模的治沙、育林、江河治理和水资源保护等公共工程。如政府从2005年在甘肃民勤县开始大规模治沙，森林覆盖率由20世纪50年代的4.3％上升到现在的10.86％（《武威日报》2008年11月5日）；从2002年开始，政府投资107亿元用于新疆塔里木河全方位生态治理工程，不仅有效恢复了下游生态环境，同时也促进了流域两岸经济社会的发展，结束了塔里木河下游河道连续断流三十多年的历史。（中国新闻网2009年3月9日）

三、切实增强公有经济的活力、控制力和影响力

坚持和贯彻好公有制为主体，不是要不分领域，搞"全覆盖"的公有制，而要着眼于增强公有制特别是国有经济的活力、控制力和影响力。不能把公有制为主体简单归结为"量"和"比例"问题，它既包括公有资产"量"的保证，更重要的是公有经济"质"的优化，也就是应主要着眼于增强公有经济活力、控制力、影响力。第一，要在国民经济重点领域和重点产业或部门——包括军工、石化、电信、重大装备制造等——集中国有资本，保持国有经济的控制力和增强影响力，在其他领域，可以通过资产重组和结构调整，加强重点，提高国有经济的整体质量和实力。[①]

第二，要通过改革，切实增强公有制经济的活力和市场竞争力。的确，传统计划体制下的国有企业模式缺乏"活力"。30年来，国有企业通过发展股份制，建立起现代企业制度和现代产权制度，以及通过国有经济有进有退的战略性调整。当前，一大批国有企业已成为富有活力的市场竞争主体，它们在激烈的市场竞争中不断发展壮大。2008年美国《财富》杂志公布的世界500强企业中，我国中央企业有19

---

① 近年来，国有资本向能源、原材料、交通、军工、重大装备制造和冶金等行业集中的态势明显。根据2006年的数据，我国基础行业的国有资本3.3万亿元，占全部国有企业占用国有资本总量的70.6%，比2003年提高5.1%。同时，国有资本的控制力不断增强，国有资本直接支配或控制的社会资本1.2万亿元，比2003年增长1.1倍。目前，中央企业80%以上的国有资产集中在军工、能源、交通、重大装备制造、重要矿产资源开发领域，承担着我国几乎全部的原油、天然气和乙烯生产，提供了全部的基础电信服务和大部分增值服务，发电量约占全国的55%，民航运输总周转量占全国的82%，水运货物周转量占全国的89%，汽车产量占全国的48%，生产的高附加值钢材约占全国的60%，生产的水电设备占全国的70%，火电设备占全国的75%。（中国新华网2007年8月25日、26日）

家，比2002年增加12家。1998年，全国国有工商企业共有23.8万户，而到2006年，国有企业户数减少至11.9万户，正好减少了一半；1997年，全国国有工商企业实现利润800亿元，而到2006年，全国国有企业实现利润达1.2万亿元，增长了14倍。其中中央企业实现利润7681.5亿元，上缴税金6822.5亿元。

实践证明，我国30年改革找到一条公有制与市场机制相适应的、在竞争中不断提高公有制企业效率的道路。当然，我国国有经济还存在许多问题，还需要进一步搞活。随着企业改革的深化，结构的调整，金融、财政体制和政府职能等改革的全面推进以及随着宏观经济环境的完善，公有制企业依靠社会主义的政治优势、依靠企业内部和谐的劳资关系，以及先进的企业文化等，在获得更大活力和发挥其控制力、影响力上，拥有巨大的潜力。

四、坚持多种经济成分共同发展，不能搞"纯而又纯"的公有制

我国30年所有制改革的基本经验是：既要坚持发展公有制的主体地位和作用，又要坚持大力发展非公经济，实现多种经济成分共同发展。

30年来，我们在广泛的经济领域实行开放、大力发展非公有制经济，有效地发挥了非公有制经济的功能和积极作用。（1）绝大多数非公有制经济，属于中小企业，规模小、投资少、上马快，发展非公有制经济有利于发掘和充分动员我国庞大的民间生产资源，促进经济增长。（2）发展非公有制经济能够拓宽就业门路，吸纳社会剩余劳动力，特别是在推进发展方式转型、产业升级阶段，发展非公经济将有

效地保障就业增长。①（3）发展非公有制经济有利于增加劳动者的收入和国家财政收入。当前非公有制经济已经是城乡劳动力就业和获取收入的主要场所，也是财政收入的重要源泉。②（4）非公有制经济的生产经营门类广，产品多种多样，富有地方和民族特色，它的发展有利于人民群众多样物质与文化需求的满足。（5）当代信息革命和知识经济的迅速发展，出现了一轮立足于高新技术和知识创新的"新个体"和"新私营"经济的发展。充分利用非公有制经济，有利于高科技产业和文化产业的发展，并且能够更有效地推动科技、知识创新。（6）非公有制经济由群众自主创业，依靠自身资源和努力自力更生地发展，发展非公有制经济有利于调动和鼓舞群众创业的积极性，使人民群众无穷无尽的聪明才智得以充分发挥。实践表明，非公有制经济拥有众多的积极功能，而且，它在推动一些领域生产发展和某些群众需要满足中，有着特有的作用。它已不止是对公有制经济起"补充"作用，而且是促进现代化、推进技术创新，建设中国特色社会主义的一支重要力量。

还需要指出，发展非公有制经济是发展和完善社会主义市场经济的要求。市场经济立足于众多主体参与竞争的基础之上。单一的公有

---

① 国家统计局数据显示，改革开放以来，中国就业的所有制结构发生了重大变化，城镇非公有制单位就业人员比例从1978年的0.2％增加到2007年的75.7％；1990年以来，中国个体私营企业平均每年净增工作岗位420万个，占城镇每年新增岗位的58.7％。（中央政府门户网站 www.gov.cn，2008年11月3日）

② 2002年国有经济占全部税收收入总量（不含农业税与关税收入）下降为32.2％，而私营企业、股份制企业和"三资"企业（含港澳台投资企业）等三类企业的税收收入占到税收收入总量的52.9％。至2006年底，非公经济总户数超过3400万户。其中私营企业498.1万户，比上年增加68万户，增长15.8％。2005年非公经济上缴的各种税收收入额占国家税收收入（国家税务总局统计口径）的比重，由2000年的3.3％提高到2005年的8.7％。

制结构和国有制的独揽，只会形成垄断，使经济失去活力。引进和发展非公有制经济，创建多样性的所有制结构，有利于开展和形成多样的和众多的市场主体之间的平等竞争，有效地发挥市场调节的功能；有利于各类市场主体在市场竞争中相互借鉴、取长补短，推动企业的不断创新；有利于拓宽不同性质的经济主体在国民经济众多领域发展的空间，充分发挥非公有资本的潜力以及促进国有资本在重点和优势产业集中。

30年来，我国实现了由传统的单一公有制结构到公有制为主体、多种所有制并存结构的转换，走出一条公有制为主体条件下多种经济成分共同发展之路。我国在所有制领域进行的改革取得的成功经验，在理论上可以归结为：建设社会主义需要大力发展和壮大公有制经济，但不能实行单一的公有化，不能搞"纯而又纯"的公有制。

唯物辩证法的认识论表明，世界上的任何事物都不是纯而又纯的。自然物中的水是H_2O的结构，金无足赤，动植物新品种保有某些原品的性质。人类社会更是一个包括多样性质的复杂结构，即使在特定社会形态的成熟发展阶段，也仍然会存在旧社会的因素。特别是在新社会初始时期，旧因素会有较鲜明的体现。结构多样和不纯是事物的普遍存在形式，是内在矛盾的源泉，是发展和运动的契机。马克思阐明了初生的社会主义社会"在各个方面，在经济、道德和精神方面都还带着脱胎出来的那个旧社会的痕迹"[1]。

在社会主义不断发展和走向成熟中，旧社会痕迹、因素将逐步为新因素取代，这将是一场健康的"水到渠成"式的社会新陈代谢。它首先要以社会物质生产力发展的成熟为前提，因而是一个较长的自然

---

[1] 《马克思恩格斯选集》第3卷，人民出版社，1972年，第10页。

历史过程，不能一蹴而就。我国现实的物质生产力水平决定我国在很长时期处于社会主义初级阶段的性质，决定了我们在建设社会主义、发展社会主义公有制经济中不能追求"纯而又纯"。

30年来我国立足实际和国情改革与创新所有制的成功经验，又一次给我们以下启示：我们应该按照唯物辩证法的认识论，全面地、辩证地和历史地观察事物，克服形而上学的各种片面性。我们应立足我国国情和中国特色社会主义建设的现实要求，实事求是地认识我国的不同经济成分的功能与作用，加深对"公有制为主体、多种所有制经济共同发展"的基本经济制度的理论认识，在发展经济、社会事业中更加自觉地坚持党的基本路线和方针。

对藏区经济问题的深入思考：

下决心采取有效措施，

解决藏区发展中的突出问题①

一、推动自给自足的农牧生产方式到商品生产方式的转换，从根本上治理贫困

四川藏区有180多万人是少数民族，地处（藏彝）边远地区、老革命根据地区、生态保护地区，与其他地区一样，30年来经济发展取得巨大成就，但是也存在藏区自身发展滞后的问题，其表现是：（1）传统落后的游牧生产方式顽强存在；（2）交通及其他基础设施建设滞后；（3）自然生存条件恶劣，抵御自然灾害能力弱；（4）受宗教文化影响，人们的思想精神不适应市场经济，现代文明的发展水平低；（5）生活水平低，贫困面大，贫困程度深。这些成为民族地区各种问题的根源和隐患。

---

① 写于2009年7月27日。

甘孜农民人均收入（2008年）不过1600多元，四川为2600元（2009年）。

贫困线（人均年收入1067元）以下人口，全川藏区贫困人口的比例甘孜为40%（36万人），阿坝为25%，凉山为20%（42万人），全国为3.1%。

特别是人均年收入785元以下的绝对贫困人口在甘孜有25.79万人，占该州贫困人口总数71%，贫困深度指数高出四川省39个百分点，高出阿坝26个百分点，高出凉山30个百分点，不少人住在深山老林，衣不蔽体，食不果腹，夜无灯火，不避风雨，不仅贫困人口广泛，而且贫困程度深重，脱贫难度大，返贫率高。

贫困的根源：（1）几十年前处于原始农牧经济时代，多数牧民逐水草而居，有些地方还存在原始群婚走婚，社会制度落后；（2）藏区主要从事牧业生产，传统的自给自足的游牧生产方式顽固地存在，是藏区经济——包括西藏的特征。这里一个农户，五六口人放着牦牛200头，逐水草而居，还未进入圈养定居方式，县城周围有定居者自给自足，以牛为财富，不进行交易，物物交换，不懂得积累交换价值。

传统自给自足游牧业生产方式继续保持的原因：（1）生产力落后；（2）历史传统的力量；（3）高山地区交通条件恶劣，地域封闭；（4）传统宗教观念对人的思想行为的桎梏，修来世、求福报、修损寺庙，不求世间享受。

由于落后生产方式和严酷的自然条件，形成藏区游牧经济脆弱性，加之以草场质量退化，海拔高（4000米以上），气温低，自然灾害频繁，一次大雪就可能造成牲畜大量死亡，只有依靠救济，"自给自足生产→天灾与牲畜死亡→政府救济→自给自足生产→天灾"，造成这里的自然经济恶性循环。

　　这种情况不仅造成经济发展缓慢，而且落后的生产方式、低下的生产力表现为农牧民的贫困：理塘2008年人口5.3万人，GDP3.31亿元，人均收入6000元（加城市），农牧民人均收入1500元。第一、二、三产业分别占比65.5%、4%、30%。工业产值4%，几乎没有，农牧生产占65.5%，为主要收入来源。收入少，贫困深。

　　西藏地区在经济结构上也和四川藏区一样。阿里、那曲海拔5000米，交通困难，一个乡好几万平方公里，但只有几户人，保持原始游牧经济状态。

　　但是，大部分的中央支援，主要用在大城市的城市和公共设施建设中。

　　特殊的社会经济、历史、文化、自然条件下的四川藏区，虽经过几十年努力，但传统生产方式表现出其顽固排他性而未得到改变。相当一部分人民生活条件未获改善，在市场化、现代化时代，相当一部分人民仍处在原始农牧阶段，处在一种封闭的状态，游离于现代文明之外，未能充分享受到30年来改革开放的成果。这种经济状况巩固了人们的宗教文化意识：人生是为了修来生。将仅有的银圆赠庙宇，古旧的思想难以改变。上述经济文化状况成为加强民族团结的障碍。

　　针对四川藏区状况，当前我们应下大决心花大力气——包括付出更大财力——来筹划解决藏区贫困治本之策。根本之途是引导推进藏区传统农牧生产方式，经过某种过渡形式，转换到现代农业、畜牧业生产方式上来，转换到现代市场农业经济轨道上。要把它作为一个重要的民族经济工作来抓。

　　20世纪90年代阿坝红原实行过改放牧为定居、人草畜三配套的改革，实行综合治理，不搞一刀切，形成多元并进，应该是由游牧经济到圈养定居的畜牧经济为主和发展农业是改革的第一步。第二步：由畜牧业为主导，畜牧业、农业分工，一些人转入农业，解决草场不是问题。第三步：更多人转入第二产业和第三产业。

第一，政府要进行引导生产方式试点，以县为单位，走逐步圈养、综合治理之路，为此，大约要投入每户5~6万元，一个县约1万户×6万元/户=6亿元。

第二，要交通，商贸先行。经济的封闭性很大程度与高山峡谷、缺乏交通有关。因此要交通先行。然后，商贸切入；商业工作跟上进行收购和工业品销售，实行市场引进战略，打破自给经济和培育交换意识，而不能单纯搞定居圈养。

第三，要与推进城镇化相结合，通过城镇第二产业、第三产业发展，为年轻一代牧民定居化开拓工作门路。

第四，要与推进旅游业发展相结合。

第五，要采取特殊政策，吸引社会资本，发展农牧产品加工的特色产业——牦牛加工、医药业相结合。

藏区传统生产方式的现代化转换是一个长过程，但不能拖，要通盘策划加快试点，边干边改，摸索前进，为此，当前应对这一改革和发展进行深入研究。

二、进一步扶持民族地区经济的发展

三州民族地区近年来在发展商品农业经济、畜牧经济、旅游经济、工业经济等方面取得很大成绩，GDP和人均收入均有提高。

该地区是资源——优质绿色农业、林业及其副产品、牧业、旅游业、矿产——富集区，拥有巨大发展潜力，目前正是加快发展的有利时机。

第一，加强交通建设和电力、电网等基础设施建设，向少数民族聚居点延伸。

第二，大力发展、保护民族地区的优势产业。（1）绿色农业。发展面向市场的绿色农业大有可为，关键是打开市场，政府要予以扶持。（2）农产品加工。牦牛这一优势资源的开发——奶、肉、骨、皮。（3）药材——藏药。（4）旅游。（5）矿业开采不是发展方向。

第三，鼓励社会资本扩大投入，外资准入。

第四，做好大学生科技人员到民族地区的制度安排，采取特殊政策动员科技人员参与民族地区科技咨询和其他服务。把这项作为特殊的服务。

第五，采取有效措施，大力发展民族教育，发展民族地区的教育事业，大力提高群众的文化科学知识素质——不只是发展各种经济事业以增加人们的收入的需要，而且要提高。培育现代文明意识，推进民族间的文化、心理交融。在这方面，建议站在以民族文化心理交融来加强民族团结的高度，采取有效特殊措施，推进民族教育事业的发展，特别是要加强内地的民族教育的发展。（1）藏区义务教育采取"9+2"的教育模式；（2）在内地开设各种教育培训形式。

第六，下决心解决四川三州的民族扶持经费问题。三州经济不发达，财力薄弱，四川财政实力也不充实，因而，政府支持力度小，是三州经济发展中的重要制约因素。在一些县，政府支持力度不及西藏十分之一，在民间流传的话语是："一江（金沙江）之隔，天壤之别。"认真解决三州发展中的财政支持方式，已是一个极其迫切的问题。

第七，关注和大力搞好疾病防治，如阿坝的大骨节病、凉山的艾滋病。"因贫致病，因病治贫，贫病交加"是这些地方贫困的特点。

在这些地区，艾滋病流行已经十多年，迄至2008年8月底，HIV感染患者9861例，占四川50%以上，为第一位，感染率为1.7%，布拖县2929人，昭觉县2700人，专家估计凉山200万彝族人口中，感染人数不少于2万人，并处于扩散期。据称实际感染人口达6.5%。

目前可怕的是：（1）对于艾滋病情况不明，发展传染状况不清；（2）预防不力；（3）治理无力；（4）扩散危险性在。

西昌艾滋病预防中心的下拨经费200万元，人均只有0.4元多。

深化对科技创新的理论认识①

十八大高度重视科技创新，强调"科技创新"是"提高社会生产力和综合国力的战略支持"，"必须摆在国家发展全局的核心地位"，中国经济发展进入了新常态，切实推行稳增长、调结构、促转型，要求我们更加重视和奋力推进科技创新。

科技创新，指的是立足科学发现的技术发明与革新，属于近现代机器大工业时代的范畴。手工业经济中生产效率和产品质量的提升，主要依靠工匠的劳动熟练度增加。工业经济时代，物质技术成为重要生产要素。在市场机制作用下，使用先进技术能有效地降低成本，提高质量，创造出具有性价比优势的产品，从而扩大市场销量，获得额外利润。因而进行技术创新成为企业提高盈利的重要方法。

企业是市场经济中科技创新的主体。企业开展科技创新，需要有自然科学发展结出的技术发明成果，还需要因应市场形势，特别要受竞争的驱逼。由于上述情况的不同，工业经济发展不同时期科技创新势头时大时小，领域或宽或窄，但创新活动不断加强是一个大趋

---

① 写于2013年。

势，并且会在一定时期出现科技创新的高潮，也就是科技革命。第一次科技创新高潮发生于1770~1820年间，也就是蒸汽技术革命，它促使手工工场生产转型和迈上机器大生产台阶。第二次科技创新高潮是19世纪中叶以来的电气技术革命，它成为电气、重化工、海轮、航空等现代工业交通运输业发展的物质技术基础。第三次科技创新是20世纪七八十年代以来的信息、高技术革命，主要标志是计算机与网络技术、生物技术、新能源、新材料、航天技术、海洋技术等高科技的迅速发展。这是一次科学技术革命高峰，无论是自然科学基础理论的新发展，或是各项应用技术的发明、创新，以及企业生产技术变革的深度和广度，均为前两次科技革命所不能比拟。科学技术创新大潮带来了一系列新兴产业的迅速兴起，有力促进传统工业经济向高技术经济转型。

邓小平的"科技是第一生产力"的论断在当前正在兴起的高技术经济中获得最生动表现。（1）高新技术使劳动生产率十倍百倍地提高，创造出立足于高科技含量的现代高效财富。（2）高技术经济中，增长型企业的迅速形成和发展，成为经济增长的新动力。（3）开展科技创新需要增大研发费用，特别是科技大公司的创建和营运，需要大量资本投入。科技创新活动成为投资扩大的重要动因。（4）以高技术创新和提升产品使用价值，成为刺激消费、开拓市场的有效手段。（5）新兴产业的兴起，高端服务业、物流业的发展，科技型"小微"企业的发展，开拓出新的就业场所。（6）高技术的引入和改造传统工业技术，促进生产技术和产品的升级换代，推进产业结构调整和转型。（7）高新技术催生出低物耗、低能耗、低污染的绿色工业生产和绿色企业，开拓出一条保证人与自然协调的工业化、现代化新路。

综上所述，科技创新以其优质、增效，特别是扩大市场需求功能，成为现代市场经济中推动经济发展的新引擎。苦于市场需求不足的西方发达国家在二战后获得了一段时期的相对稳定的增长，很大程度上是由于高科技经济的推动。

高技术是20世纪相对论、量子论、基因论等自然科学新发展结出的硕果，它体现了人类对自然力，特别是对物质深层巨大力量的发掘和有效使用。较之传统工业技术，高技术实现了一次技术发展的质的飞跃，成为现代最新生产力。当代高新技术不仅迅速应用于产业全域，有力影响企业行为和经济运行，而且渗透和影响社会生活的方方面面，并且影响和改变人的生活方式和思维方式。当前我们可以清楚地看到和发现：信息网络技术迅猛进入千家万户所带来的居民生活、行为方式的新变化。我们也可以预期：高技术的不断创新和在社会生活各个方面的普遍应用，将促使工业社会转变为科技、知识社会，进一步发展现代化和现代文明。

20世纪末叶出现的技术创新浪潮已经历数十年而势头不衰。当前，互联网、物联网、云计算、大数据、3D打印等新技术的创新和应用呈现加快发展。世界正处在新的科技革命的前夜。时代大趋势和新常态下经济的发展，要求我们更加重视科技，全力推进科技创新，增强创新驱动，更大发挥科技促发展的功能。

加快科技创新根本之途在于优化体制完善机制。为了在我国形成全方位的科技创新大潮，要求我们深化市场化改革，要推行科技品商品化、发展和完善技术市场、搞好专利制度，保护创新者和创新企业权益，完善风险投资，等等，形成一整套有效激励、支撑和倒逼不断创新的市场机制，切实发挥好市场对技术创新的"决定"作用。

当代科技创新并非纯粹由市场力量推动而自发演进。即使是发达经济体，政府也在加强对重大科技发展的支持和创新人才的培养。

发展中国家后发的科技创新，需要发挥政府的支持、引导和参与的作用。作为社会主义大国的中国，更应该发挥好政府这只手的作用，特别是要在战略性新兴产业发展中发挥主导作用。

中国曾经创造出灿烂的古代华夏科技文明，13世纪以后出现了科技发展滞后。中华人民共和国成立后我国科技事业重启发展，近30年来，科技创新步伐加快，两弹一星、探月工程、载人深潜等巨大成果标志着一些尖端科技发展实现飞跃。当前我国经济总量已名列世界第二，但我国仍属于发展中经济体，科技水平与创新实力还不高。进一步谋划和搞好科学、技术、人才发展规划，完善政策，增大投入，着力加快科技发展，一步步攀登世界科技高峰，是我们面对的重大而艰巨的任务。中华民族伟大复兴梦的实现，也离不开华夏科技振兴。搞好新时期科技创新，我们拥有更好条件，也面对着众多机遇。当前我们应加强科技创新的理论研究与宣传，增强全民科技创新意识，坚定信心，坚持改革，遵循科技进步与创新的客观规律，探索和构建中国特色的科技创新体系，发挥体制活力，强化创新智力，走出一条科技快速创新的中国道路。

不搞数量扩张，务求质量提升①

一、过度依靠投资与出口拉动的增长模式的困境

过去10年中国依靠政府固定资产投资，以及依靠劳动成本低的出口优势，实现了在低端产业和对外加工大发展基础上的高增长。10年GDP年增9.9%，出口年增22.2%，有的年度25%以上增长。2008年后，为对应国际金融危机，加强了政府投资拉动，目前投资率占50%，消费率占35%，通过铁路、公路、机场等大建设支撑了9%以上的高增长。中国自1979年以来，30多年的发展总体上是数量扩张型的增长。它造成：（1）经济总量大（世界第二），但素质不高；（2）依靠投资拉力，但弱化了内需拉动；（3）产值高但效率、效益低；（4）高资源环境耗费，出现严重的环境污染、生态恶化与资源（矿石、水、土地）耗竭，大量农地粮田被占用，粮食进口已加大。这种低素质、数量扩张型的经济是不可持续的，在金融危机、世界各国经济结构大调整、高科技产业迅速发展的当前，传统的发展方式和高增长模式业已

---

① 写于2016年。

走到尽头。

第一，在欧债危机深化，美国经济艰难复苏，贸易保护主义抬头，以及越、印、孟、菲、墨等国的竞争下，我国出口的"黄金时代"已经结束，沿海省份正经受加工企业倒闭的痛苦，中国经济面对着出口萎缩与外需不振。

第二，在国际金融危机冲击下，2009年一季度增长大下滑，依靠凯恩斯主义式的政府强拉力——投入4万亿人民币——加大基础设施投入，托起和支撑了近两三年经济高增长。一方面大规模投资，特别是固定资产投资，造成生产能力的过剩，另一方面，由于社会保障体系的薄弱，居民储蓄率在40%以上，消费倾向低，消费拉动力弱，投资、消费结构失衡，成为中国发展的困境。为保增长，人们不能不继续目前"大规模固定资产拉动"，依靠快速的基础设施建设，支撑增长发展中的投资偏好，成为一种难以摆脱的惯性。

二、强化消费拉动和着力于增长质量、产业升级

十八大强调，要以加快转变经济发展方式为主线，作为应对当前国内外经济形势的"战略抉择"。（1）强调要着力于民生，提高居民收入，增强消费拉动。（2）强调把"推动发展的立足点转到提高质量和效益上来"，要加快产业升级，实现"创新驱动"。十八大报告的上述论述十分重要，应该全力、全面——从中央到地方——加以贯彻落实。

中国为摆脱困境，要改变片面追求GDP的传统发展理念，走一条更多着力于质量、效率与效益提高的发展新路。

第一，中国是政府主导型的市场经济，各级政府应上下一心不搞

片面追求GDP，转换发展方式，着力提高质量、增进效率。

第二，十八大强调"创新驱动"，要大力推动自主创新、产业升级，国有企业的改革，要围绕自主创新，深化改革，完善体制机制。使企业真正成为锐意自主创新的主体。不少企业近年做大但竞争力弱，一些企业"大到无倒闭"危险，强化多元竞争机制对于形成生气勃勃的企业创新十分重要。要靠竞争促管理创新，减少冗员，提高效率，提高人均效益。要依靠竞争促技术创新，而且是自主的技术创新，实现高产（值）、高效（率），使优质企业大而强。

会议发言

人大政协会议发言

刘诗白等42位人大代表联名向大会提议:

人大常委会应设立金融政策委员会,
加强金融宏观调控并监督货币发行①

　　本报讯　记者吴晓灵　张继东报道　鉴于物价上涨和货币发行过量已成为举国关注的问题,昨天,出席全国人大七届一次会议的刘诗白、胡代光、厉以宁、陶大镛等42位代表联名向大会提出议案,主张人大常委会设立金融政策委员会,真正加强金融宏观调控功能和全国人大对货币发行的监督。

　　据了解,在这次人大会议上物价问题是代表们反映最强烈的问题之一。过去已有专家提出,物价上涨与近几年货币供应量过多有密切关系。而目前物价问题实际上已成为影响经济改革和社会稳定的重要问题,为全社会普遍关注。当记者得悉刘诗白等42位代表就制止货币发行过量的问题联名提出议案之后,立即访问了刘诗白代表,请他谈谈这一议案的主要内容和个人的看法。刘诗白代表认为,深化改革和

---

① 原载《金融时报》1988年4月1日。

发展经济必须要稳定货币。只有在货币稳定的良好环境中，国民经济才有可能健康持续地发展。而近年的物价上涨，相当重要的原因是，中央银行对货币发行量没有能加以严格控制。刘诗白认为，增强金融的宏观控制功能，是我国金融体制改革的一项重要任务。近年来这项工作取得了进展，中央银行在控制货币发行和信贷规模上的职能有所加强，这对于稳定经济起了良好的作用。但是，由于金融体制改革尚处在起步阶段，旧的财政金融体制尚未改变，中央银行的职能还不健全，金融宏观控制功能还十分薄弱。突出的表现是人民银行总行缺乏对货币发行的独立控制能力，当财政发生赤字向人民银行透支时，人行就不得不增发票子。例如，从1979年至1987年8月，财政从人民银行透支余额占同期货币流通量余额的比重很大，9年来银行发行的货币中，有相当一部分是财政性发行。另外，国家计委安排的固定资产投资每年以百亿计，也要从银行拿钱。刘诗白代表认为，我国当前存在的通货膨胀现象，除了经济结构的失衡所引起的供求矛盾以外，是与货币发行数量过多密切相关的。因此，必须把这一问题的解决同金融体制改革、健全中央银行的职能和增强金融宏观调控结合起来。目前来看，能否严格控制货币发行，是能否解决物价上涨过多，经济能否稳定发展的重要课题。因此，必须强化中央银行货币政策的独立性，下决心严格控制货币发行。

42位代表的联名议案提出以下4条具体意见：

第一，增强和赋予中国人民银行以独立管理和调控货币发行量、信贷规模的权限。

第二，中国人民银行要进一步加强对货币与信贷政策的研究，要按照我国经济稳定增长的方针，确定货币流通量和每年的货币增发数量。

第三，加强全国人民代表大会对人民银行的货币发行和信用管理活动的监督，国家货币发行与信贷计划应由全国人民代表大会审查批准。财政收支不平衡发生赤字，需要从银行透支时，应经人民代表大会专门委员会审议和由大会批准。

第四，为了便于对人民银行的货币发行、信用管理和调控进行经常监督和制定有关政策，在全国人大常委会下，设立金融政策委员会（或货币委员会）。

在这份题为《加强金融的宏观调控功能和全国人民代表大会对货币发行的监督》的议案上签名的代表有：西南财经大学校长刘诗白，成都市市长胡懋洲，北京大学教授胡代光和厉以宁，北京师范大学教授陶大镛，中国人民银行浙江省分行行长陈国强、重庆市分行行长吴大成、云南省分行高级经济师汤国彦，中国工商银行四川省分行行长张庆寿、青海省分行副行长陈永达和上海市分行总会计师郑霖孙等。一同提出上述议案的代表还有：柯召、李克光、徐僖、卢道猷、苏克明、张文康、李振邦、江永静、张永言、钱毋荒、刘应明、曹秀清、曾恒华、李乐民、罗蛰潭、彭迪先、雷亨顺、张文澄、王莉文、潘大逵、徐崇林、宋则行、马春华、任嫦秀、刘衍瑜、陈福泰、陈慧、郝丽萍、鄢兰芳、白枫、王纯山（以签名先后为序）。

金融界人大代表、政协委员在座谈时提出：
要增强和赋予中央银行应有的权限，
希望社会各界了解和重视金融工作①

　　本报讯　记者王一男报道　全国人大财经委员会主任委员陈慕华于4月2日在中南海邀请人大代表和政协委员中的金融界人士座谈，代表们就物价与货币发行、金融体制改革等方面的问题发表了意见。代表们认为，当前，为了既要保证经济持续稳定增长，又要实施宏观控制，应当增强和赋予作为中央银行的人民银行以独立管理和调控货币发行量、信贷规模的权限，同时希望社会各界了解和重视金融工作。

　　全国政协委员乔培新说，看了《金融时报》刊载的刘诗白等42位人大代表关于设立金融政策委员会的提议，非常高兴。有关国家的重大经济决策，金融界应该提出自己的意见。

　　人大代表、中国工商银行青海省分行副行长陈永达说，这次人大

---

① 原载《金融时报》1988年4月6日。

议论最多的话题之一是物价，普遍认为涨价的原因是银行票子发得太多。且不讨论货币发行过多是否就是涨价的根本原因，就货币发行本身而言，也不是银行能说了算的，现在的情况是一方面各专业银行千方百计筹集资金发展商品生产，另一方面又要承受来自社会各界的压力，影响了基层同志的积极性。他希望人民银行通过新闻媒介做态度鲜明的解释，让社会了解银行的难处，增加透明度；他还希望像货币发行这类问题，应当由银行说了算。

人大代表、中国人民银行浙江省分行行长陈国强说，物价上涨的根本原因是基建规模过大、消费基金膨胀；反映在财政上就是超负荷运转，迫使银行增加货币发行。她认为在人民代表大会上应当有金融方面的声音，使更多的人了解和重视金融工作。

在全国人大常委会设立金融政策委员会提议的发起人、西南财经大学校长刘诗白说，赋予中央银行对货币独立调控的权力，符合改革的大方向，货币发行量不能超过国民经济的增长幅度，这是众所周知的。近年来，人民银行一再强调要控制货币发行，可就是控制不住，这是体制问题，不能怪人民银行，但这种现象不能再继续下去了。应当看到，控制住货币发行总量是可能的，它不会影响经济的持续稳定增长，因为宏观调控是与微观搞活紧密结合的。一头紧，一头松，宏观上控制住了，下面怎么松、怎么搞活，都不会出现通货膨胀。

应邀参加这次座谈会的还有各专业银行的主要负责人。来自辽宁工商银行最基层的人大代表、储蓄员陈慧说，辽阳展开了储蓄大战，各专业银行纷纷建立了储蓄所，可是在偏远地方哪家行也没有人去，那里的群众存取款很困难，而在城里，储蓄总额并不是无限的，只能是此增彼减，造成了大量的人力财力的浪费，这种竞争有害无益。全国政协委员、湖南财经学院教授王世英对人民银行主管教育的部门提出批评说，一两年都不来个人，对学校不知情，怎么管？谁都知道重视金融教育、提高银行职工素质的重要，金融院校也很多，但是，经费、院校领导干部的考评等都存在许多问题。他希望真正重视金融教育要落到实处。

刘校长在七届全国人大会上的提案：

高等财经教育需要加快发展步伐 ①

本报讯　刘诗白校长作为七届全国人大代表，到北京参加"两会"，引起了许多师生员工的关注。近日，他们纷纷向本报打听刘校长出席两会有何想法和打算？带去了什么提案？就此我们访问了有关部门。

问：听说刘校长是在省人大会上推选的全国人大代表？

答：是的。作为全国人大代表，在全省57所高校中，他是唯一的一个校长。可见我校的地位，也就是说经济类院校的地位了。

问：那么，作为经济学家、校长的刘诗白教授，在人大会上，有何提案？

答：刘校长联系我国教育战线实际，尤其是全国、全省和我校的实际，他认为，中华人民共和国成立以来，高等财经教育发展一直

---

① 　原载《西南财大报》1988年4月10日。

缓慢，远不能适应社会主义经济建设事业发展的需要。十年动乱，财经院校更是惨遭摧残，几乎全部被迫撤销或停办。十一届三中全会后才得到较大发展。从1978年到1986年，全国财经院校由22所增加到69所。在校生从18000人发展到近17万人，毕业生由1600人增加到32700人，专业点从150多个增加到1180个。各类财经成人高教也有较大发展。但是，在整个高等教育中，财经教育仍属薄弱环节，同经济建设实际间的矛盾仍然十分尖锐。

因此，刘校长的大会提案是：高等财经教育急需加快发展步伐。

问：财经教育与经济建设实际之间的矛盾表现在哪些方面？

答：从数量方面看，财经管理专门人才数量不适应经济发展需要。就四川，全省轻工、化工、机械全民所有制企业近35000个，职工150多万人，而中专以上学历的财经专门人才只占职工总数的0.8%。受过高等教育的人数微乎其微。许多大厂，没有一个总经济师和总会计师，不少专区每年分去财大生不足10人。金融、财税部门更是人才缺乏。全国金融系统百万职工队伍中，具有大专学历的只占7%，中专学历的也才15%，而其中受过高等财经教育的金融管理人才比例更低。在全国大学生中，从1949年到1986年，财经院校的毕业生只占各类学科毕业生总数的4%。据全国人才需求预测，2000年前，全国需补充大中专以上学历的财经管理人才约137万。所以无论招生和毕业分配，"财经热"一直未衰退。

高等财经教育虽发展快，但存在盲目建校现象，因此，办学的经济效益和社会效益较差。老的财经院校苦于财力和部门所有制限制，长期"吃不饱"。更不用说挖掘潜力。

再者，当前大批从事经济管理工作的职工需要进行岗位培训，各市县职业高中的财会、统计、金融、商业等专业班的专业教师的培训，十分迫切。

问：如此说来，高校财经教育一要注重教学质量，二要加快发展步伐。

答：对。刘校长提案的第一条，建议国家教委加强宏观管理，统一规划整顿现有专业设置，抓好经济建设急需专业和学科建设，优化教育结构，增设新兴、边缘、交叉的学科专业。二是增加财经教育的投资。保证重点，对师资水平低、办学条件差、教学质量难保证的学校，采取压缩、整顿和与他校联合的措施，形成合理的区域分工。

刘校长的提案，还涉及了联合办学和加强与国外有关院校的联系与学术交流，引进新的管理知识，以促进教学内容的革新等问题。

"死一小块　活一大块"[①]

——听刘诗白教授谈治理整顿

　　本报记者　罗纲　我省参加全国七届人大二次会议的代表返川后，这些天正在各地传达大会精神。怎样使治理整顿和深化改革的任务逐级落实到基层？人大代表、著名经济学家、西南财经大学校长刘诗白，在接受记者采访时强调："治理、整顿刚刚开始，经济过热还未消除，在领导思想上应树立清理整顿的决心，在群众中还应树立起治理整顿意识。"

　　作为经济学家，刘诗白教授此次赴京开会议政，受到首都舆论界注目。李鹏总理参加四川组讨论时，也很注意听他的发言。此刻，当记者登门采访他时，他正为次日在学校传达人代会精神做准备。他向记者扬了扬手中的"发言提要"，继续着他的思路，说道："目前工业增长率开始放慢，有的同志怀疑是否还要继续紧缩，担心再紧缩是

---

① 原载《四川日报》1989年4月14日。

否要引起滞胀，这是一个值得弄清的问题。"

刘教授显然仍沉浸在他对这个重要议题的思考里。他进一步阐述道："既然实行紧缩，就是要将工业增长放慢，因此，目前某些工业生产下降，这是正常的，我们应该在一段时期，在若干年内，保持一个适当的工业增长率。我认为，对工业增长速度的下降不必担心。"

记者接过话头说：近日有报道说，我国3月份工业增长速度仍偏高。

刘教授说："是啊，看来各地区、各部门在组织生产中，确应在产品结构、产业结构调整上下功夫，切忌再攀比增长速度。"他认为，目前，存在着制约工业下降的一些因素，例如国营企业普遍推行承包，更多地方实行财政包干，这种情况不同于1986年，因而尽管某些生产出现滑坡，值得注意，但还不至于出现全面的生产滑坡。

说到这里，刘诗白显得有些激动。他说：当前，治理整顿正处在一个关键时期。总需求还未压下来，如不下决心，拖成慢性病，我们将会不是两年、三年，而是长期处于困境。这不是危言耸听，而是世界各国、包括东欧均有先例。我们的最佳选择是，一鼓作气，大力调整，尽管有的企业会关停并转，会有点影响，但是调整，正是要"死一小块"，不要怕"伤筋动骨"。因为结构调整的目的是要深化改革，更好地放活一大块，达到有效供给的增长。

"当然，目前一些该保的企业出现困难，可以通过完善治理方法，通过优胜劣汰，来加以解决。对于那些效益差的，长期经营不善的，靠银行贷款'输血'来维持的企业，就是要通过治理整顿，使之关停并转。"

谈到治理方法，刘教授认为，前段时间主要靠行政手段，那是必要的。而现在，特别需要强调经济手段，因而，要把注意力转到探索新的调控方法上来。他一连列举了好几个方面。诸如，需要探索用经济手段来抑制投资膨胀、消费膨胀等。"总之，我们要探索更多采用经济手段，将它用好、用活，这是我们能否真正地、卓有成效地进行治理整顿，搞好产业结构调整的关键。"

刘教授最后说，作为人民代表，他在全国人大会议上参与议政；作为经济学家，他认为，学者们对经济的研究，还常常倾注在大量学术专著之中。他说：目前高校出版社出版的书籍因为层次偏高，发行面窄，征订量少。近年来纸张及印刷费用暴涨，定价又不能相应提高，不少学术专著难以出版，出版社面临困境。为弘扬学术文化，他在人代会期间，特以"设立高校学术出版基金机构和出版补贴"为题，提出议案，希望能够得到解决。

不能是旧体制的复归①

——访人大代表、西南财经大学校长刘诗白

　　本报记者　张曙红 做校长的人免不了常常作"报告"，报告作多了说话就免不了有股"报告腔"。不过刘诗白校长的川味"报告腔"中的一些见解，可不是我们能经常见到的。

　　记者： 加强和改善宏观经济调控体系在治理整顿中的重要性，人们都认识到了。但在调控手段的选择和运用上，似乎各说不一。你怎么看？

　　刘诗白： 治理整顿的决心已定，现在的问题确实是方法问题。我同意李鹏总理报告中提出的"五管齐下"的办法。但从前一段看，主要还是靠行政手段切了一刀。行政手段来势猛、收效快，在去年那种情况下尤为需要。现在特别需要的，是在经济手段的运用上进行探索、改革和试验。不能一讲强化调控功能，就完全依靠行政手段，只

---

① 原载《经济日报》1989年3月28日。

有把行政手段和经济手段结合起来，更充分地使用经济手段，治理整顿才能收到实效，才能弊少而利多。

记者：在加强宏观调控中，人们特别担心的是出现从"一放就活"到"一管就死"的循环。当前的治理整顿能否走出这种循环呢?

刘诗白：之所以出现"一管就死"的循环，是因为"管"的方法有问题。我们的经济格局是在不断变化的，新的形势下，当然不能用老一套的办法。治理整顿并不是要把老办法全都搬出来。在疏通流通领域时，可以采取一些计划分配和调拨的措施，实行必要的专营，但是，同样要依靠市场调节，要计划与市场相结合，决不能把市场取消了。市场实际是关不住的。

记者：李鹏同志报告中在谈到加强宏观调控时，突出强调了发挥银行的调控作用，这似乎是我们认识上的一种进步。

刘诗白：要彻底解决货币发行超量的问题，实现国家对货币调控功能的强化，要增强人民银行的独立性，特别是在执行货币政策上的独立性，形成一个来自货币信贷方面的制衡机制。企业要有自我约束机制，金融也应形成自我制约机制。

记者："老办法不能用，新办法不会用"，这可以看作当前宏观调控中普遍存在的一个问题。你认为哪些方面需要强化经济手段的运用?

刘诗白：比如说，在产业结构的调整方面，可以更好地运用利率杠杆。现在因为是"负利率"，既不能吸引存款，又不能对过热的贷款进行排斥。提高利率又涉及企业的消化能力，但要看到的是：任何大调整都要有一定的震荡，不可能不伤筋动骨，结构调整就是要活一大块、死一小块。还有税收杠杆，也是一个亟待强化的手段。总之，治理整顿中一定要认真探索有效的经济手段，和改革结合起来，不能搞成旧体制的复归。

上三峡工程必须做好移民搬迁工作①

一、 把移民安置设计得更周详些

三峡工程不仅是我国的一项跨世纪的、世界级的大建设，而且是一个涉及大规模移民、搬迁的大建设，需要动迁城乡人口百余万人，需安置农业人口60余万人，涉及两省19个县。就万县地区来说，有8个县市、52个区（镇）、154个乡（镇）、759个村涉及淹没，1座城市、6座县城、108个集镇需搬迁。这样的大规模移民、搬迁，在我国水利建设中是尚未遇到过的。做好移民安置工作，从来是水库建设顺利的前提。人们说："移民安心，库区安宁，移民不稳，库区不安。"有关部门已经提出了三峡工程移民安置的方针，但还需要结合各地区具体情况加以落实，无疑还是一项艰巨的任务。特别是三峡工程是一个具有世界性影响的大水利工程，水库地区又处在长江中游，库区经济在整个长江经济带中有着重要地位，因而在解决移民问题时在指导思想上，应该宁可把问题看得多一些，把需要解决的问题考虑设计得更

---

① 1992年3月在全国人大七届五次会议上的发言。

周详一些，把移民搬迁问题解决得更妥善一些，这样才能使水库建设成效更大和避免后遗症的出现。

二、实行移民搬迁与经济开发相结合

第一，国务院提出的开发性移民的方针是正确的。根据这一方针移民不是简单的安插人口，而是要与经济开发相结合；城市迁移也不是简单的移位，而是要与经济发展相结合；要力争做到既迁移人口，又发展了经济，增加人民的收入，提高群众的生活水平。三峡工程具有防洪、发电、航运的效益，还具有重要的经济开发效应，这应该和必定能对地区经济起着重要的积极促进作用。

第二，三峡工程淹没土地面积大，这个地区人均土地少，例如万县地区人均土地8分9厘，而且地处山区（山区75%，丘陵22%，平坝3%），建设水库后，必然会增大人口对紧缺土地的压力，造成资源的紧张，这就要求在移民时要更加注意搞好经济开发。

第三，四川三峡地区自中华人民共和国成立以来经济发展取得很大成绩，但仍属贫困落后地区。三峡工程多年争论，影响了建设规划和国家投入，使这个地区处在"不上不下""不三不四"的困境，耽误了建设，造成地区经济发展滞后。万县专区819万人口，人均年收入仅430元，居于全川后列。由于发展不足，剩余劳动力多，人浮于土。水库建设还将淹没大量土地，其中不少是开发了的良田和果园，经济资源承受的压力将更加大，因而进行水库和电站建设就更加需要实行移民与经济开发相结合。

基于以上几点，我认为进行开发性移民应该重视开发二字，要在经济开发上做好文章，争取移民搬迁有最佳经济开发效应。

三、多形式、多渠道移民

第一，在移民安置时，应该坚持从实际出发、实事求是的方针，实行因地制宜，广开门路，多种形式、多渠道移民、就业安置，宜农则农，宜工则工，宜第三产业则第三产业。为了争取最佳经济开发效应，应该尽可能地拓宽工业移民的渠道。

第二，许多农村淹没地区，在条件许可的情况下通过后靠，就近迁移，改造荒地，开发坡地，进一步搞好和扩大老果园、茶园、药园，即实行开发性农业移民，这无疑是一个重要的移民渠道。万县涪陵地区拥有适合柑橘、油桐、茶叶、烟草等经济作物生长的良好的自然地理条件，因地制宜，种植和较大面积培育各种经济作物——例如建设以万县为主的长江柑橘带——是农业开发的一个重要方面，也是安置移民的重要场所。这样就能做到把移民、农业开发和农业内部结构调整结合起来，大大提高库区农业生产力。

第三，万县地区人多地少，万县、云阳一些地方，坡陡、土薄、山高，已无地可后靠。一些地方就地后靠，将移民并入其他社队，进行农业开发，通过给予社队经济补偿，可以移得进，但是未必能开发得好。由于土地更加不足和人口更加拥挤，就长远来看，这里的居民（包括移民）还有一个再次由农业转化为非农的问题。此外，新开发和增大了的经济作物生产，还面对着一个市场问题。近年来市场疲软中，该地区的柑橘售价低，1991年一些社队柑橘售价只有两三角一斤，开拓销路的水果加工，近年也陷于困境，罐头厂大量亏损停产。人们担心单一的移民从事经济作物、果、药生产，难以保证人们有稳定的收入，在缺乏销路时，还可能与原有的农民争饭吃，以致压低原有农民的收入。可见，安置农村移民应拓宽门路，单一的农业移民是行不通的。

1985年以来这个地区搞工业开发性移民试点,新建万县瓷厂,扩大太白酒厂、川东盐化工厂、化妆品厂,在安置移民上取得成效。云阳、万县地区拥有十分丰富的地下矿藏,万县地区岩盐储量2800亿吨,万县位于一个全国少有的大盐盆上,氯化钠含量95%,品位高,天然气储量可观,锰、镁等有色金属也具有开发价值。如果国家适当安排一批大建设项目,带动劳动密集型的矿山生产,以及为大工厂配套的加工生产——如编带业、包裹业、运输业——就能安排相当可观的工业性移民。实行这种以适当国家投入启动工业发展,吸纳移民人口的方法,既能收到移民安置之效,又有高的经济开发成效。工业性移民把居民搬迁、经济发展和农业人口向工业人口转移结合起来,将有力促进库区工业化和现代化的发展和改变库区经济社会的面貌。可见,在进行农业开发性移民时,力争有更多从事工业的移民,以增大移民的经济开发效应,这将是一项较佳的移民方式。

第四,多渠道还包括第三产业吸纳农村移民。三峡是我国首屈一指的旅游区,随着水库建设,三峡名气越来越大,一个三峡旅游的高潮将到来,这就要求饮食、服务、旅馆、旅游、商业等第三产业跟上和有大的发展。因此,采取措施吸纳、吸引和鼓励、支持农民由农业向第三产业转移是可行的,这也是安置移民的另一途径。

总之,在安置移民的方法上采取多种渠道,把路子拓宽,既可收近期移民安置实效,又可收远期开发之效。

四、先调整结构,后进行工厂搬迁

涪陵、万县地区由于财政包干,多级办厂(地市县三级办厂),

重复建设表现得十分突出。而且工厂规模小，设备落后，产品上不了档次，更打不开市场，效益问题十分严重。近年来，新建的万县川东制革厂，由于实行制革与加工的两个工厂合并，形成了生产能力，工厂面貌一新。如果在淹没地区，先行做好产业结构调整，该合的合，该并的并，该破的破，然后进行工厂搬迁，这样，既能通过结构调整，加强企业实力，提高产品质量和解决效益问题，又能节约搬迁费用。因而，采取某些特殊的政策，鼓励、促进企业结构调整、合并、兼并和形成企业集团，在此基础上来进行工厂搬迁，才是可行的。

五、移民、城市搬迁先行一步

三峡工程建设必须处理好移民、城市搬迁、建坝的工作安排问题，使三者互相配合和衔接。由于上百万人的移民安置，开发经济，稳定生计，是一个极其复杂的问题，其难度超过建坝，因而需要移民工作优先安排，移民工作宜早不宜迟，迟了势必增加难度和费用。农村移民需要成片迁移，一个村、一个乡地进行，更需要及早安排，做好规划，做好准备，可以以5年为一期，分两步走，在10年内解决农村绝大多数移民搬迁问题。水库建设城市拆迁任务重，城市拆迁需要更长时间。目前一些地方，已经有企业在新城区自发争购土地准备迁厂的现象发生，因此对城市搬迁宜及时进行规划，做好安排和提早进行。

六、加快库区交通建设

为了加快库区经济的发展，应该规划好长江航运、国道（308）和铁道建设和库区的公路网的建设。四川铁道建设亟须加快步伐，解决运输"瓶颈"。目前成达铁路已在建设中,为了进一步缓解四川物资出口拥塞问题,有必要修万县—达县铁路,这条铁路建起后,一部分出川物资可沿成都达县万县地区,经长江航路外运。这条铁路的修建,也将有力带动川东达县万县大片山区经济的发展。

七、增加教育投资,大力提高人民素质

三峡大电站的建设,无疑将有力地推动库区经济发展。由于这个地区多年来发展滞后,使库区在经济上表现出二元经济结构的强烈反差,即一方面是现代化的水利设施和一批骨干大工业,另一方面是落后的传统农业劳动方式。这种状况无疑将制约库区经济的发展。为了从根本上改变这种状况,需要教育科技先行,特别是根据教育先行原则,把智力投资放在重要地位,大力提高群众文化教育水平和干部的经济管理水平。鉴于万县涪陵地区,除了有教育学院而外,没有一所大学,也鉴于今后三峡地区经济发展的远景及其需要,我认为,筹备兴办三峡大学的时机成熟了。这所学校可以在筹办之初,大力进行技术经济管理的干部培训。

八、在移民与城市搬迁中贯彻改革开放的精神

我们当前正进一步深化改革,扩大开放,移民、开发与城市搬迁,也应贯彻这一精神。例如,凡是新办厂,应一律采用新的经营机制,使之自主经营,自负盈亏,自行发展,自我约束,不能再吃国家大锅饭。在城市搬迁中,可以探索采用沿海开放地区的房地产经营方式,例如投入一笔启动资金,购置大块土地,然后售给搬迁的工厂,

有移民进入的工厂，则由乡政府将移民费按人头交给工厂，这样就可以大大节约搬迁支出，同时又有利于地方政府统一规划土地使用和城市的设计，避免工厂盲目购地建房，打乱了政府的城市规划，同时也抬高了地价，增大今后城市房屋拆迁的困难。

九、妥善处理好其他重大问题

三峡水库建设涉及地域广、问题多，对各种问题均应根据实事求是原则妥善加以解决，例如重庆市就有尾水区的淤泥处理以及污水净化等问题。由于后两项问题是今后长期持续存在的，并且需要不少支出，建议在三峡电站取得的经济效益中来加以解决。

采取多种措施深化国有企业改革[①]

一、经济总的发展情况

1992年小平同志南方谈话和党的十四大以来，我省和全国一样出现了一个大改革、大开放、大发展的生动活泼的局面，1992、1993两年经济以13%左右高速度增长，乡镇企业1993年增长95%，产值达2000亿元，市场活跃，人民收入水平不断提高。1993年我省农民人均收入达695元，比1992年增长11%。

高速度带来新问题。这就是：基本建设规模过大；货币发行、信贷规模偏大；产业结构失衡，原材料、能源、交通紧缺；特别是物价上涨幅度达到两位数，四川和全国一样，1993年物价上涨13%，大城市职工生活费指数超过20%。针对经济局部过热，中央在1993年7月加强了宏观调控，采取适当紧缩银根，实行"软着陆"，收到了良好效果。1994年以来，固定资产扩张受到控制，全国1~5月国有单位固定资产增幅比去年同期下降近40个百分点；金融秩序得到整顿，金融形

---

① 1994年7月在四川省政协常委会上的发言。

势基本正常；货币回笼良好，春节后发行的1400亿元货币3月底全部回笼，而1993年6月底尚有500亿元未回笼。银行、信用社存款不断增加，比去年同期增长794亿元；物价涨势去年10月已有所抑制，11月底12月初，南方沿海省份粮食、油料价格上涨，引起一轮全国性粮食、油料、副食品价格上涨。1993年国务院采取了稳定物价的一系列措施，1994年5月以来，物价上涨势头减缓。5月份全国零售价和居民消费品价格分别比去年同期的18.9%和21.3%回落0.6和0.4个百分点，35个大中城市5月份居民消费价格与上月持平。钢材每吨在3000元以下，而去年则高达4200元。

加强了宏观调控，全国工业仍然是快速发展，工业增长保持16%～17%的月增长率，我省是14%月增长率，据估计全国今年国民生产总值仍将保持10%～11%的增长。以上情况表明我国经济运行状况大体正常，去年春表现得十分突出的高增长与通货膨胀的矛盾趋于缓解，"软着陆"的宏观调控取得成效。在1994年改革整体推进，某些改革措施尚不完善和未能很好配套的情况下，能取得上述成效殊为不易。

二、国有企业当前面对的困难和机遇

国有企业的状况为人们所关注。在实行市场取向的改革中，国有企业不断向前迈进，企业自主权不断得到落实，企业活力有所增大，十四大和《中共中央关于建立社会主义市场经济体制若干问题的决定》公布以来，国有企业改革进一步深化，整体推进的改革也是有利于企业的进一步放开、搞活的。但是，国有企业从总体上来看并未搞活搞好，还面对转换经营机制的艰巨任务。国有企业近年来出现了1/3

亏，1/3暗亏，1/3有盈利的情况。而去冬今春一段时期内，国有企业面对着资金三角债、库存增大等困难，亏损面又有所扩大，亏损额又有所增加，国有经济生产增长放慢。例如，今年一季度工业增长18.6%，国有企业增长2.2%，4月份以来国有工业生产增长5%，5月增长5.6%，全国国有企业亏损面一度增至40%以上，辽宁为63.2%，我省1994年一季度亏损面为57%（1月份为43%），比去年同期增长30.4%，4月份增至59%，亏损总额7.37亿元，比去年同期增长90.1%，全省商业亏损面也超过50%，出现了部分国有企业停产和半停产。尽管由于采取适当松动银根，增加对企业的流动资金贷款及其他措施，5月份以来全国情况有所好转，4~5月预算内国有工业实现利润比上年同期增长21%，亏损企业的亏损额下降，但是全国各地尚不平衡，我省一些地、市企业亏损增加、效益下降、职工收入减少等困难，仍未得到有效的解决。

对于国有企业当前遇到的困难，还需要有正确的认识。国有企业出现：（1）资金短缺；（2）三角债；（3）效益下降，亏损增加，以致部分企业停工停产。其原因是多方面的：

第一，宏观环境方面。1992年以来，我国经济进入调整增长时期，1992、1993两年增长率均是13%。由于基本建设规模过大（1993年全社会固定资产规模11829亿元，比上年增长50.6%，固定资产占国民生产总值比重为37.7%），造成三材、能源、交通等紧缺，加之货币发行过多（1993年为1529亿元，比上年增长35%），从而出现双位数通货膨胀，1993年物价涨幅为13%。另外，金融秩序混乱，开发区、房地产、股市等过热，也严重影响国民经济运行。1993年7月，采取了加强宏观调控，适当收紧银根，控制货币发行，严格控制基本建设规模以使经济适当降温和抑制通货膨胀。基于去年冬季物价又一度上扬，今年提出20字方针，继续加强宏观调控和稳定物价。由于我国经济还是速度效益型，经济运行和企业效益依靠投资需求拉动和依靠扩张性银行信贷来撑持，在经济缺乏自我调节功能的条件下，一旦严控基建和严控信贷，热运行的经济自然出现资金紧缺，因而，企业互相拖欠，三角债也就重起，企业缺乏流动资金，不得不高息借贷，增大利息负担，造成亏损；或者因银行贷款难以获得，原材料难以购进，造成半停产或停产。

第二，一些地方由于投资规模过大，开工项目过多而资金不落实，挤占现有企业流动资金。此外，企业自有流动资金不足，平均流动资金为10%，而企业又盲目扩大生产规模，从而造成大大超过银行贷款能力的流动资金的更大需求。

第三，产品结构调整缓慢，不能做到产品适销对路，在市场需求状况不断变化的情况下，表现出应变能力弱。在竞争日益加剧的条件下，造成积压增加，产品产销率大幅度下降。例如，今年3月反映工业企业库存积压状况的综合指标——产成品资金占用增加206亿元，4月份又增加108亿元。全国已达数千亿元。企业只顾生产，不看市场，不及时调整产品，直接造成积压，又引发资金紧张，相互拖欠，开工不足，亏损增加。

第四，企业一方面为了维持其营运，而增大贷款，甚至不惜付出高息，从而增加了利息成本，利息负担增大，成为一些企业出现亏损的重要原因。另一方面，企业又难以进行内部的调整，降低其他方面的支出。新的支出不断增加，原有支出降不下来，其结果自然是亏损的增加，而其根本原因是国有企业对市场缺乏适应能力。

第五，税制改革中一些行业或企业出现了负担加重，造成企业亏损。

第六，生产资料大幅度涨价，成本增加，加剧流动资金不足。

第七，企业管理不善。领导人员的管理能力差，或者是班子未形成合力，或是"以包代管""以改代管"，造成的纪律松弛，产品质量差，消费大，成为企业劳动生产率提不高，成本下不来的重要原因。而一旦宏观环境不良，企业管理状况对企业营运的影响就表现得更加鲜明，那些管理差的企业就会穷于应付，率先出现亏损，在困难中难以自拔。

还需要看到，一部分亏损面，属于潜亏的明显化。1993年7月开始，国有企业实施把过去从利润中支出的长期贷款利息、新增工资、奖金等列入成本，以及允许企业提高折旧率等。这样使一些企业出现亏损，或是潜亏变明亏。这种亏损面的增大，当然不表明企业情况的真正变坏和出现困难。但是我们认为，当前国有企业既有潜亏明亏化，但更为主要的是在改革日益深化，商品化、市场化进一步发展的形势下，国有企业还未能真正做到自主经营、自负盈亏、自我发展、自我约束，因而适应市场能力弱，机制差带来了运行上的困难。它表现为：一旦实行银根松动，企业就盲目扩张，经济发热，通货膨胀；而一旦实行信贷"收紧"，企业就缺资多，互相拖欠，周转不灵，增长缓慢，效益下滑等。非国有制企业在发展中也存在种种困难，但都能适应和更快地发展。人们由此可以看见，当前国有企业运行中遇到的特殊矛盾和特殊困难，从根本上说，是来自于企业的体制和机制。

三、建立现代企业制度是国有企业深化改革的途径

15年来，国有企业改革逐步向前发展，企业活力有所增强，改革带来的机制更新，使国有企业在市场机制不断强化的新形势下维持其营运，也使企业总体上在宏观环境从紧的当前形势下，挺了过来！但

是另一方面，国有企业毕竟只是在改革中刚刚迈出步伐，传统的制度尚未得到创新，机制尚未彻底转换。具体地说，国有企业存在着以下严重弊端：（1）政企不分；（2）缺乏生产发展的自有资金；（3）负担重；（4）办社会；（5）机制落后。总之，传统企业体制和机制，难以适应市场运作，即使是政府着力"推"，但企业仍然难以推入市场。

针对以上情况，当前国有企业改革，就要在产权结构、企业组织形式、内部管理体制上进行全面的改造，要明权责，卸包袱，转机制，按照《决定》的精神把企业改造成为产权清晰、权责明确、政企分开、管理科学的现代企业制度，使企业真正成为市场经济微观主体。

国有企业有数百万个，企业有大中小，产业、行业不同，各地企业情况不一，在改革中应实行分类指导。基于当前经济情况，可采取下述措施：

第一，实行放开一片。市场经济体制下，小企业理应发挥机制灵活、"船小好调头"的优势，为此，应该采取"放开一片"的战略，实行转、租、包、卖，走民营化的道路。

第二，加快嫁接、引入。对大量中型企业，要着眼于产权制度改革，通过嫁接，引入乡镇集体和外资、私营、个体等成分，建立混合所有制的有限责任公司，实行产权主体多元化，以发挥杂交优势，促进企业机制的转换。

第三，推动产权重组。通过实行参股、控股，或是通过产权交易，收购企业，或是通过必要行政方法，推进企业兼并、企业联合，进行产品结构、企业组织结构的调整。这不仅是救治亏损的应急措施，而且也是促进结构调整和效益提高的根本途径。

第四，决心死一小块。对那些长期资不抵债，救治无望，而政府背不起、银行保不了的企业，实行破产。死一小块才能保一大片，亏损企业都要救活，既不合理，又不可能。

第五，切实加强管理。当前进入了制度化改革的阶段，企业不再可能依靠政府实行减税让利和其他政策优惠，而只有反求诸己，苦练内功。我国经济发展的新时期，会呈现出高增长、紧运行的特征，企业不可期望能有十分宽松的宏观环境。因而，在企业的发展中将会不断遇到矛盾和困难，而只有依靠科学的管理、得力的领导，依靠全体职工的积极努力，才能战胜困难，向前发展。

第六，全力搞好公司化改革。对国有大中型企业，特别是那些关系国计民生、国防、科研的大中型企业，要大力推进公司化的改革，把一批重点企业，按照规范化的要求，改造为股份有限公司，特别要使那些技术好、管理强、效益好的企业，优先成为上市公司。当前公司化改革的主要问题是规范化。不少股份制企业，在企业组织、内部管理体制、国家与企业的关系上，均未能按公司法的要求，实现规范化的运作。总之，国有企业的改革，特别是国有大中型企业的改革，不可能毕其功于一役，而必须有一个过程，只要我省按照《决定》指出的方向，立足实际，勇于创新，大力推进改革，重点抓好大中型企业，突出产权制度改革这一核心，坚决搞好公司化改造，国有企业当前遇到的困难就能得到缓解，国有企业就能更加顺利地向前发展。

对四川轻工业发展的几点看法[①]

一、充分认识加快四川轻工业发展的重要性

加快轻工业的发展，是当前我省经济工作中的一项重大任务。

轻工业包括食品、饮料、纺织、卷烟、皮革、印刷、纸张等，是一个十分重要的产业，其特征是投资较少、周转快、效益高。实行工业化先发展轻工业积累资金，再进一步加快重工业发展，是一条有效之路，尽管工业化高级阶段，以重化工业、石油、化学、有色金属、钢铁、机械、建材等为主导产业，但轻工业仍然重要，特别是轻工业主要产品，如酒、烟、纺织品、食品，是对农业原料加工，它带动农村经济的发展，是富民的工业。脱离农业，孤立地发展重工和军工，这种工业不能有力带动农村，是一种"嵌入式"的工业发展。东北重工业多，江浙、广东轻工业多，但农民南富北穷，这与轻重工业结构有关。由于历史的原因，我省产业结构是重工业为主导，重工业与轻工业之比，1981年为50.61：49.39，1985年为59.21：40.79，1987年为

---

① 1996年在四川省政协常委会上的发言。

645

61.93：38.07，1994年为63：37，呈现出重工业比重不断上升的状况，但广东1994年重轻工业比为36：64。

我省重工业实力强，发展快，不是缺点，是优点，但其前提是要有效益。如果效益差，长年亏损，重工业多的重型结构就会带来不少负效应，占用大量资金，同时效益又上不去。我国近年来东北经济不断下滑，出现"东北病"，一个重要原因就在此。东北三省工业产值1957年占全国25%，1989年降为13%；辽宁省产值过去仅次于上海，1990年退居第5位，1995年第6位；广东、山东、浙江——我这里指的1993年以前，主要实行"轻结构、小产品、大批量"，实现了快速发展，后来居上；广州珠江三角洲是靠家电、食品、旅游鞋等起家的；山东烟台、青岛靠木钟、葡萄酒、啤酒、海尔冰箱、冷柜、洗衣机、照相机等的生产。

浙江原来工业产值远不如四川，20世纪80年代以来，大力发展丝绸、纺织、旅游产品，温州发展小电器、小纽扣、小商品，浙江工业产值在1995年居第5位，超过四川（第7位），而农民人均收入1995年为2966元，居全国第3位（四川1158元为第29位）。

四川的优势是拥有一个大市场，社会商品零售总额1995年为1300亿元，这个大市场首先应该为四川积累资金，而不应为其他省占领。但是近年来省属贸易逆差越来越大，今年一季度调入90多亿元，调出30多亿元，全年有300亿元以上的外省轻工商品调入。人们过去说，喝珠江水，吃进口粮，现在是买海尔冰箱、春兰空调。

四川搞三线建设，奠定重工业基础，近年来依靠改革，花大力气，在市场经济条件下，维持和发展了重工、军工，如二重、攀钢、65钢管、东郊电子等，对全国做了大贡献。但是，国有大工业目前还一下搞不活，而且占用大量资金，这种结构偏重，是近年来我省经济与沿海地区差距拉大的重要原因，例如资金利税率1995年全国为9.1%，四川为5.84%，居全国第24位，而人们也可以看到一些重工业集中的城市，近年来面对的困难也越大。

基于上述，在今后15年，为了提高效益、加快发展、促农富民，在搞好重工业的同时，应该加快轻工业的发展，改变结构偏重的状况。首先要有思想的转变，要看到四川这样的农业大省、人口大省，发展轻工业是十分重要的。要建立工业强省，不仅是重工业强省，也必须是轻工业强省，因而要借调整"九五"规划和2010年远景目标的机遇，更好地关注轻工业，促使轻工业发展，出现新的势头。

二、上档次，提高质量，增强产品竞争力

我省轻工业发展问题关键在于质量。长虹彩电、嘉陵摩托、地奥心血康等近年来以其质量优，拓开了销路，取得快速发展。此外，还有川酒中的六朵金花，远销全国各地。

我省的一些轻工产品一度销售不错，但后来在竞争中败下阵来，一些名牌成为明日黄花。20世纪50年代重庆皮鞋、雅安皮鞋也风光一阵，此后走下坡路。我们很早搞洗衣机、自行车、电扇，但上不去，除了抓得不狠，关键在于质量上不去。许多产品多年一贯制，老一套，缺乏创新。中川衬衫算不错的，但是销售没有起色，赛不过上海海螺，除了销售功夫不能比外，关键在于面料、做工，不及上海海螺、绿叶牌衬衫。

说四川搞不出广东顺德科龙公司的华宝空调、容声冰箱，因为那些产品投入大，靠合资，可以理解。但四川服装业搞不上去，衬衫搞不好，成都女孩穿的是"广服""海装"，无论如何说不过去。

当前市场效应日益强烈，国外、省外产品大举向四川进军，加

之实行适度从紧，今年出现明显的需求不足，市场销售不旺，产销率下降几个百分点，竞争更加激烈，市场问题成为国有企业的第一位难题。在此情况下，更要求以质量求发展，因而要集中力量提高产品质量，增大技术含量，上档次；要开发新产品，"人无我有""人有我优""人优我廉"；要改进包装，搞好售后服务。

三、实行名牌战略

随着经济的发展，收入水平的提高，消费者的需求发生变化，人们不只是重视价格，更是重视质量，重视产品品牌。牌子正，意味着质量可靠，起码不是伪劣产品，五粮液、青岛啤酒、全兴大曲，比杂牌酒，喝起来放心，贵些也有人买。牌子正，用后不合意，可以找上门替换、维修。牌子正，特别是名牌，服装穿金利来，对有些人意味着他的身份、气派。因而，名牌有高的市场占有率，创出名牌，就可以保住市场，也能进一步开拓市场。

可口可乐1994年销售额109亿美元，万宝路销售额107亿美元，IBM销售额635亿美元。创名牌首先要靠产品质量，要不断充实以现代技术，不断改进和不断更新。我们的一些企业，不大懂品牌的重要，满足于小有名气，稍富即安，不愿花力气、花成本继续改进质量，看不见当代市场的竞争势头，新陈代谢。名牌创了还要保，质量保不住，牌子也保不住。成都小吃，质量如保不住，名小吃不再有名，在饮食服务业中的阵地，将会逐步丧失，甚至有可能被外资夺去。名牌靠宣传，要会打广告。全兴大曲销售势头好，因为有"全兴队"；"孔府宴酒"广告打得好，它的出口量居全国第一；"三九胃泰"请李默然打广告；另外，在美国时代广场，香港湾仔打大型广告，香港花400万元港币。

名牌战略，包括搞联合，打别家的牌子。成都毛纺厂打上海二毛的牌子和利用它的销售渠道；万县五一化工公司与上海洗涤剂厂联合打白猫牌子，1996年销售收入1.4亿元，税利1400万元。

振兴我省轻工业，要搞好名牌战略，搞出一大批牌子响，国内、国际知名的名牌产品，千万不要自己倒自己的牌子。

四、选准项目，增大投入，形成几个高产值、大批量的大集团

四川长虹，1996年彩电搞到300万台，产值90多亿元，销售收入、市场占有率占行业第一。但是，这样的企业不多，多数轻工业企业小而散，形不成批量，企业小，产值低，实力弱，难以在竞争中立足；在实行政策上的"扶优扶重"条件下，小企业进不了"双加"，拿不到贷款；现在各地都在不仅上档次，而且上批量，把企业做大。安徽有扬子冰箱、美菱空调，年生产数十万台到100万台，其日用化工，轻工产值连年以30%~50%幅度增长，在全国居于前列。

我省应该奋起直追，要瞄准市场，选准目标，市场已经饱和了的不要再去搞。要扶优扶强，把已经拿出来的明星企业"做大"，在医药业搞出我省的"南方制药""西安杨森"，在卷烟业搞出我省的"红塔山"等，这完全是有可能的。

选准项目，增大投入，提高质量，也是振兴我省传统支柱产业之途。我省丝绸生产连年不景气，全行业亏损，原因除国际市场价格下降外，内部原因是发展失控，小而散；蚕茧收购混乱，供不应求，价格上升；丝绸质量差，后染整能力弱，产品缺乏竞争力，服装业跟不

上。丝绸业不是注定要萎缩，要选准重点企业，加大投入，依靠科技，提高质量，攻克后染整薄弱环节，形成蚕茧收购、缫丝、丝绸、服装生产一条龙。在这方面，江苏吴县、苏州都有可吸取的好经验。

五、开拓市场，搞活流通

发展轻工业，要靠开拓市场，除了城市市场，要瞄准农村市场。这个市场潜力不小，关键在于搞活流通。目前是流通不畅，要加强主渠道，发展多渠道。

要加快市场建设，多搞一些综合性和专业市场。浙江有温州的市场、义乌小商品市场、绍兴轻纺市场，辽宁有白沟市场，山东有寿张蔬菜市场，我省有成都荷花池市场。

为促进轻工业生产，要进一步在川西搞几个轻纺大市场，建立起联结陕、甘、新的市场网络，使一些适合于内地的、农村的中低档商品，得以销售出去。四川在西安举办展销会，效果不错，轻工业产品的市场开拓，要一个眼睛向外，一个眼睛向内，除了要在沿海拓展外，还要着力于向内地开拓。

六、深化改革，转换机制

轻工业的振兴，关键在于深化改革。国有企业要加快改革，走联合、集团化，资产流动重组，优化结构，增大规模之路。要多发展集体、乡镇企业，发挥"苏南模式"的生命力；要发展民营经济和非公有制经济；要培育新的增长点，积极扶持已经形成气候的"明星企业"。

有关四川经济加快发展的若干问题[①]

中央已经做出调整四川行政区划重大决策，这一调整，对于四川、重庆以至西南经济的发展都会带来重大的影响。我们应该根据这一新情况，认真研究省情的变化，弄清新特点，形成新思路，制订新情况下的四川发展战略，抓住机遇，把四川经济发展搞得更好。

一、调整行政区划后省情的变化与四川面临的新机遇

（一）经济总量的变化和工业实力的弱化

行政区划的调整，使四川在经济总量上发生了变化，43个县（占19.5%）、3002万人（占26.9%）、8.24万平方公里土地（占14.5%）、162.92万公顷耕地（占26.3%）将从四川划出。按1995年的情况计，原四川近30%的经济规模，国内生产总值的29.1%，第一产业增加值的26.8%，第二产业增加值的30.5%，第三产业增加值的29.5%，农业总产值的26.7%，工业总产值的26.7%，固定资产的28.1%，消费品市场零售

---

① 1996年在政协四川省委员会第七届第二十次常委会上的发言。

总额的28.4%和财政收入的28.9%……四川的经济总量将减少1/3。四川的人口将由全国第1位退居第3位，在山东、河南之后，国内生产总值由第4位移到第8位，农牧林渔总产值由第3位退居第6位，工业总产值由第7位退居第10位。冶金、机械、化工、医药等一些相当有特色的产品，尤其是汽车、摩托车、机床、大型制冷设备等的优势都将失去。多年来天然气的勘探开发的重点放在川东，四川天然气工业将受到削弱。涪陵、黔江的烤烟基地——年产烤烟100万担——和具有发展势头的医药工业也被划走。

行政区域的调整，的确带来了四川经济总量变化和经济结构的变化，工业实力有所削弱。工业历史上形成的分工与协作关系一定范围的重组完全有可能出现，由此会对四川经济的运行带来影响。

（二）经济区位的内陆化

四川的区位将向西移，沿长江市地的划出，四川沿长江的地域大大缩减，而且退向泸州、宜宾等经济不发达的上游地区。四川将既不沿边也不靠海，并不再与湖北、湖南接壤，四川作为内陆省的特征更加突出。

（三）处理新矛盾、把握新机遇

行政区划调整后，四川仍然是拥有7000多万人口的西部人口大省，仍是西部九省区中经济实力最强的。经济运行中当然会有制约因素，但是另一方面，也要看到它带来新的发展机遇。（1）省域的划小，也有利于加强领导和管理；（2）涪陵、黔江、万县许多地区属"老、少、边、穷、淹"，扶贫任务很重；（3）三峡移民和城市搬迁、重建的任务十分繁重。以上情况表明，四川将有可能进一步集中精力、财力、物力，搞好自身的发展，加强四川西部的开发，加快民族地区经济的发展。从长远看，发展得更快的重庆及川东三地市——原川东主要部分——经济将有利于促进四川经济的发展，发展得更快的四川经济也有利于重庆经济的发展。

我们需要以面对现实、积极进取的态度，认真研究省情的新变化，弄清它带来哪些新矛盾，认识经济运行中的制约因素，采取措施，加以解决，特别要发掘和把握住新的机遇，加快四川的发展。我们认为，四川应该从国家全局出发，找准自己的位置，明确任务，发挥职能，深入研究和处理好以下六个方面的关系：

第一，四川与中央加快西部经济发展战略的关系，要加强自身发展，建设好西部经济强省，大力带动西部省区经济发展。

第二，四川与长江流域开发的关系。要积极参与长江流域经济带的建设，搞好长江上游经济的开发。

第三，四川与三峡工程和三峡库区建设的关系。要积极参与支持三峡库区建设，四川求得发展机遇。

第四，四川与加快内陆资源开发的关系。要大力推进资源开发，为四川和全国经济增添后劲。

第五，四川与加快西部民族地区经济发展的关系。要加强民族地区经济发展，巩固和发展民族团结。

第六，四川与重庆的关系。要加强与重庆的经济协作，共建大川渝。从四川变化的省情出发，认真处理好上述关系，才能真正抓住机遇，加快发展，富民兴川，支持全国。四川也将得到中央和各方面的支持和更好的发展。

二、有关四川经济发展的思路

四川行政区划调整后，我们需要立足现有实际，针对新的情况，采取新措施，要形成新的思路。

（一）搞好产品结构和产业结构的调整

当前经济结构的矛盾十分突出，中央经济工作会议，把调整结构作为当前经济工作的重要环节，我们要根据省情的新变化，市场的新变化，各地和全国产业结构变动的新情况，来搞好产业结构的调整，进一步发展支持我省经济发展和能在激烈的竞争中发展壮大的支柱产业。

第一，要持之以恒，大力加强农业。这是解决人口大省吃饭、奔小康的关键，是工业发展的前提，建设农业强省，应该是四川的重要发展目标。

第二，搞好和加快工业发展，是四川经济进一步振兴的关键。四川重工业企业多，但相当多企业产品不适应市场，技术陈旧，缺乏规模效益；轻工业发展滞后，市场销售量可观，1995年达1300亿元，但为省外和进口产品占领，200亿元省际入超。工业不搞好，财政上不去，经济工作难以走出困境。因此，四川迫切需要以构建西部工业强省为战略目标，要充分利用资源，特别是农业资源和矿产资源，充分利用现有国有企业的物质基础与潜力，主要依靠资产存量的流动重组，通过联合、兼并、参股等形式，搞好产业结构的调整；要依靠市场力量，扶优、促强，支持那些产品有市场、技术含量高、有规模效益的明星企业的发展，形成重量级的企业集团，进一步促进支柱产业的形成。

支柱产业的定位，是一个十分重要的问题。上海近年来六大支柱目标清楚，劲往支柱使，经济发展迅猛。几个产业产值100亿元，桑塔纳20万辆就达300多亿元。四川不仅支柱产业不明显，而且以哪些为支柱尚不清晰，原来是"8+5"，现在支柱产业在研究中，有不同看法，需要组织力量，深入调研，及早对支柱产业明确定位。以便在今后5年，明确目标、集中力量，切实地把我省工业的支柱立起来。

（二）充分发挥成都的中心城市功能，形成成都经济圈

行政区划变动后，成都是四川唯一的一个经济实力强、各种功能比较健全的大城市。成都是省会，又处于四川的腹心位置。为此，建议实行以成都为中心的"一圈两线五区"的经济发展战略。首先要构建大成都，充分发挥特大城市的功能，使之成为四川经济的强势增长极和强力辐射源。

大成都意味各种生产要素（资金、技术、人才、信息）的加强聚合和"极化"，以形成强大的城市经济力和发挥对城郊经济和农村经济的强力带动作用。为此：

第一，要加快现代大工业的发展，形成支柱产业，着力发展高新技术产业，优化工业结构和一、二、三产业结构，目前要下大功夫着力于支柱产业的形成。

第二，要加快现代商业的发展，形成大商流，强化商贸带动功能。

第三，要加快金融业的发展，形成西部金融中心，充分发挥金融对经济增长的促进作用。

第四，要充实科研院所和高等院校的力量，充分发挥科技中心的作用，切实形成科技转化为生产力的机制，扩大转化半径。

第五，要加强交通和城市基础设施的建设，形成以城市为中心向周边扩散的大物流、大商流、信息流。

第六，要加快改革的步伐，使成都成为改革的先行与示范区。

第七，要采取更灵活、更优惠的或一些特殊政策，不断扩大对外开放，使成都成为对外开放的前沿和核心地区。

成都中心城市功能的加强发挥和12郊县小城市、乡镇的兴起，乡镇企业的发展，农业产业化的加快和农村经济的发展，将会形成一个分工协作关系进一步展开，经济上密切联系、互相依存、互相促进的区域，这就是成都经济圈。成都经济圈在地域上是以川西平原为主体，但它又超出平原地区，包括雅安、川中、川南等地区的一部分，在成渝高速公路开通和成达铁路通车的条件下，内江、遂宁的一部分将被纳入成都经济辐射力之中。总之，成都经济圈在推动四川经济的发展中起着重要作用。

（三）加快两个快速经济增长带的建设

走向现代化过程中，往往会出现在地域上相邻近的一系列城市的同时兴起。这些城市之间在商贸上和产业上的分工协作关系不断发展，在经济上互相依存、互相促进表现得更加明显，成为一个快速增长领域，即经济带。经济带的形成，意味着城市化的发展，中心城市功能的进一步扩大和提升，对加快整个区域的发展起着十分重要的作用。

从江油到峨眉山的一条线——最初是10县（市），是20世纪90年代以来，由市场经济的机制孵化和在政府的支持与推动下形成的四川第一条经济快速增长带，也可以称为"川西一条线"。几年来，一条线经济迅速发展，各市县的GDP、工业产值、工农业总产值等的增长均超过全省平均增长的25%～30%。目前一条线已经扩大到36个县（市、区）的更广大的领域。川西一条线是以成都为依托，以川西平原城市为链条的快速经济增长带。成绵、成乐、成雅等高速公路的加快建设，成都的发展和辐射力的加强，使这一条线城市链及其带动的川西平原经济获得越来越强的发展势头。在当前，从上大力推动、加强引导和使它在川西平原以及川西北非平原地区进一步延伸拓展，川西一条线完全有可能进一步实现经济的快速增长和带动平原经济区及成都经济区发展，使之成为四川经济的起飞区。

随着成渝高速公路的通车，以及成达铁路、隆泸铁路的建设，新的大通道成为成渝一线的城市经济的发展的重要契机。特别是成渝一条线以成都和重庆两个特大城市为依托，处在双向辐射的良好区位，今后成渝两市的更加强化的经济辐射力，将会进一步促进这一线区域经济发展。近年来这一级的经济已经开始启动。在当前，要因势利导、加强扶持和加以拓宽，这一条带要加强，向自贡、宜宾、泸州拓展，使东南一条线也完全有可能走上经济快速增长轨道，并对川中丘陵地区以及对川南的经济起重大带动作用。

可见，基于新的省情，实行上述"一圈、两线"的经济增长的带动模式与机制，既突出了增长的中心和重点，又强化了中心扩散力和带动力，这种模式有利于加快四川经济的发展。

（四）加快推进四川西部地区的开发

四川要打西部牌和攀西牌，这已经显成效。重庆打三峡牌，四川打攀西牌。四川西部甘孜、阿坝、凉山的地域面积占全省的三分之一左右，其中，藏族聚居区由原来占全省面积的42%增为50%，藏族人口120万，相当于青海、甘肃、云南三省藏族人口的总和。另外，凉山地区居住着的彝、回、苗、壮等10多个少数民族，约180万人，占凉山地区总人口的38%。从治藏安边，增进各民族的凝聚力出发，必须加大对三州的扶持力度，使三州的经济有一个较快的发展。

攀西的地下资源和地表资源都极其丰富，安宁河谷的农业开发，更是大有希望的。当前中央提出了加快西部地区开发的方针，大力推动和搞好攀西地区的发展，是有着重要的机遇的，因而四川有必要从战略的高度加强攀西开发的力度。与此同时，搞好甘孜、阿坝的牧业、林业的发展，要把西部发展这篇文章做好。

加快攀西经济发展的措施：

第一，攀西经济应由农业起动，首先加快大桥水库建设，增加灌溉面积和加强农田基础设施的建设，以建造"西部新谷仓"。

第二，依靠阳光优势发展有特色的高产、优质、高效农业。

第三，加快水能资源的开发。要在争取实行二滩电力滚动发展的新体制下，逐步开发攀西丰富的水能资源。

第四，加大资源开发的力度。主攻方向是磁铁钒钛矿的综合利用与有色金属、稀土等的深度开发。

第五，加强基础设施建设是攀西经济起动的前提条件。当前首先要加快建设成都、西昌、攀枝花的高等级公路。

第六，吸引资金（国内外各方面的资金投入），增大投入，特别要制定出资源综合开发区的吸引外资的特殊政策。

第七，稳住人才，堵住人才外流，吸引更多人才到攀西进行开发。

为了引进人才与技术，用于农业、工业的开发，建议由省科技顾问团与凉山州政府、攀枝花政府共同组成攀西科技咨询公司——省计委、科委、经委等单位参加，牵线搭桥，利用经济手段——如技术入股等形式，吸引一大批内地科技人员，参与攀西经济的开发。

第八，争取攀西经济综合开发实验区上升为国家级和实行内地资源开发所必要的特殊政策。

（五）发展中等城市，充分发挥城市的功能和搞好城市的地区布局，形成几个各有特色的经济区

第一，幅员辽阔和经济发展不平衡的四川，为了加快发展，缩小地区经济的不平衡，需要搞好城市布局，加强城市的带动功能。为此，有必要实行加快中等城市发展的战略，促进一批中等城市崛起，有效发挥城市的功能，形成四川广大领域内一大批中等城市交相辉映，群星灿烂的格局。

第二，提倡和鼓励各个城市在经济发展和发挥经济带动功能方面，相互竞赛，并从上进行引导和培育。20世纪末在川南、川西、川东北形成3到4个中等、发达的城市，使其发挥经济增长极和辐射源的功能，并以此带动县级经济的发展，同时，抓好小集镇的建设。

（六）打通下江入海的通道，积极拓宽南北大门，全力扩大对外开放

基于行政区划调整后，四川经济区位的内陆化和对外通道狭窄的情况，要采取开通多种通道的战略。（1）打通下江入海的通道。要加强泸州、宜宾、乐山等沿江城市的码头建设；（2）沿江城市以及攀枝花，要大力争取和积极参与长江流域经济带的建设；（3）成都要积极参与长江流域各省市的协作活动，继续发展蓉沪合作，并使其扩大到川沪合作，搞好长江流域的首尾联动；（4）加快达万铁路的建设；（5）积极参与三峡库区建设；（6）加快成都—西昌—攀枝花的高等级公路和内昆铁路的建设，扩大南通道；（7）加快双流国际航空港的建设。总之，要千方百计打通与拓展各种通道，不断扩大对外经济联系，打破内陆省经济运行的封闭性，这是四川经济与庞大的国内和国际大市场相联通和获得蓬勃生机的先决条件。

（七）千方百计筹集和引进资金

四川经济发展的瓶颈说到底是资金的短缺。要加快四川经济发展的步伐，必须解放思想，做好广开财路的大文章。要通过财政贴息、发行债券，筹集建设资金。要以开明促开放，采取合资、租赁、托管、承包等多种方法引进国外的、省外的资金。特别要研究和探索利用国际融资的新方法，做到卓有成效地吸引国际资本，来加快西部经济的开发。

（八）加强四川与重庆的经济联系

四川与重庆以及涪陵、万县、黔江三地市在历史上就有密不可分的经济联系。重庆作为长江上游的外贸港口城市和工业重镇，需要和不断壮大的四川大工业进行密切的协作，需要四川为其提供丰富的农副产品和原材料，需要四川这一广阔的市场，而四川经济的发展也需要重庆大工业的拉动；特别是成渝高速公路，以及成达万铁路的建设，成都黔江318国道的建设，更将进一步促进四川与重庆及川东三地市之间的经济联系和产业协作，进一步推动成渝经济区的形成和发展。在市场经济条件下，今后两省市的经济协作关系不仅是千丝万缕割不断，而且还将进一步发展。为此，必须进一步加强四川与重庆在各方面的合作，尤其是产业上的分工与协作，实现优势互补。要提倡共同开发建设项目，共同开发天然气，开发攀西电力，也可以按照股份制的办法共同组建大集团、大公司，还可以召开经常性的川渝协作协调会议，争取逐步形成川渝经济共同体，求得两省市的共同发展和共同繁荣。

（九）培育四川新的经济增长点

第一，大力发展高新技术产业。充分利用已有的高新技术基础和人才优势，大力发展科技含量高、高附加值的产品和新兴产业，使其尽快成为重点产业群和带动全省经济发展的支柱产业。

第二，组建大集团。要加大国有企业改革的力度，对产品有市场，发展目标明确的优势企业，通过资产重组，组织重量级的大舰队、大集团；国有中小企业要深化改革，放开搞活和组建"小巨人"。

第三，大力发展乡镇企业和非公有制经济。

三、把握机遇，振奋精神，真抓实干，富民兴川

四川行政区划的调整已经开始启动，我们希望这件影响深远、意义重大的事情能顺利地推进和办好。为了把握机遇，要进一步解放思想，深化改革，扩大开放，振奋精神，总揽全局，抓住重点，以点带面，真抓实干，挖掘潜力，发挥优势，认真把自己的事情办好，努力建设更加美好的四川。

学校思想品德教育要常抓不懈①

——在全国政协常委会上的发言

中共中央十四届六中全会《关于加强社会主义精神文明建设若干重要问题的决议》十分及时、必要。从各地的实践来看，忽视思想教育，忽视精神文明的现象的确存在。因此，我想结合教育体制改革，就加强学校精神文明建设，加强思想品德教育，坚持不懈地抓好爱国主义教育这一塑人工程，谈谈个人的一些看法。

学校是爱国主义教育和社会主义精神文明建设的重要阵地。爱国主义教育作为提高全民族素质和加强社会主义精神文明建设的基础性工程，应该从对人的教育抓起。重点是青少年，要从小学到大学，把爱国主义教育列入学校的重要议程，并由主要负责人牵头，强化对爱国主义教育工作的领导。党中央提出要以极大的努力抓教育，并且从中小学抓起，这是有战略眼光的一着。因而各级学校要把贯彻党的教育方针，培养德、智、体全面发展的社会主义"四有"新人，放在重

---

① 写于1996年。

要位置。但是，当前不争的事实是，学校教育有重智轻德的倾向，重分数轻实践，注意培养少数"尖子"学生，却忽视了绝大多数学生整体素质的提高。致使许多学生不知中外历史，不参加社会实践，不了解国情，价值观念模糊，社会公德意识淡漠，等等。

问题出在我们的应试教育上。应试教育本末倒置，以升学考试为主要目的。应试教育，将培养少数智育尖子作为目标；轻德育、体育，忽视实践和动手能力的培养。人们注意到，中小学生的书包越背越重，教学参考书满天飞；中小学为提高升学率而加重学生负担，早自习，晚辅导，假日补课，"题海"战术，搞得学生头昏脑涨，没有星期天，只有星期七，校园不闻弦歌之声，更谈不上生气勃勃的文体活动。应试教育，顶多是培养学生的死记硬背能力，教学生学会机械死板的应考技术。只要考得好，一美遮百丑，什么社会活动、家务劳动均搁置一旁。这样培养出来的学生，多是高分低能，往往不会洗衣做饭，不会劳动，不会参与社会，更为严重的是缺乏社会公德意识。由于应试教育重智轻德，忽视教育学生怎样做人，它把学校教育限制在十分狭窄的智育范围内。考什么才学什么，不知中华尚能爱我中华？所以，应试教育根本违背教育规律和青少年发育规律，是一种畸形的智育教育。

应试教育使"择校"高收费禁而不止，阳奉阴违之事四处可见。"分不够，钱来凑"，已是众所周知的事实。有权者用权，有钱者掏钱，有关系者递条子，而广大中低收入者无权无钱只好望"校"感叹社会不公，由此引起的社会问题不可忽视。

应试教育还使办学当局和校长把相当大的精力用于"创收"，改善物质条件，增加教师待遇，争创升学名校。普通中学想挤上重点中学，大学则争相蜂拥"211工程"。大多在于争取投入，改善办学物质条件。教学质量的提高尽管也在抓，但人们尚未以此作为主要目标，特别是没有把德育放在应有地位。

社会主义教育一个重要的任务是培养大中小学生具有良好的思想道德品质。学校教育不仅要传授必要的科学文化知识，而且还要培养学生高尚的思想品德、健康的审美情趣和良好的身体素质，以及判断问题和解决问题的动手动脑能力。概言之，就是要为人的全面发展打好基础，这是素质教育的基本任务。在社会主义市场经济条件下，学生生活在商品经济大潮之中，声色犬马、五光十色的物质生活，对学生形成相当大的诱惑力。长期在这种环境中进行教育，客观上就要求把学生的思想品德教育放在重要地位。而这些做人必需的素质，均不是靠死记硬背的"题海战术"所能培养出来的。如果我们的学校教育只是围绕升学培养考试"尖子"，而不是教育学生怎样做人。那么，造就跨世纪的一代新人也只能是空谈。为此建议：

第一，教育要面向21世纪，面向社会主义现代化建设，着力培养跨世纪的德智体全面发展的一代新人。正如小平同志所说："根本问题是教育人。"办学的当事人，即各级政府和学校校长，要切实在培养人，提高素质，特别是政治思想素质上下功夫。要改进教学方法，提高德育课教师的教学水平和生活待遇；要制订良好的教学计划，安排好学生社会实践活动；要把爱国主义教育列入德育教育的重要议程，从实际出发制订实施细则，把《爱国主义教育实施纲要》落到实处。

第二，学校思想品德教育，要探索新的方法，不能光停留在口头上，否则重智轻德的倾向不可能改变。要结合实际，积极探索社会主义市场经济条件下学校思想品德教育的新路子，不能搞老一套，也不能再是空泛的口号式说教。思想品德教育是各类学校一项基本功，要编好教材，着重吸取中华德育教育思想的积极成果，教学内容要删繁就简，吸收现代科技成果，寓教于乐，开阔学生视野。现代年轻人喜欢轻松、有趣、思维跳跃性较大的新事物，要针对他们的特点，开展各种有益的教育活动。如果大多是拿其父辈童年读过的东西来教育他们，即使再有教益，也难以激发起他们太多的阅读兴趣，何谈教育意义？

第三，引导学生参加社会实践，把爱国主义教育与成才教育结合起来。在社会主义市场经济条件下，德育教育不能仅仅局限于校园，而要走向社会，引导学生认识社会，在社会实践中真正认识到国家前途与个人前途的关系，进而增强使命感、责任感。各种博物馆、纪念馆等是进行爱国主义教育的重要场所，有关部门应强化管理，定期免费对青少年开放。但目前不少馆、所或疏于管理，或金钱味太浓，一些博物馆、纪念馆收费过高，使人敬而远之，失去了教育作用，令人遗憾。

此外，要下决心改变现行考试升学制度，尽快研究和建立起对学生德智体和对学校进行全面考核的科学评估标准，如实行九年一贯制教育、提倡多种形式办学，等等。总之，要在发展社会主义市场经济和对外开放条件下，强化社会主义精神文明建设，抓好学校思想品德教育，并以爱国主义为红线，推动我国大中小学教育向素质教育转轨。

依法保证对教育的投入[①]

——刘诗白委员为教育献计献策

全国政协常委、民盟中央常委、我校名誉校长刘诗白教授在全国政协八届五次会议举行的第四次全体会议上指出，教育投入不足和政府经费投入不到位，是影响当前发展教育、落实"科教兴国"战略的一个突出问题。他提出应依法保证对教育的投入，从根本上落实科教兴国战略。

刘诗白说，近年来，在党中央大力倡导下，落实教育战略地位，加大对教育的资金投入，逐渐得到各级政府和社会各界的重视，国家财政性教育经费有了较大幅度提高。但是，也存在着不可忽视的问题：国家财政性教育经费支出占国民生产总值的比例呈下降趋势；教育财政拨款的增长低于财政经常性收入的增长。

刘诗白说，在教育投入上，还是要强调按照邓小平同志的指示，予以确保，坚决贯彻以财政性拨款为主、多渠道投入的方针。

---

① 原载《西南财大报》1997年3月30日。

　　刘诗白建议：在我国经济体制从传统的计划经济转为社会主义市场经济之时，尤其要加大政府对教育的投入。理顺财政体制、改善财政支出的结构，是保证教育拨款增长的关键；要充分调动各级地方政府投资办学的积极性，不断拓宽筹措经费的渠道；国家在年度预算执行过程中，若财政实际收入超过预算数，财政部门应按超收比例相应调整教育经费预算支出；要尽快按事权和财权相统一的原则，将教育经费从科教文卫总额中分离出来，实行预算单列；成立国家教育银行，运用金融机制和手段，多渠道融通资金，缓解教育事业资金不足的矛盾；健全学校内部财经管理制度；在教育政策和经费上，要强调依法办事。

　　刘诗白强调，保证对教育的资金收入，实现4%的目标，关键在政府，当务之急是各级政府应当果断地采取有力措施，确保对教育的投入，真正落实"科教兴国"战略，保证我们在新世纪的竞争中立于不败之地。

其他发言

美国高校财经教育见闻①

——刘诗白教授、副院长访美归来一席谈

一、走出去：广泛开展与国外的学术交流

这次出访是民间出访。到了美国，与教授打交道，到了他们家中；与学生接触，同他们开了座谈会；参观银行，见到了银行总裁、经理、董事长，了解他们的情况，回答他们的问题；接触了一些美籍华裔，有当教授的，当旅馆饭店经理的，还有企业雇员等。

我们在所到之处，都受到了热烈欢迎和热情接待。由于过去美国各界人士和我们经济院校的教授接触很少，好些地方的一些银行家和中国去的代表团还是第一次接触，所以对我们有浓厚兴趣，我们所去的学校都愿意与我们发展学术和其他交流，愿意到中国来进行访问。通过我们这一次走出去，与12所院校接触，使他们知道了四川财经学院的情况，我将带去的我院的一套相册送给他们，他们很有兴趣，从

---

① 原载《四川财院报》1984年11月15日，本文为节选。

头到尾都看，对我们学院有了大体了解。当看到老师和学生一起操作电子计算机的照片和知道我院通过世界银行贷款将建设比较先进的电子计算机系统时，他们很是赞赏。在俄亥俄州立大学，接待我们的是负责国外留学生的华裔教授唐寅伯先生，他从50英里外开车来接我们，并且整天给我们作陪。前几天，唐教授来到成都，还来我院参观，对我们学院印象较佳。他表示：俄亥俄州立大学很愿意在今后开展与我院的学术交流，并且愿意在办"美国人如何在中国做生意"这个短训班上，与我院协作。另外，俄亥俄州立大学也将设法让我院研究生和年轻学生去攻读学位。但是，关键在于外语必须达到要求的水平。

美国高校没见到很多行政人员，学校教职工及学生情况、各类档案和资料都储存在计算机里，要查学生情况，它帮你查；要汇总，它帮你汇总，省掉了很多人员。美国的许多学校还是有不少学生住校，宿舍管理由学生负责，一层楼由一个学生管理，每年给他一定的报酬。任务很简单：防火、清洁，注意水管坏否、电是否走漏，有，就向有关部门报告；学生管理得井井有条。这样，不仅减少了行政人员，又建立了资助奖励制度，一举多得。电子计算技术的广泛运用，使美国的管理方式、生产方式发生了显著变化，开始了一场新的革命，这就是运用先进技术，最迅速地收集各种信息，供迅速决策使用。现在，资本主义国家一切都讲快，时间就是金钱，因而重视掌握信息，对金融界尤其重要。电子计算技术进入工厂、商店、银行、交易所等，进入学校势在必行。

二、"热门道"：勃勃兴起的高校财经教育

美国的教育事业是适应资本主义经济建设的需要而发展的。资本

家为了获取更大利润，很注重智力投资，舍得花钱办学。我们所见的学校有两类：一类花钱建设现代化的新学校。如拉伯克的德州理工大学，28000人，纽约州立大学几万人，两所学校校舍极为堂皇。纽约州立大学老校在巴布洛，新校址在城市以北，临近加拿大，学校面积上千英亩，近年修建校舍花费达5亿多美金，这是纽约州开支的。私立大学没有这样多钱修建，由资本家、董事会募集。第二类学校是充实内部现代化建设。如图书馆管理电子化，办公室与课堂部注重空调化、地毯化，修建室内游泳池、体育场，等等。学校小教室很多，上课不超过30人，他们认为，小班才能提高教学质量，同学间才能相互接触，教师才喊得出每个学生的名字，才有利于学生共同进取心的培养。学校均设有学生中心，免费供应咖啡，教师、学生都可以在那里见面。学校食堂很多，承包给企业经营。各大学对校舍、宿舍、图书馆都精心经营，不搞好，学生不来读书，学校没声誉，这也是商业竞赛。

美国近年来财经系科发展很快。美国2亿人，大学生上千万，财经系科就有八九十万人，好些大学财经系科学生占学生总数的1/5到1/4。德州理工大学28000人，财经的，就是企业管理的5000人。大学的学生都愿考经济、企业管理学科，这是热门，毕业后挣的钱多。由于现代化生产方式要求现代化的管理，激烈的竞争要求加强管理，因此对财经教育的发展要求很迫切。资本家需要各种具有较高质量的人帮他们应付市场、从事贷款、投资、进行决策。这样，企业管理、银行等系科便因此扩大招生，迅速发展。在美国，一些大学过去的商学院，现在都改为企业管理学院。过去只有经济系、管理系，现在一般都设有经济系、会计系、金融系、市场学系、保险学系以及有关数量方法（统计会计放在一起）的系，增设了许多新系，开了很多新课。企业管理系要学企业经济学、会计学、部门经济学、企业中的计算机体系、金融学、市场学、生产管理学、计量经济学等课。此外还有共同课，经济学、数学等。

　　课堂上老师会让学生进行角色扮演。例如"银行家"说：需要我帮您干些什么？"企业家"回答说：我要办一个企业，需借一笔款。"银行家"立即询问企业经营情况、资产情况，接着双方谈条件、协商，最后达成协定，借多少款，利息多少。表演完了，老师当场指出学生表演中哪些可以，哪些说法不妥，企业的战略是什么，你应该如何按战略要求进行。除课堂上当场问答外，老师还把学生分成两组，我们旁听的这个班十五人，一边七人，一边为贷方，一边为借方，一问一答，教师当场评分，课堂教学生动活泼，有些课程这种教学占四分之一。美国的课堂教学尽量与实际问题相结合，特别注重正规教学中的课堂讨论、课堂实习，课堂上让学生提问。因为他们的金融系，培养的就是银行高级信贷员。美国银行核心部门是信贷部，信贷部的信贷员，起码是大学毕业生，甚至是研究生。因此，这些学生必须精通这套业务，教师就培养他们这套业务。教师讲课十分重视讲授实际问题，就要求有丰富的实践经验，实践知识。大学银行系的教授由两部分人组成：一种是研究生毕业后做教师；一种是研究生毕业后到银行工作若干年，又回到学校当教授，我们见到有的教授就是从联邦储备银行来的。学生说：有的教授讲课讲得很细致，能够讲出那个银行如何搞，用的什么策略，如何处理外汇、股票，讲得详尽。他们认为大学财经教育，不仅要使学生懂得书本知识，而且还要掌握许多实用技巧、技术、方法，不能认为大学只是学理论，技术技巧等毕业后再到实践中去补课。为了与实际相结合，有的教授就是大公司的顾问，提供咨询服务，有的还是银行的董事、银行家协会负责人、银行中心的主席。教授与银行家关系密切，进出金融家之门，宴会都请教授们作陪。企业家、银行家主动与学校搞好关系，派人往学校培训，同时又到学校讲企业的实际问题，与学生开座谈会。

（一）重视案例教学——哈佛大学企业管理学科的教学特色

哈佛大学很早就使用了案例教学，这是哈佛大学企业管理学科的教学特色。这种教学方法，把企业的问题搞成案例，老师根据案例讲课教学，理论就从案例中来，等于解剖麻雀。一些教授认为，案例教学能使学生懂得很多实际问题。他们在中国大连的培训中心就注意案例教学。他们的案例年年更新，不像我们有的一个案例讲若干年。哈佛大学为了搞案例，不惜花重金，到企业、银行、商店中去找实际资料，这个学校每年为搞案例花费美金达百万元之多。

美国的财经教学重实用。学习培养的目的就是使用，到了企业中能做事。他们对研究生的要求，就是出去能当经理。他们的研究生不写论文，读满36个学分就授予学位。

（二）财经教学注重计量经济学，它是一系列学科计量方式的基础

近几年来，美国的财经教育发展了许多新的学科，许多学科都与计量经济学、经济数学有密切关系。计量经济学成了一系列学科的计量方式的基础，都用它来分析经济过程、经济现象的数量关系及其演变规律，由此制定最优计量模式。如市场学中，用计量经济学设计销售最优计量模式；经济管理学中，建立各种管理原料、劳动投入的最佳计量模式；经济学中的积累、储蓄、消费的最佳计量模式；而统计学、会计学，也大量发展这些计算、核算的方法和模式。把电子计算机作为计量技术。各门经济学科中，出现了一种计量化的趋势。在

管理学科中计量化分析数量关系，是发展管理学科的重要方向。这些很值得我们注意和研究。我国也在建立和发展数量经济学。我国的经济学科中涉及许多数量关系的分析，但我们在这方面重视不够。比如银行管理、市场的分析、投资的分析、利息的分析等，都要搞很多的模式，运用数学方法——微分、矩阵及其他数量分析工具和技巧。管理学科不仅涉及生产关系，而且涉及生产力，就要涉及量的分析，但是，我们的学生不会或不熟悉运算。当厂长，厂长拍板，就要会运算。所以对国外的计量科学要加以运用。当然，西方国家经济学科中的计量倾向，也是与逃避生产关系的分析相关联。但是，我国的政治经济学也不能搞成纯生产关系的分析，也还得有些计量分析。政治经济学没有量的规定性的分析，也不适应政治经济学作为各门管理学科基础的要求。

（三）教学重启发，课堂生动活泼，学生可以随时提问

美国的大学课堂教学生动活泼，学生可以随时提问，老师并不因此而认为学生打断了他的思路。老师讲课针对问题讲，并不"开中药铺"。每门课都有教科书，教师发复印资料、讲课提纲，学生听课一般不记笔记，记就记在教科书上，笔记本上记的当然不系统。考试不是考笔记，上课不是记笔记，下课不是整理笔记，而是看书。教学活泼、随便，不满堂灌，教师可以随堂发挥，这样有利于培养学生的独立工作能力。大学教学是更多时间让学生看书，课堂教学不占中心地位。美国实行选修课制度，课程很多，一门课十几学时或几十学时，由此引导学生涉猎更多的知识领域，知识结构，使学生在知识爆炸的时代，有更大的适应性。

（四）教师管理——教授分3级，每周任课9至12小时

美国大学教授很多，研究生毕业得硕士学位，再读两三年得博士学位，然后可以任教授。教授分3级：先是毕业生出来当助理教授，当若干年，成绩好，提副教授，再干若干年，成绩好，就当全时间的教授。坦波大学经济系有一位华人教授，我一看只有30岁，很年轻。许多教授都在二十六七岁。我们一了解才知道，他们的助理教授也称为教授，与我们的讲师相当。

职称评定的方法是由高一级评定。助理教授升副教授由副教授评定，副教授升正教授由正教授评定。标准3点：一教学，二科研，三服务。服务包括当系主任，指导研究生。教授为我们开车，陪我们参观，也是服务。教师工作量，从助理教授到教授，每周完成9至12学时的教学；教2至3门课，教3门课的很普遍，但不同时开，每年开的课都在变，上一年教计量经济学的，第二年教统计学，上一年教企业管理的，第二年教企业财务，第三年教国际财务。因为教师们都能开很多课，所以选修课多。只教9学时的必须有研究任务，但它不是学校给的，而是政府、企业研究计划交给学校，再由某教授承担，每周需要3小时，这3小时的津贴就由政府或企业给。每个系的办公室旁边都有许多小房间，教授们从上午8时至下午4时，都在那里工作，虽不是法定的，但都愿意在那里，当然，设备很好。每天喝2次咖啡，上午10时、下午3时，大家聚在一起，很多问题就在那里解决。教授工资不等，不需要评定，由校长定。美国教授的工作量很重，平均1个教授至少负责10个以上学生。

结束语：四个结论

（1）在当前应该用开放精神办财经院校，进一步在高等财经教育中贯彻三个方向，要多方面吸收国外的一切对我国有用的东西；（2）搞好学术交流要有战略眼光，要及早动手早做准备，加强技术、知识的引进；（3）培养建设人才既要请进来，又要走出去，当前既要多请外国专家学者来讲学，又要多派学生出国攻读学位，学习国外的经营管理方面的有用知识；（4）确定经营管理知识也是生产力的观念，切实把财经教育投资视为生产性的投资，增加用于财经教育的财力，使财经教育发展更快。

在全国金融教育工作会上
刘院长呼吁有关部门加强金融教育[①]

　　总行在山东济南召开的全国金融教育工作会上，刘诗白院长应邀做了重要发言。他就目前我国财经教育的现状，着重谈了加强金融教育的重要性。

　　刘院长指出：中华人民共和国成立三十多年来，我国教育事业的发展一直落后其他部门，教育中重理轻文，文科中重文轻财经，财经中重一般财经管理轻金融管理，金融教育成了十分薄弱的环节。现在，金融在国民经济中占有重要地位，而银行干部队伍素质与银行所担负的任务不适应。他呼吁：财政部门、计划部门应把金融教育这一薄弱部门放在优先位置，大力投资，以加速发展金融教育。学校办学有不少困难，希望各专业银行（公司）予以支持帮助，学校保证提供合格的硕士研究生和本科毕业生。

　　出席这次会议的有各专业银行、公司主管教育工作的领导，人民

---

① 　原载《西南财大报》1986年1月13日。

银行各省分行主管教育工作的领导，行属大、中专院校负责人和协作院校金融系的代表以及教育司和有关司、局负责人，共157人。刘院长的呼吁在会上引起强烈反响，受到与会者的好评。

坚持改革，再展宏图，

为把我校建成全国重点财经大学而努力奋斗①

　　根据全国金融教育工作会议精神，学校制订"七五"期间的发展规划。其要点是：（1）在校生人数由现有的2896人，增加到1990年的5000人，年平均递增11.5%。其中研究生700人左右，本科生4300人。（2）在近5年内建立金融干部管理学院、研究生院、金融培训中心、函授教育等教育机构。（3）专业设置从现有的11个，增加到1990年的20余个，拟议新增银行信贷管理、农村金融、人身保险学、固定资产投资贷款、国际金融、工业企业经营管理、市场学、技术经济、数量经济学、审计学、人口经济学、城市经济、经济法、思想政治教育、财经英语等15个专业。（4）研究生的研究方向，由现在的22个，增加到44个，博士授予点由现在的1个，增加到5个以上。

　　为实现学校发展规划，学校必须进行更大的改革，必须做好以下几个方面的工作。

---

① 原载《西南财大报》1986年1月13日，本文为原报告的节选。

一、抓好教学改革，加强教学管理，不断提高教学质量

（1）完善学分制教学计划，搞好学分制的管理工作。各系要在试行学分制教学计划中总结经验，进一步修改，使之更加充实和完善。（2）进行专业调查，增设新专业。要按照全国金融教育工作会议提出的"尽快建齐和完善金融各对口专业，并积极创造条件，建设金融事业发展急需的新兴专业"的要求，进行专业调整，建立新专业。对现有专业要按照"厚基础、宽口径、重实际"的原则，进行调整，同时，继续注意加强基础理论课教学，按照学校发展规划的要求，陆续增设文理渗透和新兴边缘学科的新专业。（3）密切联系我国社会主义现代化建设和改革的实际，积极改革政治理论课的教学。（4）贯彻因材施教原则，鼓励学生冒尖。主要采取的措施是：实行双学位和双专业毕业制，提前修满总学分的本、专科学生可以跳级或提前毕业，成绩特别优秀的本科生，可推荐免试攻读硕士学位研究生，研究生班的研究生中全科成绩优异者可转为硕士研究生，硕士生中成绩优异并有论著者可以直接攻读博士学位，实行免修考试，成绩合格者（75分以上）准予免修该门课程，允许学生跨系、跨专业选课，对优异生进行重点培养，压缩助学金比重，扩大奖学金比重等。（5）完善考试制度，严格考试纪律，实行淘汰制。对公共课或内容比较稳定的课程逐步建立试题库，要严格考场纪律，累计考试作弊两次者，作退学处理，本科生连续两年每期均有补考的学生，转入专科班学习1年，成绩合格者，发给专科毕业文凭。（6）设立优秀教学质量奖。学校将成立优秀教学质量评奖委员会，各系成立评奖小组，学校每年要召开一次教学经验交流会，进行一次教学质量检查。根据教师的教学效果、教学态度、完成教学工作量的情况，进行数量化分析和研究，在广泛听

取教师和学生意见的基础上，逐级审议，每年评定并颁发一次优秀教学质量奖。（7）对教师教学工作量实行定额管理，改革工作量考核办法，以教师工作规范为依据，以完成教学任务为中心，实行周学时定额计算办法，对超教学工作量的教师，发给超额酬金。（8）设立优秀教材奖。为加强教材的编写工作，提高教材质量，学校明年将成立教材审编小组，设立优秀教材奖，力争在3~5年内，我校开设的主要课程，都有自编的高质量的教材。（9）积极开展高等教育研究，成立高教研究室，完善研究机构，充实研究人员。（10）开展教学评估。学校将于今年对各系的师资水平、教学质量、学生质量、专业和课程设置、科研成果、管理水平进行全面的检查和评估，在此基础上，迎接上级对我校教学质量的评估。此项工作拟选金融系试点，然后再逐步展开。（11）办好出版社。制订出版计划，争取尽快出一批质量较高的教材和专著。

二、加强师资队伍建设，提高师资水平，建立合理的教师梯队结构

加强教师队伍的建设，提高师资水平，是实现学校发展规划的重要条件。这需要增加教师的数量，特别是增加基础课和政治理论课教师的数量；同时提高教师的素质。培训教师，要立足本校，内外结合，把师资培养工作经常化、制度化，并且与学衔晋升工作联系起来。要鼓励青年教师报考本校的助教进修班和研究生，使他们既能得到提高，又得到硕士学位。要积极创造各种条件，鼓励广大中年教师进一步提高学术水平，进修新兴学科知识，促进知识更新；老教师要继续发挥学术带头人的作用，加强对中青年教师的传、帮、带。要增

加选留和调进一批又红又专的应届毕业生尤其是硕士研究生补充师资队伍。青年教师要摆正进修和承担教学任务的关系，在完成教学工作的前提下，积极开展科学研究活动。教师的业务进修，应在专业需要的前提下，坚持在职自修为主、校内提高为主、国内进修为主原则，要注意掌握新兴边缘学科知识、力争文理兼通。学校要采取措施对开设新兴学科课程做出积极贡献的教师，特别是中青年教师予以奖励。为了调动广大教师的积极性，要对教师的教学、科研水平做出正确的评价，当前，迫切需要尽快建立起比较合理的学衔和职称结构。目前，我校即将开展教师学衔评定工作，教师职称结构将逐渐趋于合理。狠抓重点学科的建设，培养学术带头人，建立学术梯队，充分发挥每个教师的专长，特别要鼓励学有专长、教学经验丰富、有事业心和责任感的中青年骨干教师勇挑重点学科建设重担。

三、大力开展科学研究活动，提高学术水平和科研成果的社会应用效益

学校拟抓好以下10个方面的工作：（1）大力提倡和鼓励研究当前城市经济体制改革和社会主义现代化建设的实际问题。要在立足本校的基础上，积极同国内高校广泛开展交流与合作，共同攻关，积极承担国家下达的科研任务和重大研究课题。1986年，学校要继续抓好已确定的35项校管科研项目（其中有4项申报为国家重点科研项目，10项申报为四川省重点科研项目），力争在年底完成。（2）为使科研同各专业教学紧密结合，今后，要更多地按学科召开以系为单位的专题科学讨论会。定在1986年9月召开我校复校以来第三次科学讨论会。（3）进一步提高《财经科学》《财经译丛》的编辑出版水平，扩大发

行量，注意发表研究生科研论文。在今年条件适当的时候，召开研究生科学讨论会并出版论文集。（4）为鼓励科学研究成绩显著者，学校要在这次科研成果评奖的基础上，坚持每年评比颁发一次科研成果奖，使其制度化。筹建学校科研成果展览室。（5）着重筹建和发展金融研究所，建立和健全科研管理制度。（6）办好西南财经大学出版社，争取今年出版教材和专著、译著20部。（7）加强图书资料建设，拟每年增加图书6万册，每年剔旧图书4万册，净增2万册，在5年内使馆藏图书达到70万册。（8）为保证出高水平的科研成果，要加强重点学科的建设和博士、硕士研究生的培养。（9）要逐步建立学术休假制，让教师，特别是老教师有一定的时间，专门从事科学研究、著书立说，提高科研水平，并及时将科研成果转入教学领域。（10）为了加强国际学术交流，力争派出更多的留学生和访问学者到国外讲学、考察和攻读学位，邀请更多的国外专家、学者、教师来我校讲学或任教。

四、加强思想政治工作，整顿校风

为了培养热爱社会主义事业，德、智、体全面发展的又红又专的建设人才，促进学校的各项改革，必须加强和改革思想政治工作，坚持马克思主义思想为指导，在学校建立起一套有效的思想政治工作体系和制度，要在校党委的统一领导下，党、政、工、团密切配合，针对学生和教职工的思想实际，采取各种灵活多样生动活泼的形式进行思想教育。在当前主要进行"四有"教育，学习党代会会议文件，进行形势、政策的教育。这是人才培养质量和决定学校改革成功的主要保障。学生处要采取多种形式，加强对学生理想和纪律的教育，加强法制教育。学校将进一步加强教学行政管理，整顿教学纪律，建立良好的工作秩序，明确各部门的职责分工，继续修订和实行各项行之有效的规章制度。我们的教师一定要做到对学生严格要求，自己严谨治学，为人师表、教书育人，树立高尚的职业道德，要做好学生的思想政治工作；学生要做到尊师重教、严守校纪、以天下为己任、勤奋学习、刻苦钻研，做一个德、智、体全面发展，有理想、有道德、有文化、有纪律的社会主义大学生；党政干部要做到以高度负责的精神来对待工作，认真学习和贯彻执行党的各项方针政策，不断提高思想觉悟和业务管理水平，模范遵守劳动纪律和各项规章制度。全校教职工和学生都要大力发扬严谨、勤奋、求实、创新的优良传统，不断提高教学、科研和后勤管理水平。少说空话、多干实事，坚决反对任何弄虚作假、华而不实的不良现象，脚踏实地，为实现学校规划做出贡献。

五、进一步加强干部队伍建设，加强后勤管理，改善办学条件和教职工生活条件

根据学校发展规划，1990年在校生人数将达5000人，土地面积将由现在的270亩，扩大到500亩左右，校舍总面积也将由现在的8万平方米增加到18万平方米。为适应学校规模不断扩大的需要，在加强政工干部队伍建设的同时，要进一步加强行政、技术管理干部和工人队伍的建设，尤其要注重提高他们的文化素质和业务技术管理水平，解决落实好他们的业务和技术职称、工资和生活待遇等问题，这对于调动他们的积极性，稳定管理干部队伍，提高学校的管理水平，会起到十分重要的作用。在基建上今年要全面完善3000个学生规模的基本设施。要积极创造条件，力争对每项工程在资金、三材指标、图纸"三落实"的前提下，采取招标方式，加快基建进度，降低成本。目前，

学校正在抓紧修建面积为13000平方米的综合大楼，预计在今年上半年完成大楼的基建工程及世界银行贷款配套设备安装工作，为建立计算机中心、运用电教手段做好准备。10000平方米的三幢教职工宿舍，预计在今年8月份完成土建工程，下半年相当部分教职工能够住进新宿舍，这将在很大程度上缓和学校住房紧张的矛盾。学校还将抓紧规划，力争总行批准我校新建外专楼和第二教学区，并力争在今年内完成新征45亩土地的任务，为学校今后的发展创造条件。今年内学校要建好新大校门，争取修好校内主干道，完成校园绿化规划工作。

后勤工作的指导思想是为教学科研服务，为教职工生活服务。后勤部门要继续坚持"三服务、三提高"，进一步改革后勤管理体制，办好食堂，抓好以食堂为中心的后勤服务改革，改善教学条件和师生员工的生活条件。

六、改革领导体制、实行校长负责制

根据总行的指示和校党委的决定，本次教代会后，我校将实行校长负责制。具体实施方案和细则另定。实行校长负责制，是我国教育体制改革的重要内容，也是我校内部领导体制的重大改革。实行校长负责制的目的，是为了更好地贯彻改革精神，把校长的职、责、权统一起来，充分发挥校长在领导学校教学、科研和行政管理工作等方面的作用，在学校建立一整套适应教育发展规律的管理体制，加强学校的教学工作和教学管理，努力提高教学质量，培养更多更好的人才。在具体做法上，拟抓好以下几个方面工作：（1）改革领导体制，加强决策、指挥和咨询系统。实行校长负责制，校长同副校长共同组成学校行政工作的决策中心和指挥中心。校长统一指挥全校的教学、科研和行政后勤工作，副校长作为校长的助手，对其分管的工作各司其职，各负其责。要建立校务委员会，校务委员会是由校长主持的审议机构，由正、副校长和党委正、副书记，学校顾问，工会主席等组成，实行任期制，并逐步使之完善。校务委员会要充分发挥审议学校重大问题的作用，凡涉及学校行政上的重大问题，要在集思广益的基础上，为校长决策提供建议意见。（2）确定目标、实行校长任期目标责任制。校长在任期内实行有效的目标管理，可以使国家对学校考核有标准、教职工监督有内容、实际工作有方向。因此，实行校长目标责任制，是保证校长负责制最有效的措施之一，没有目标便没有校长行使职权的统一基础。从我校已有的办学基础和条件出发，根据发展规划，学校将提出校长在任期内所要达到的具体目标。并且将这一目标，分级落实到各系、处的负责人，使其明确任期内的奋斗目标，共同为实现目标而奋斗。（3）简政放权、实行校长领导下的系（所）负责制。学校要下放责任和权力，扩大系（所）自主权，实行校长领导下的系（所）主任（所长）负责制。使系（所）主任（所长）职责与权力相结合，真正有职、有权、有责，确保实现任期内完成与校长签约规定的具体目标。学校还要会同系（所）制订其实施细则，订立系（所）负责人岗位责任制，在实践中不断总结经验，使之逐渐臻于完善。（4）统一领导，分级管理、建立健全岗位责任制。实行校长负责制的基础是按照总体目标的需要，建立合理而有效的组织机构，实行分级管理、层层负责，提高行政管理水平和效率。校长向学校主管部委负责，接受学校党组织、教代会和学校师生员工的监督。在校内各级间，下级正职向上级负责，副职协助正职工作。建立健全机关岗位责任制和个人岗位责任制，明确划分现有部门职责范围。使每个机构和每项工作都有章可循，按规章制度办事。做到事事有单位负责，各级领导敢于负责。各部门的责任制既要严密，又要有机协调，克服职责不清、互相扯皮、办事拖拉、不讲效率，不计时间的现象。要制定一整套逐级定期考核和奖罚制度，所有干部和教职工的考核及奖罚情况均要记载，作为评定学衔、晋级和发放奖金的重要依据。（5）改进领导作风，建立密切联系群众的制度。实行校长负责制，对学校各项工作均提出了更高的要求，这就需要在领导作风上有一个显著的变化。学校要精简会议，提高会议效率与质量。校领导要摆脱日常琐事的纠缠，集中精力与时间议大事、管全局，加强同广大学生、教师和职工的联系，建立定期接待群众、深入到群众中去的制度。通过接待师生员工，尤其是深入到学生课堂、食堂、宿舍，直接与学生对话，调查研究，沟通信息，亲自听取群众的意见和反映，及时解决问题。

学校希望全校教职工进一步振奋革命精神，克服任何畏难情绪，坚持改革，再展宏图，为把我校建成全国重点财经大学而努力奋斗！

坚持社会主义办学方向，深化各项改革，为取得学校工作的新成就而努力奋斗[①]

——在西南财经大学首届教职工代表大会第三次会议上的报告

西南财经大学首届教职工代表大会第三次会议，是在我国当前坚持四项基本原则，坚持改革、开放、搞活，反对资产阶级自由化的形势下召开的，也是在国家教委1987年工作会议后召开的。本次会议的议题是：讨论进一步端正社会主义办学方向，完善和深化以教学改革为中心的各项改革，提高学校的办学水平和办学质量。我相信，这次教代会的召开及有关措施的落实，必将进一步端正我校的社会主义办学方向，更全面深入地贯彻党的教育方针，激发和调动教职工的积极性，深化教学和行政后勤管理方面的改革，使学校在新的一年里取得更大的成绩。现在我代表学校就一年来的工作及今年的工作意见，作以下报告，请予审议。

---

① 原载《西南财大报》1987年2月20日。

一、一年来的工作总结

我校首届教职工代表大会第二次会议于去年1月召开以来，至今已逾一年了，按照上级党委对我校发展的要求和上次教代会的精神，我校"七五"期间的发展目标是：坚持社会主义办学方向，努力建设社会主义精神文明和物质文明，逐步把我校办成一所有良好的校风和学风，以金融学科为重点，以培养本科生和研究生为主的，多学科、多层次、多规格的全国综合性重点财经大学。按照学校工作的这个总任务，一年来，在中国人民银行总行和四川省委、省人民政府的领导下，学校认真按照第二次教代会的决议，实行了校长负责制，加强和改进了党的领导，党政协调，抓紧了对师生的政治思想工作，努力开展了以提高教学质量、整顿教学作风和教学秩序为重点的各项改革，取得了比较显著的成就。对此，我从以下几个主要方面予以说明。

（一）开展了以提高教学质量为中心的教学改革，加强了各项教学管理

近几年来，学校办学规模及层次增长幅度很大，目前在校生人数已达3331人，其中，本科生2147人，干部专修科生615人，研究生334人，自费走读生235人，此外尚承担了9个自考专业，考生5万多人，两个函授专业，学生7000多人，大量的短期成人培训等各类成人高等教育的教学任务。在社会经济条件、学生素质发生了很大变化的情况下，我们按照"三个面向"的根本指导思想紧紧抓住以提高教学质量为中心的教学改革，在教和学两个方面采取了一系列改革措施，同时，在日常教学管理的各个环节加强了管理。经过一年的努力，基本上建立了比较稳定的教学秩序，校风和学风已有进一步好转，各专业

各层次的教学质量有了不同程度的提高。

第一，按照"基础扎实，知识面宽，能力强"的原则，学校全面修订了86级本科和研究生教学计划。这包括：压缩总学时和总学分，加强实践性教学环节，各专业普遍增加了学生参加社会实习和社会调查的时间；新增一批选修课，突出增设与经济发展密切结合、文理渗透的新课程。

第二，严格考试纪律，收到了明显的效果。为了维护校风与校纪，去年学校重申和整顿了考试纪律。广大教师按照学校的要求，认真命题、辅导、评卷，同时，学校有关部门和各系也加强考场监督，绝大部分学生自觉遵守考场规则，违纪人数下降，上期末全校考试门数多、时间长，但仅发生3人（次）作弊，并及时处理了违纪学生，很快建立起良好的考试秩序。在去年全国部分高校学生闹事时，我校广大师生排除干扰，全校考场秩序井然，维护了正常的教学秩序，推动了良好的校风和学风的建设。

第三，加强和改革了各项教学管理，建立正常的教学秩序。为了适应教学改革的需要，确保教学质量的提高，去年，在广泛调查研究的基础上，修订和印发了我校《教学管理若干暂行规定》和《研究生工作手册》，包括学生学籍管理、稳定课堂秩序、学位授予、教师工作规范、师资培养、教师工作量定额管理等若干条例，并印发全校师生。学校还在排课、学籍管理、学生成绩处理等各项教务工作上广泛使用电子计算机进行管理，提高了管理效率，经省高教局鉴定，受到好评。同时开展了高教研究，出版了2期《高等财经教育研究》。实际情况表明，加强和改革教学管理，使之科学化、规范化，有助于充分调动教和学双方的积极性、主动性，培养学生遵纪守法的观念，增强政治思想教育的效果。

去年11月，总行教育司组织的行属院校金融学科评审组来我校对金融系本科教学质量进行了检查和评估，给予了肯定和较好的评价。金融系的货币银行学教研室也被评为全国金融系统先进单位。

第四，加强了教材建设。学校鼓励教师在教学实践和科研基础上，编写出较为系统、适用而又有新意的教材。一年来，我校教师独自完成和与校外合作编写出各类各层次教材107种，是成果最多的一年。有的教材受到学术界好评。此外，抓了各门课程教学大纲的编写工作，到目前为止，本科和研究生各专业大部分必修课程的大纲已编写完备。

第五，组织评选和奖励了教学质量优秀的教师。一年来，广大教师热心教学，全面教书育人的责任感有所提高，教学方法普遍有所改进。根据上次教代会的决议，为表彰先进、鼓励广大教师不断提高教学质量和学术水平，学校年终组织评选了首次优秀教学质量奖，有121名教师获奖，其中校级奖13名，系级奖108名。此外，学校于第二届教师节期间，开展了表彰教书育人、为人师表的优秀教师活动，评选出省、市级优秀教师6人。

（二）在发展高层次教育方面取得可喜的成绩

学校注重在不断加强本科基础教育的同时，积极而又稳妥地开拓、发展研究生教育层次，以充分发挥我校师资力量较为雄厚的优势，并促进教师提高治学水平和教学水平、更好适应国家对财经专门人才的需要。

经去年召开的国务院学位委员会学科评审会审议并批准，我校农业经济学、人口学、工业经济、财政学等4个专业获博士学位授予权，中国经济史、数量经济学等2个专业获硕士学位授予权，至此。学校已拥有5个博士学位授予点，10个硕士学位授予点。今年计划招收研究生225人，考生达1100人，名列全省前茅，是复校以来报考我校研究生人数最多的一年。

学校于去年召开了研究生工作会议，总结工作，讨论了加强重点学科和博士点建设、加强研究生思想政治工作和教学管理的意见，制定了相应的措施和条例，为进一步提高研究生培养质量做出了有益的探索。

（三）抓紧展开了教师职务任职资格的评审工作

遵照中央关于各类专业技术人员职称改革的指示，学校按照上级部署，从去年下半年以来，开展了教师职务任职资格的评审工作，现尚在进行之中，同时即将开展其他专业职务系列的评审。经批准，我校获得评审经济学科副教授和教授以及马列主义政治课副教授任职资格评审权。我们对此项工作极为重视，抓得很紧，按照全国统一的任职标准，反复研究，制定了我校各级教师任职资格的具体规定。在评审中学校力图贯彻国家教委的政策，结合我校实际情况，做到了坚持标准和原则，保证评审质量，认真评审。实践证明，此项工作对于我们建立起合理的职务系列和结构，调动教师和其他专业技术人员的积极性，提高教学、科研水平，起到了良好的作用。

（四）积极支持和引导师生广泛参加社会实践活动，收到较好的成效

近年来，有60％的在校学生参加了各种形式的社会实践活动，加强了学校与经济实际部门、企业和地方政府的联系，特别是到雅安、彭县、井研、洪雅等地的学生，协助当地政府制订社会经济发展战略

规划，取得了较好的成果，在省内引起了很好的反响。学生在社会实践中接受教育。认识自身与社会，检验和运用知识，增长了才干，尤其是亲自参加改革实践，对改革和开放的重大意义、成绩和困难有了深刻认识，有的学生明确提出，"大学生不仅要与改革同甘，还要与改革共苦"，得到了社会的好评。学校去年12月召开大会表彰了积极参加社会实践的学生。

金融系部分教师勇于参加金融体制改革的实践，于前年创办的汇通城市金融公司，受到省委领导的重视，在省、市银行的指导下，该公司于去年10月更名为成都市汇通城市合作银行，由我校主管，省长和副省长亲临成立大会祝贺。这是全国第一家教学、科研、实践三结合的实验银行，为师生提供了一个实习和实践场所，也为我国金融体制改革做出了有益的探索。

（五）思想政治工作得到进一步加强，保证了学校安定团结的局面

近几年来，思想文化领域否定四项基本原则，宣扬资产阶级自由化的思潮对青年学生产生了极为有害的影响。我校学生的思想也受到影响。因而，坚持四项基本原则，坚决抵制资产阶级自由化思潮对学生的侵蚀，对广大师生加强思想政治工作显得愈益迫切和重要。为了维护安定团结的局面，学校党政领导步调一致，齐心协力加强思想政治工作，通过在全校进行普法教育，师生员工的法制观念得到增强；通过狠抓校风建设和纪律整顿，稳定了学校正常的教学和生活秩序；通过有关经济改革、开放的形势报告和专题讲座，加强了对改革的认识，师生能自觉抵制各种干扰改革、开放的错误思潮。尤其通过组织学生参加社会实践活动，使学生了解社会，认识国情和民情，增强了他们为社会主义祖国服务的历史责任感，思想素质和政治觉悟均有一定提高。这是我校的一个很大成果，对提高教学质量，开展科学研究工作，提供了一个先决条件。在去年底全国少数高校学生闹事的事件中，我校领导态度明确，广大师生明辨是非，顾全大局，遵守纪律，排除外界干扰，未发生张贴大字报、上街游行的情况，保持了学校安定团结的局面。完成了上学期的各项教学和工作任务，并且，顺利完成了我校基层人民代表的选举工作，受到了省、市委和政府的表扬。

（六）继续开展科学研究活动，科研成果的数量和质量均有所提高

学校继续鼓励广大教师积极从事科研。一年来，我校科学研究活动频繁，学术研究十分活跃。据不完全统计，去年我校已出版各种教材107种，专著70部，译著10部，在全国主要报刊正式发表论文、译文近500篇。去年9月，我校召开了复校以来第三次科学讨论会，主题是"繁荣财经科学、振兴四川经济"。大会收到论文370余篇，其数量和质量均超过前两次科讨会。不少论文具有较好的学术价值和实际价值。受到出席大会的省委领导及有关实际工作部门同志的重视和好评。学校还按照上次教代会的决议，评选出了1985年度科学研究优秀成果奖共80项。在1986年四川省第二次哲学社会科学研究成果颁奖大会上，我校共有10个项目获奖，其中刘诗白教授的专著《社会主义所有制研究》获一等奖。此外，一年来，学校邀请了国内著名专家、学者及实际工作部门的同志来校开设各种专题讲座和进行学术交流活动百余次，平均每周有1~2次讲座，使师生开阔了视野，既提高了校内教学质量，也加强了学校之间和不同学科门类之间的横向联系，活跃了学校的学术空气，促进了科研水平的提高，受到师生的称赞。

新成立的学校出版社在条件困难的情况下，出版了首批教材和专著，此外，图书资料工作也有所加强，馆藏图书也有增加，藏书已达66万册。

（七）引进国外智力成果的规模和效益有所提离，对外学术交流更加活跃

为了适应改革、开放、搞活的形势需要，提高引进国外智力成果的效益，学校注意引进人员的素质，尽可能克服盲目性。通过各种渠道，学校聘请了外籍教师、专家、学者55名来校任教或讲学，是我校历史上聘请国外人员最多的一年。他们当中有加拿大达尔豪斯大学教授沙菲博士，有日本东京大学原副校长、经济学教授小宫隆太郎等知名学者，很受学生们的欢迎。目前，学校已由过去单纯聘请讲授英语口语的外籍教师发展到聘请讲授各专业主要课程的专家、学者，由短期讲学发展到长期任课，并趋经常化、制度化。

去年秋季学校派出了以王叔云教授为团长的经济管理学科高等教育考察团赴香港，对香港中文大学等高等学校和有关金融机构进行了访问和考察，取得了积极的成果。一年来，学校派出了10名师生赴国外讲学和攻读硕士、博士学位。

（八）后勤行政管理工作有了新的进步

一年来，学校继续加强了后勤管理工作，本着改革、搞活的原则，坚持了以经济承包责任制为主要形式的后勤管理改革，注重为师生员工做实事、办好事，师生的生活和教学条件得到了进一步改善。为维护安定团结的局面和学校正常的教学、生活秩序做出了有益的贡献。在省人民政府召开的全省职工生活表彰大会上，我校膳食科获先进集体称号。学校后勤工作受到成都市人民政府的表扬。（1）教职工盼望已久的天然气工程已于去年7月竣工通气，解决了教职工生活上的一个实际困难。（2）学校世界银行贷款配套工程已于去年底竣工，贷款项目第一阶段工作已基本结束。我校贷款工作受到国家教委贷款办公室检查组的表扬。学校新建的行政楼、实验楼已竣工，交付使用。今年，贷款项目将进入电子计算中心和电教中心的设备接收、安装、调试阶段。（3）新修面积为1万平方米的教职工宿舍已基本竣工，不久部分教职工可以搬进新居，改善居住条件，在一定程度上缓解学校住房不足的矛盾。（4）改善了校内外通信条件，新开通了400门纵横制电话总机，为提高工作效率创造了条件。（5）改造校内部分主干道，校园绿化工作有了新的进展。（6）学校体育卫生、计划生育、安全保卫工作也取得了较显著的成绩。1986年，我校被国务院计划生育委员会评为计划生育工作先进单位；我校学生1986年还获得成都市大学生羽毛球比赛女子团体第一名，成都市大学生健美比赛男子单项80公斤级第一名，集体造型第一名，成都市大学生女子艺术体操的4个第一名。学校被评为"成都地区1986年度爱国卫生先进单位"。1986年度学校的消防安全工作也受到上级的表扬。

为了表彰行政后勤管理工作中的先进代表，学校按照上次教代会的决议，各单位评选出行政管理先进工作者120名，其中：一等奖10名，二等奖40名，三等奖70名。

（九）改革领导体制，实行了校长负责制

去年教代会以来，学校实行了以责任制为基础的职责、权力、服务相统一的校长负责制，建立了校长主持的校务委员会，这是由正、副校长，党委正、副书记，工会主席，学校顾问参加的审议机构，是在校长决策前党政领导共同审议学校重大事项的会议。也实行了系

（所）主任（所长）负责制。制订了各行政部门职责范围。

实践表明，实行校长负责制和系（所）主任（所长）负责制，初步理顺了校长、党委会、教代会三方面的分工协调关系，加强了教学、科研、后勤等工作的集体决策与统一指挥，党委的思想政治领导和保证监督，以及教职工参与民主管理学校的作用，为培养"四有"人才而共同努力，从而促进了学校事业的发展。实行校长负责制是教育体制上的一项主要改革，我校实行的时间仅一年，有不少问题还需要在实践中进一步探索和总结，使之不断完善。

同志们，自上次教代会以来，虽然只有一年的时间。但学校在教学、科研、后勤管理等各个方面所取得的成绩是较为显著的，学校的办学水平和声誉也不断提高，这是与中国人民银行总行和四川省委，成都市委，省、市人民政府的正确领导和大力支持分不开的，是全校师生员工坚持四项基本原则，坚持改革、开放，勤奋工作和学习所取得的成绩。在此，请允许我代表学校领导，向全体师生员工、向在座的全体教职工代表表示亲切的慰问和衷心的感谢！

同志们，尽管我们在各个方面都有所进步，但我们一定要清醒地看到，无论在政治思想方面，还是在教学、科研、后勤、行政管理等各个方面距离党和人民对我们的期望和要求还有较大的差距，我们还有许多需要解决的问题，这主要表现在以下几个方面：

第一，资产阶级自由化思潮在学校的影响仍然比较广泛，思想政治工作薄弱的状况仍未很好扭转。在学生中仍然存在着种种模糊认识，需要进一步加强教育。在教职工中也要加强教育目标和办学方针的学习，提高认识，提高教师教书育人的事业心和责任感。

第二，教学质量还不够高，特别是对作为基础和重点的本科教学来说，教与学双方都还有着不少亟待解决的问题。学校抓教学质量还不够得力，一些已经制定的措施尚未落到实处。教学内容与方法相对陈旧的现象仍然存在，相当部分课堂教学水平还不够高，效果也还不够好。少数教师对教学工作还不够认真负责，课外辅导少，与学生接触还不够；学生中勤奋学习、刻苦钻研的学习风气还不浓。

第三，科研成果的质量还有待提高，在全国有影响的科研成果还不多。科研人员和教师切实深入实际调查研究，为经济体制改革和建设服务的思想认识还需要进一步提高，学校还需要制定相应的措施。

第四，办学规模的不断扩大，给后勤和基建带来了较大的困难，后勤部门职工的思想文化水平和职业技能较低，与学校发展的要求不相适应，加之后勤改革不够完善，影响了服务工作的质量。

第五，学校的行政管理水平和工作效率还不够高，各个部门之间的配合还不够协调，某些管理制度和措施尚未落实，行政管理工作人员的责任心和纪律性还有待进一步加强。

上述问题的存在，主要责任在于学校领导。我们对于改革、开放时期，如何结合当代大学生的特点，有效地开展思想政治工作；如何深入学习和贯彻党的教育方针，按教育规律的要求和学校的实际切实开展教育改革，提高教学质量；如何使学校管理科学化、规范化、制度化，推动各项工作不断进步；如何转变领导作风和方法，充分发挥教职工民主管理的作用，及时研究和解决不断出现的新情况和新问题，等等，在这些方面，我们都还存在着缺陷和不足，有待于我们在实践中不断改进。

二、今后的工作

同志们，我校担负着为社会主义现代化建设培养大批经济管理人才的重任，必须使我们培养出来的学生有理想、有道德、有文化、有纪律，是在德、智、体、美、劳各方面全面发展的一代新人，根据社会主义经济建设，特别是我国金融事业发展的需要，按照我校"七五"期间的总任务，根据当前形势和国家教委1987年提出的任务，1987年学校工作的指导思想是：以坚持四项基本原则，反对资产阶级自由化，坚持改革开放为指导思想；以提高教学质量为中心，重点抓好本科教学，继续抓好研究生教育，继续整顿校风和学风；强化工作纪律，完善各项管理制度，建立良好的教学、生活秩序，推动学校工作全面发展。

为此，需要做好以下几个方面的工作：

（一）以提高教学质量为中心，深化教学改革

《中共中央关于教育体制改革的决定》指出："整个教育体制改革的过程中，必须牢牢记住改革的根本目的是提高民族素质，多出人才、出好人才。衡量任何学校的根本标准不是经济收益的多少，而是培养人才的数量和质量。紧紧掌握这一条，改革就不会迷失方向。大学改革的中心是教学改革，教学质量的高低是判断一所学校办学水平的主要标志。学校的一切工作必须围绕提高教学质量进行。这是高等学校办学的一条准则。前几年，我们抓扩大办学规模，增加办学层次，改善办学条件，那么，现在随着我校办学层次和办学规模的不断扩大，教学质量进一步提高已成为当务之急。同时，为了适应现代化建设对人才的迫切需要，我们在人才的培养上必须要有高度的责任感和紧迫感。为此，必须先稳步、扎实、深入地进行教学改革，不断提高教学质量。

第一，大力抓好本科教学。本科教育是高等教育的基础和重点。

我校本科教育点多面广、数量大，本科教育质量的高低，不仅关系能否为国家输送大批合格的实用型人才问题，并且也关系为高层次教育输送合格的培养对象。要努力提高教师对本科教学重要性的认识。今年学校要在政策上、制度上采取相应的措施，把教学经验丰富的有较高学术水平的教师调整到本科教学第一线，充实本科教学师资队伍。

第二，提高课堂教学质量，深入进行教学内容和教学方法的改革。课堂教学是现今本科教学的基本形式，课堂教学质量的高低是反映教学效果的一个主要尺度。因此，要在围绕提高课堂教学的理论与实践结合的问题上，有效地进行教学内容和教学方法的改革。各系要进一步落实教研室主任以上教学管理干部每周听课制度，加强对课堂教学质量的检查和研究，深入进行教学内容和教学方法的改革，及时交流经验，解决存在的问题。今年学校要对各系各专业的本科教学质量进行一次全面检查，组织各系互查，评估教师的教学水平。此外，加强课外辅导和指导，这是教学上急需解决的重要问题，要采取措施使教师有一定的时间接触学生，对学生进行辅导。

第三，完善教学管理制度，抓好各项教学管理工作、教学管理制度及具体管理工作的完善与否，对于确保教学质量的提高具有十分重要的意义。今年，学校要在贯彻已修订的教学计划的基础上，广泛征求教师和学生的意见，进一步完善各专业的教学计划。为使教学大纲更加规范化、科学化，各系要继续完善已编制的本科各门必修课和研究生必修课的教学大纲和部分选修课教学大纲。继续完善学分制学籍管理办法，使之更加切合实际，易于执行。为了促进建立良好的学风和校风，提高教师全面教书育人的责任感，学校今年要对各系的教学秩序和教学管理质量进行一次评估，同时，要为国务院学位委员会专家组上半年评估我校货币银行学、财政学专业的硕士学位培养质量做好准备工作。要着手试行本科生导师制，从1986~1987学年下期起先在部分专业试点，1987~1988学年全面推行，以促进对学生学习和思想的指导。

第四，注意理论与实践结合，进一步加强教学实践环节。抓好教学实践环节是提高教学质量，培养社会主义建设需要的实用型人才的重要环节之一。目前，我们在人才培养问题上最大的弊病仍然是培养渠道狭窄，注重实践不够，学生存在实际动手能力差、眼高手低和到第一线从事实际工作的思想准备不充分的情况。因此，注重理论与实践相结合，进一步加强教学实践环节是提高教学质量的关键。今年，有关处、系要认真研究，制订积极可行的教学、科研、社会实践三结合的计划。一方面要精心组织本科生、研究生到经济实践中，尤其到基层去进行教学实践和社会实践活动。这既是改革教学内容和教学方法的必要措施，是对学生进行形势教育，增强对社会和自身了解的重要环节，也是提高学生思想和文化素质的必由之路。要积极探索师生到经济主管部门和企业建立包括调查、咨询、交流、讲学等各项协作关系的途径，充分发挥我校师生为改革和建设服务的力量。学校要保证学生的实习经费，要鼓励积极负责地带领学生外出实习、实践的教师。另一方面，要加强对学生校内实践的指导，积极而有领导地开展勤工俭学活动；探索学生参与部分教学和后勤管理的实践形式，为培养学生的管理能力广开门路。学校要逐步加强实验室建设，逐步充实电教、计算中心的设备条件，使学生有更多的实践条件和机会，增强学生运用有关知识的能力。

第五，积极开展第二课堂及各项文体活动，引导学生自觉加强学校精神文明建设。学校要在总结前一段开展第二课堂活动的基础上，引导学生认真开展有助于提高思想觉悟，增长知识，激发学习积极性、创造性和实践能力的各项活动。如请各条战线的先进代表作报告，举办各种讲座和展览，开展各种知识竞赛，开展各类文明健康的音乐、美术、娱乐等项活动。积极支持办好"大学生之家"，丰富学生课余生活。学校要积极支持师生开展丰富多彩的体育活动，使更多的学生和教职工积极参加体育锻炼。并有计划地开展军训活动，同时，要加强对学生生产劳动教育。从新生入校起，即有计划地安排一定的劳动时间，并形成制度。

第六，继续落实系（所）主任负责制条例，充分调动教学行政基层组织的积极性。系（所）主任要履行相应的职责权限，各处、室行政管理部门要明确为系（所）教学、科研服务的思想，精简会议和公文，使系（所）负责人有更多的精力和时间抓好教学科研和学生工作，从而不断提高教学质量、科研水平和管理水平。

第七，加强教育科学的研究，按照教育规律办事。我们在教学工作方面存在着种种缺陷。究其原因，与我们缺乏系统而科学的教育理论做指导，没有完全按照教育规律办事有关。去年，我校初步进行了教育科学的研究，取得了一定的进展，曾受到省高教局的重视和好评。但教育科学，尤其是教学研究工作仍然落后于教育实践，这是亟待改变的现状。今后，要集中一定的力量来研究财经类院校的教育理论与实践。同时健全学校的教育机构，在人员配置、经费上给予必要的保证和支持。广大教师和职工都应树立研究教育、遵循教育规律办事的科学态度。

（二）抓紧重点学科建设，加强科学研究，提高科研水平

重点学科建设是把我校办成重点财经大学，提高教学科研水平的重要环节。学科要对已有的5个博士学位授予点和货币银行学专业

给予重点扶持。各重点学科都要健全学术梯队，从优秀的中青年骨干中选拔学科带头人。并且要编制出拟申报的硕士和博士学位授予点的规划，为明年申报工作做充分准备。在抓好重点学科建设的同时，今年要继续提倡广大教师搞好科研，发挥两个研究所的作用，提高科研成果的质量。学校要在优先保证重点学科和重点科研项目的出版发行、人员配备、经费开支的同时，兼顾和带动一般科研任务。在条件成熟时可以搞重点科研项目招标承包制。要采取措施，改进图书资料工作。确保教学科研的需要，切实解决师生借阅图书资料上存在的困难。学校出版社要进一步坚持为教学科研服务的宗旨，多出好书，力争在今年出版教材、专著、译著30~50册。

在对外学术交流方面，要继续抓好引进智力和选派国外留学、进修人员的工作，并制定出我校外事工作的各项管理条例。

（三）加强学生和教职工的思想政治教育，坚持社会主义办学方向

学校要坚决贯彻中央指示，结合我校的实际情况，按照党委的统一部署，旗帜鲜明地开展反对资产阶级自由化的斗争。对于政治思想领域中违反四项基本原则、鼓吹资产阶级自由化的错误言论，必须态度坚决地予以抵制和批评，以确保党和国家对学校的领导。同时，必须进行耐心细致的思想政治工作，十分注意政策，分清是非，提高认识，团结广大教职工和学生，继续活跃学校民主团结的气氛。今年，要在全体教职工中开展教育目标和学校管理目标的讨论，进一步明确培养德、智、体、美、劳各方面全面发展的一代新人，是社会主义大学办学方针的基本要求，也是教学质量提高的根本标志，教师要在政治思想上严格要求、严明纪律，以身作则，为人师表，真正做到在各方面教书育人。今年，要在学生中全面开展法制教育，提高学生知法、守法、用法的自觉性；要在学生中采取各种形式开展形势、政策、任务的教育，马克思主义基本原理的教育，生产劳动教育，使学生认识自己肩负的历史使命和社会义务；自觉抵制资产阶级自由化思潮的侵蚀，维护安定团结的政治局面，刻苦学习、遵守纪律、支持改革、建设文明的校园风气，争做"四有"人才。

（四）巩固和完善后勤管理改革，进一步改善教学条件和师生员工的生活条件

后勤管理是学校工作的重要组成部分，后勤工作的好坏关系学校教育事业的发展和学校的安定团结，后勤部门要继续坚持"三服务"（为教学服务、为科研服务、为师生员工生活服务），"三提高"（提高工作效率、提高经济效益、提高服务质量），"两加强"（加强思想政治教育、加强科学管理）的原则，巩固和完善以经济承包责任制为主要形式的后勤管理改革，在今年为改善学生与教职工的学习和生活条件做几件实事。食堂要注意满足师生员工多层次、多结构的不同消费需要，办好风味小食堂。针对目前食堂存在的薄弱环节，加强采购，降低伙食成本，严格食堂内部的责任制。努力把食堂办得更有特色。学校后勤的运输、卫生、房屋分配与维修、水电供应、物资采购等项工作，在目前也面临着许多新情况、新问题，需要进行细致研究，制定出相应的管理制度和条例。新征校园建筑用地，涉及我校进一步的建设和发展，是学校基建工作的一个中心任务，要继续抓好现有基本建设项目的竣工和收尾工作，确保工程质量。上半年要尽早建好大校门及校内各干道，并搞好绿化工作，争取在今年10月以前完成旧员工食堂的更新改造项目。要抓好电教中心和计算机中心的设备接收和安装调试工作，全校各部门都要协同配合，确保贷款项目的顺利进行。上述两个中心要继续充实专业技术力量，并制定出一整套管理制度和条例，以充分发挥先进设备的效益。

（五）加强科学管理，强化工作纪律，完善各项管理制度

为了确保提高教学质量，培养更多的合格人才，学校的教学、科研、人事、后勤等各项行政管理工作都要进一步总结经验，提高科学管理水平。这就需要我们各级领导干部增强工作责任心，加强组织纪律观念，完善各项管理制度，提高工作效率。学校要在今年上半年完成全校定编定员工作，在去年已制定的职责范围基础上，各部门要修订和完善各类人员的岗位责任制，严明各项工作纪律，建立和执行考核和检查制度，加强教职工的职业道德教育和业务技术培训，并长期坚持下去，以形成良好的风气。学校还将按照上级的部署，在今年分期分批完成各级教师及其他各类专业技术人员的职务评审和聘任工作，建立起合理的职务比例，调动广大教师和其他专业技术人员的积极性。

各级领导干部要充分依靠和关心教职工，主动深入基层，深入到学生中去，搜集了解学生、教职工的情况，开辟多种渠道，听取各方面的意见。认真负责地研究和解决问题，为巩固和发展安定团结的局面，完善和深化各项改革尽职尽责。

（六）继续探索和完善校长负责制，加强教职工代表对学校的民主管理

实行校长负责制是我国教育管理体制改革的一项重要内容。完善校长负责制的一条途径，就是动员校职工代表参加民主管理学校。

学校不仅要组织教职工以主人翁的身份对各项改革和校务工作献计献策，还要进一步探索扩大校务委员会，逐步建立一个由校长主持的、具有广泛代表性的审议机构。以协助校长决策，加强党政联系与配合。为了保证教职工代表行使充分的民主监督权力，学校要定期开展教职工代表评议校级领导的活动，并使其制度化。学校还将设立校长意见箱，广泛收集和了解师生员工对学校各项工作的意见和建议。

（七）搞好建校35周年的庆祝活动

为了总结我校建校35周年的成绩和经验，继承和发扬学校的光荣传统和优良学风，争取校友和社会各界的支持，进一步打通师生参与社会实践活动的渠道，促进师生员工团结奋斗，开创学校工作的新局面，学校决定在今年10月举行建校35周年的庆祝活动，这是我校今年的一项重要工作。各部门要认识开展校庆的意义，密切协作、通力配合、勤俭办事，积极认真做好各项准备工作。并在学生和校友中开展为校争光、为校庆增色、毕业生为母校留纪念的活动。

各位代表，自上次教代会以来，在全校师生员工和各位代表的努力下，我校的办学规模又有了进一步扩大。目前，校内专业已发展到16个，学校的各个方面都取得了可喜的成绩。但是，要实现"七五"期间我校的发展目标。我们面临进一步提高教学质量的艰巨任务，面临的困难还很多，工作中也还存在着种种缺陷，还需要全体教职工齐心协力，进行艰苦努力的工作。广大教职工要进一步奋斗努力，克服困难，坚持改革，不断前进。我坚信，在当前坚持四项基本原则、反对资产阶级自由化，坚持改革、开放、搞活的大好形势下，在中国人民银行总行和四川省人民政府的正确指导下，只要我们坚决贯彻党的十一届三中全会以来的路线、方针和政策，发扬艰苦奋斗、勇于开拓、不断进取的改革精神，学校就一定能够得到更大的发展，取得更大的成绩，就能为社会主义建设事业培养出更多更好的财经专门人才。

我相信，有与会代表的共同努力，本次教代会必将获得圆满成功！

肩负起历史的重任①

——写在第六个教师节前夕

金秋之时，我们又迎来了自己的光辉节日——第六个教师节。值此，我代表学校向同志们致以节日的祝贺和亲切的问候！

过去的一年，全校教职员工呕心沥血，辛勤劳动，为贯彻党的五中、六中全会精神，维护学校稳定，培养合格人才，以及提高学校的教学、科研、管理水平，在各自的岗位上做出了积极的贡献，取得了可喜的成绩。同志们的认识有了很大转变和提高，学校的教风、学风有了显著变化。

我们的大学是社会主义大学，培养的是又红又专的社会主义合格人才，要把这项工作做好，必须依靠我们广大教职工。我们不仅要授业解惑、管理服务，而且要在教学、管理、服务过程中对学生进行共产主义理想和纪律教育，进行爱国主义和集体主义教育，引导他们树立正确的理想信念、精神追求、价值取向和奋斗目标。这是我们每一

---

① 原载《西南财大报》1990年9月1日。

个教职工的光荣职责。我们要牢固树立教书育人、管理育人、服务育人的思想。

教师是人类灵魂的工程师。我们的一言一行，直接影响着学生的政治思想和人生导向，"身教最为贵，知行不可分"。希望广大教职工为人师表，以身作则，用自己的凛然正气和实际行动，抵制极端个人主义、拜金主义、无政府主义等各种腐朽思想和不良风气的侵蚀，以自身坚定正确的政治信仰和崇高的道德情操做学生的楷模。要做到这一点，每一个教职工都必须不断地学习和提高。不但要学习业务知识，增强业务能力。而且要学习马列主义、党的方针政策，要走与工农相结合、与社会实践相结合的道路，了解国情，奉献社会。当前，全校教职工要认真学习好《关于社会主义若干问题学习纲要》，澄清模糊和不正确的认识，坚定社会主义信念。

人民把自己的子弟交给我们，这是对我们的最大信任；党和人民政府把培育为国为民有用之才的重任托付给我们，这是我们的光荣和骄傲。我们要以高度负责的精神，恪尽职守，兢兢业业，搞好工作，精心育人，在各自的岗位上做出新的更大的贡献！

知识分子要发扬爱国主义的优良传统①

江泽民同志在首都青年纪念五四报告会上的讲话，深刻地阐明了我国知识分子在新的历史条件下如何进一步发扬爱国主义精神这一重大课题，体现了党对广大知识分子的关怀、爱护与厚望，读后使人深受鼓舞。

对祖国的忠诚和对人民的热爱，是我国知识分子的优良传统。在实现我国的社会主义现代化目标的过程中，我国的知识分子，无疑应当响应党中央号召，高举爱国主义旗帜，树立高度的民族自尊、自信、自强精神，把爱国主义与社会主义结合起来，自觉地与社会主义现代化建设事业同呼吸、共命运，尽力将自己的聪明才智用于建设与改革的宏伟事业中去。

作为我国高等学校的一名老教育工作者，我对我国新一代大学生的成长寄予无限的希望。我国青年知识分子有热爱祖国、热爱人民的优良品质，但由于成长道路的特点，他们还有某些不足之处。但是，青年具有很大的可塑性。我国的大学生在思想上有了可喜的进步。因

---

① 原载《西南财大报》1990年6月1日。

此，我们要对他们给予热情的关怀和耐心的引导，从而帮助他们认识自己的弱点，促使他们健康地成长。

在继承和发扬爱国主义的优良传统中，我们广大知识分子应当站稳自己的立足点。老年人应当坚持正确的人生观和价值观，保持晚节，始终不渝地为祖国的昌盛、人民的幸福而努力。青年人要按照祖国的需要来设计个人成长的方式和道路，把自己融入祖国建设的洪流中，把祖国的强大和发达作为自己的理想。有了祖国利益高于一切的远大抱负，在人生道路上就会步履扎实，不致空虚而动摇。

《资本论》永远不会过时[①]

——刘诗白校长谈《资本论》

　　《资本论》是马克思一百多年前的著作，它只是研究了当时资本主义的生产关系及其规律，这对当今资本主义和我国社会主义建设的一系列重大问题有什么现实意义呢？带着当前学生中普遍存在的这一疑问，记者走访了著名经济学家刘诗白校长。

　　刘校长平静而坚定地说："《资本论》从来没有、也永远不会过时。青年学生应当清楚地意识到学习它的必要性。"接着，校长娓娓地说，《资本论》是马克思的科学巨著，它是一部包含着马克思主义哲学、政治经济学和科学社会主义理论的百科全书。它的重要性就在于通过对它的基本原理和辩证的方法论的掌握，从而掌握马克思主义经济理论、掌握分析经济问题的科学方法，掌握无产阶级世界观。

　　他说，尽管《资本论》写于一百多年前，尽管马克思没有看到今天的新问题、新发展。但《资本论》的科学性使它能对当今社会主

----

① 原载《西南财大报》1990年10月15日。

义经济建设和改革中出现的新问题、新情况以及资本主义世界表面繁荣现象，做出深入的分析和令人佩服的解释。西方经济学家回避资本主义经济结构的本质，回避阶级矛盾，对它的历史过渡的必然趋势更是避而不谈。但实际上，资本主义基本矛盾仍然存在，剩余价值的剥削、经济危机、贫富两极分化、社会道德腐朽等问题依然严重。不运用《资本论》，就不能对资本主义社会做出本质解释，会被表面现象迷惑。只有用《资本论》的方法论提高思维方法，站得更高，才能通过现象发现本质，从资本主义的暂时繁荣看到它深刻的不可解决的矛盾，看到它会必然被社会主义所取代。《资本论》提供的是分析社会发展的基本原理和方法论，因此，认为用19世纪的书不能阐明当今世界，已成为过时的论调，是错误的。

博士生的培养要寓教学于科研之中①

博士点是我校的重点学科和"拳头产品"，代表着我校的学术水平和发展方向。因而搞好和加强博士点的建设可以促进我校科研力量的培育、教学水平的提高以及师资队伍的建设。搞好博士点的建设，重点应当抓好以下几个方面的工作。

第一，参加各种重点课题的研究工作，要积极争取国家或省上的研究课题。近几年来，我先后主持了国家哲学社会科学"七五"重点课题《社会主义经济学原论》、1990年度课题《国有资产的营运与管理》、四川省哲学社会科学重点课题《搞活国营大中型企业研究》等研究工作。争取更多的国家级和省级研究课题，可以给我们以外部的压力和推动力，同时促进学校加强科研工作，提高科研水平，扩大学校的影响和知名度。更为重要的是，课题的研究过程同时也是博士生的培养过程，可以寓教学于科研之中。因为各种重大课题的研究，可以接触理论研究的最前沿，代表了学术界发展的最新动向，使博士生了解学术界研究的最新内容。在课题研究中，必然要求博士生阅读大量的国内外参考书和文章，这就扩大了博士生的眼界，使博士生掌握

---

① 原载《西南财大报》1991年12月1日。

更多的信息量。同时，在课题的研究中，导师可以在研究方向、研究方法及手段等方面，给予博士生以具体的指导，既能加强博士生的理论功底，又能提高博士生的科研能力。

第二，经常深入实际，调查研究。现在的学生大都是出了校门进校门，没有工作经验和社会阅历。有的虽然工作过几年又来读书，但时间不长，对社会也缺乏深刻的了解。所以在博士生的培养中，应加强社会实践环节，鼓励他们用更多的时间到工厂、农村、商店调查研究。在改革与发展中，必然会出现一些新的情况、新的问题。而这些新情况、新问题总是在实际工作中表现出来，在图书馆中是搜寻不到的，经常深入实际，才能把握到改革与发展的新动态，其理论研究才会有针对性和现实性，才会有理论上的创新和突破。通过深入实际、调查研究，才能真正了解中国的国情。对中国的国情没有深入的、全面的、真实的了解，就不可能成为经济学家。深入实际，不仅要考察发达地区，也要考察落后地区。考察落后地区，可以探讨落后的原因、发展的潜力和进一步改革的途径。考察发达地区，特别是通过沿海地区经济高速发展的对比，可以认识到公有制经济的优越性和前进方向，坚定社会主义建设的信心。

第三，注重教师学术梯队的建设。培养一批又一批的博士生，这并不是博士点建设的最终目的。加强博士点的建设，在培养博士生的同时，也培养起学术梯队。这种学术梯队，就是以博士生导师为核心或带头人，以博士生指导小组为中坚力量，以全系教师为基础和依托。加强博士点的建设，就是要在博士生导师的带动下，调动全体教师的积极性，不断提高教师的整体素质和研究水平，培养出一批又一批的新的学术带头人，通过博士点的建设带动全系的发展。以建设促进发展，使我校的教学、科研持续充满生机。

努力科研，多出成果①

　　"不仅要读书，而且要科研，这是大学生的一项重要任务。我校同学有搞科研的优良传统，这对于活跃校园学术气氛，提高大家的科研能力，意义十分重大。"这是著名经济学家、我校名誉校长、博士生导师刘诗白教授接受本报记者采访时表示的。

　　刘老说，党的十四届五中全会提出了我们的奋斗目标，我国经济发展形势较好。但随着经济体制改革的进一步深化，有许多重大理论问题需要攻克，作为财经院校的学生，就应该积极参与科学研究，关心我国的改革开放和发展。

　　谈到大学生如何搞好科研时，刘老提出三点意见。（1）学好理论。首先要打好基本经济理论和专业理论的基础，认真学习政治经济学的知识。要深入学习建设有中国特色社会主义理论，这是研究经济必不可少的理论功底。（2）要关心实际，善于观察当今经济发展的实际情况，尤其是改革中出现的难点、热点问题，如国有企业如何搞活、专业银行如何商业化、人口如何控制、农业今后如何实现现代化

---

① 原载《西南财大报》1996年6月20日。

等。（3）要加强调查，研究，注意校内校外相结合，积极参加调研，利用假期深入工厂、农村、商店、机关、银行等了解情况，掌握好搞科研的第一手资料。刘老强调：科学研究贵在创新，它是一种严肃的创造性活动，是一种创造性的精神生产。要真正取得科研成果，就必须注重平时的学习和积累，厚积薄发，也必须静下心来，付出艰辛的劳动方能获得成功。

最后，刘老殷切地希望广大光华学子要逐步提高认识，在学习中进步，在实践中提高，努力钻研，多出成果，为我国经济发展做出应有的努力。

全国高校社会主义

经济理论与实践研讨会第十次会议开幕词①

　　全国高校社会主义经济理论与实践研讨会第十次会议，在中共中央十四届六中全会刚刚闭幕之后，在在座的从事社会主义经济理论研究与教学的各位专家、教授、中青年经济学者的积极参与下，在中共四川省委、省政府及有关各方的大力支持下，以及本次承办单位——西南财经大学的精心筹备组织下，今天在成都帝殿宾馆隆重开幕了！此会是由我国一批著名经济学家、博士生导师发起，由国家教委社科司立项举办的全国性高层次的经济理论与实践研讨会，旨在推动高校社会主义经济理论研究与经济改革发展的实践相结合，促进学术交流，为社会主义市场经济体制的建立做出贡献。此会的第一次会议，于1986年在成都召开，时隔10年的今天，我国社会经济发展已跨入"九五"计划的第一年，我们又相聚在成都，召开第十次会议，共同

---

① 1996年10月。

探讨有关实现我国经济增长方式的一系列理论与实践问题，是一件具有重要意义的事情。

中国的国民经济正在迈向21世纪。这世纪之交的最后几年和今后10年，对中国的经济发展和体制改革来讲都是十分关键的。中国经济经过3年的宏观调控，已取得积极成果，国民经济的运行平稳，目前正面临着新的启动，各地出现了进一步加快发展的热情和势头。改革释放出的巨大经济活力和拥有13亿人民的中国大步向前迈进的现代化进程，将使我国国民经济迎来新一轮的增长。但是，中国还处在新旧体制转轨期，国有企业的改革还没有到位，国民经济运行中的一些深层次矛盾还没有解决。人们可以看到，在宏观调控中，对总需求的控制力度过大、时间过长，就会引起经济向不景气逆转和国有经济困难的加重。而一旦不恰当地加快速度，又会出现新的膨胀。这个矛盾是中国经济今后10年十分棘手的问题，这些问题就是我国体制深层次矛盾的表现。这决定了中国经济在迈向21世纪现代市场经济并实现新一轮经济增长的过程中，必须以实现经济体制转轨和经济增长方式转变的"两转"为主线，这也是我们党和政府制订"九五"计划和2010年远景发展目标的基本思路。

实现经济增长方式的转变，早在20世纪60年代中期就提出，应当说是一个老问题，而当前，对于中国经济进入21世纪，实现可持续发展来讲，又是一个新的经济课题。

第一，从20世纪最后5年和21世纪世界经济的发展趋势来看，我们面临着新的挑战和压力：一是全世界范围科技的飞速发展与普遍转化为生产力，二是国际性产业结构、产品结构和企业组织结构的调整加快，三是国际性竞争的加剧，经济融合性强化。纵观今后二三十年，世界经济将在波动中保持较快的发展势头，特别是亚洲各国经济增长将保持高速度的态势。尽管今后亚洲仍然是世界经济发展的主流，但是客观上亚洲，特别是中国，还是面临着尖锐的竞争和诸多的挑战，我们不能盲目乐观。在这一世界潮流中，中国经济如何继续保持快速增长，并适应全球经济一体化发展和经济结构变化做出经济发展战略的调整，以发挥自己独特的优势，这将决定中国能否在世界性竞争中取得胜利，决定中国在21世纪世界经济中的地位和命运。

第二，中共中央关于"九五"与2010年发展纲要提出了我国要实现跨世纪的发展工程，我国经济将要发生四个方面的大的变化：（1）经济体制要实现旧体制向新体制的转轨，建立起比较完善的社会主义市场经济体制；（2）产业结构要实现优化和升级，使第一、二、三产业之间保持合理的协调发展；（3）彻底消除贫困，人民生活水平将实现小康水平并向比较富裕的水平迈进，精神生活更加丰富和健康；（4）工农关系、城乡关系、社会环境、生态环境要更加协调与改善，这表明了社会主义经济将更加完善与发展，根据这些发展目标，要把我国国民经济的整体素质和综合国力提高到一个新的水平，靠旧的经济增长方式是难以达到预定目标的，我们只有实现经济增长方式的转变，才能既快又好地实现我国的发展目标。

第三，从转轨期我国经济运行的特征来看，表现为非常规性的周期性的高通胀，其深层次原因，在于速度、增长模式以及经济体制三个方面。转轨期改革不到位的微观主体，不完善的市场机制，以及宏观调控体系尚未形成，以致微观搞活而缺乏自我约束的企业内生膨胀，市场外约束和政府调控乏力，使之成为转轨期经济运行中的基本矛盾。这一矛盾造成了一种经济易热症，其特征是：过度的基建控制不住，银行承受着经常性的信贷压力，一旦出现增长速度过快或粮食减产、副食品供应不足等情况，经济就会升温，并迅速演化成两位数的通胀。这是一种为转轨期体制及调控机制缺陷所催化的通胀，是中国改革以来经济运行中一再出现的不良循环的根源。因此，我们需要坚持国民经济稳定、持续健康发展的方针，防止经济大起大落，从而实现经济的良性循环。而国民经济的良性循环，必须建立在集约化经济增长方式的基础之上，置于科技进步、结构调整和产业升级的基础之上，走一条投入省、产值大、效益高的发展道路，即集约型的高增长方式，这是未来15年内保持经济高速度和低通胀的关键。

如何实现经济增长方式转变，这是一个需要研究的、十分复杂的问题，也是我们这次会议要讨论的问题。经济增长方式转变的根本前提是体制的转换，众所周知，改革十多年来，国有企业改革做了多种尝试，历经了多次曲折，至今仍步履艰难，未能取得实质性进展。目前不少企业处在困难境地，而且越来越困难。如果国有企业改革不能走出困境，转换机制，又怎能转变经济增长方式呢？党中央与江泽民总书记对国有企业改革十分重视，提出了要明确目标，找出重点和难点，坚持"三个有利于"的标准，敢试敢闯，引导改革的深化和形成新的改革势头。对于国有企业改革问题，一是要认识到改革的紧迫性；二是坚持企业改革在整个体制改革中的中心环节地位；三是要打攻坚战，采取决断又切实可行的措施，争取在短期内使国有企业改革有实质性突破，从而带动整个体制改革的深入和转轨的成功。

本次讨论会的主题是实现经济增长的转变，围绕这一主题，与会代表提交了100多份有较高质量的学术论文，代表们将围绕经济增长转变的重要性与迫切性，两个转变的关系，经济增长方式转变与深化企业改革，以及转变经济增长方式的基本途径、障碍、困难等问题展开深入讨论。此次会议是近年来探索我国经济增长方式转变问题的研究成果的一次展示，也是全国高校经济学研究学术交流的一次盛会。高校社科研究，以其独具的学科优势和人才优势，一直是我国哲学社会科学研究中一支十分重要的力量。高校经济学科教育事业处于科技、教育和经济的交汇点上，学校的人才培养、科学研究同经济建设直接相连，休戚相关。大力发展社科研究，不断提高学校科研水平，充分发挥其促进我国经济体制改革和经济现代化的特殊作用，这是我们义不容辞的责任。

目前，我国正处在一个承前启后、继往开来的重要时期。今后15年将建立起比较完善的社会主义市场经济体制，全国实现第二步战略目标，并向第三步战略目标迈出重大步伐，为21世纪中叶基本实现现代化奠定坚实基础。这个伟大的历史进程，为哲学社会科学研究的发展和繁荣提供了前所未有的历史机遇，同时也提出了新的任务。我们必须抓住机遇，做好工作，进一步繁荣高校社会主义经济学研究，为实现跨世纪的宏伟目标提供有力的精神动力、理论支持和思想保证。

今年4月召开的全国哲学社会科学"九五"规划会议，提出了哲学社会科学"九五"规划的指导思想，这就是：以马克思列宁主义、毛泽东思想和邓小平理论为指导，坚持党的基本路线和基本方针，坚持理论联系实际，坚持重在建设，坚持"百花齐放、百家争鸣"，我希望将这一指导思想也贯彻于这次会议之中。在这次研讨会上，我们应提倡严谨、科学的学术风气，力求宽松、平等、祥和的会议气氛，促进院校之间交流，增进同行朋友之间友谊。

全国高校社会主义经济理论与实践研讨会的召开，今年已经是第十次。我们已经过了第一个十年，现在要迈向新的十年。这个会议的召开，首先要感谢国家教委，感谢积极支持这个会议的各个高校，以及一直承担这个会议的组织、领导工作的各位专家、教授。可以这样说，这个会议在全国经济学的研讨会中是举办得很成功的。这几年，在各位老专家、老教授的指导下，我们的一大批中青年经济学者、年轻的博士们不断成长，这是令人十分高兴的事情。今后这个会议主要还要靠他们，靠他们坚持好这一块研究阵地。

最后，我还要讲的是，我国现在所要进行的这一场伟大的历史性变革是前所未有的、没有现成经验的。对改革的前景我们满怀信心，但要解决的矛盾也是十分复杂的。目前，改革在许多方面不尽人意，虽然是一个实践问题，但更多的是一个理论问题，有关深化改革的一些重大理论问题并没有搞清楚，因此，我们要充分认识到中国经济学家所面临的任务的艰巨性。这也表明，当代马克思主义理论经济科学的确是重要而又重要的，关键是在新的历史条件下加强理论联系实际。中国经济学家要站得更高些，看得更深些，切不可被表面的一些现象所迷惑，为暂时所取得的一些成果冲昏了头脑。总之，我们希望在这一切历史性变革中少犯错误，少走弯路，少付改革成本，使体制转轨更加顺利。

预祝大会圆满成功！

香港回归：两地经济发展的新机遇①

——在环太平洋1997香港会议上的发言

还有三天，香港将回归祖国，实现邓小平同志"一国两制"的伟大构想。香港回归，揭开了中国发展的新的一页，也标志着香港历史新纪元的开始，海内外同胞无不感到欢欣鼓舞。

世纪之交，香港回归将使内地和香港在经济发展上，形成怎样的合力、怎样的态势、怎样的前景呢？

一、香港回归不仅仅是政治上的回归，而且在经济上将使香港与内地进一步互促互补

首先要指出的是：由于1978年以来中国实行具有历史性的改革开放，香港成为中国走向世界的桥梁，是内地经济和国际经济相连接的枢纽。因此，19年来，内地和香港的经济联系不断扩大，经济合作不

---

① 1997年6月28日。

724

断发展。香港和内地的贸易不断增长，内地对外贸易65％是通过香港来进行的。香港在内地的投资活动迅猛增长，香港企业家前往内地投资办厂络绎不绝，特别是20世纪80年代中叶香港一些产业大举转移到广东。以内地为依托的商贸、投资等业务促进了香港的转口贸易、金融业、航运业和其他经营业务的发展，使香港经济不断发展和日益繁荣。另一方面，两地的合作也促进了内地经济的发展。内地近年来每年引进的400亿美元以上的外资中，香港占有很大份额，内地使用的银团贷款90％是经香港安排的。内地沿海许多省区对外贸易的不断扩大，企业和产品进入国际市场，在很大程度上是借助香港这个"跳板"，香港在对外经贸和国际金融活动中的管理能力及经验，也是内地可以学习和借鉴的。内地自1992年起开展境外证券融资，通过发行H股筹资200多亿元港币。总之，中国内地和香港在经济上的联系日益紧密，互促互补，实际上业已出现了一个香港—内地经济一体化的进程。

香港回归后，就内地来说，需要借助香港进一步实现经济国际化，就香港来说，实行高度自治、港人治港的香港，完全可以也需要继续原来和内地的经济联系与合作，加强香港—内地经济一体化，进一步增强两地的互促、互补，实现共同发展和共同繁荣。

二、以快速、稳定、持续发展的中国内地经济为依托，香港经济有着更好的发展机遇

需要着重指出的是，"九七"以后，由于有稳定快速的中国内地经济为依托，香港面对着新一轮的发展机遇。实行改革开放的中国，经济走上了快车道，从1978年至1996年，19年平均年增长率9.9％。中国经济兴旺发达，人民生活日益富裕，综合国力不断增强。显然，充

满活力和高速增长的中国经济，已成为支撑东亚经济快速发展的主要动力。1993年7月以来，中国经过4年的宏观调控，已基本上遏制了因经济"过热"造成的通货膨胀，1996年成功地实现了"软着陆"，该年物价涨幅由1995年的14.8％下降到6.1％，而经济保持着9.7％的高增长率。

1997年中国经济呈现稳定增长的良好势头，将会有一大批新的项目开工新建。中国总结了经济由"过热"而"膨胀"的经验教训，也获得了在抑制通胀同时防止经济衰退的宏观调控的新经验。中国将继续采取适度从紧、适时微调的方针，进一步保持国民经济持续、快速、健康发展。据预测，今年经济增长速度将保持在8％以上，全社会固定资产投资、居民收入和消费等都将保持稳定增长。物价上涨幅度今年将比去年的实际涨幅低一些，即降到6％以下。

走向21世纪的中国将坚持深化改革、扩大开放的基本国策，1997年将进一步加大国有企业改革的力度，缓解经济转型期国有企业的困难，要争取在20世纪末，基本上建立社会主义市场体制，依靠新体制的活力，依靠政府"稳中求进"的方针和宏观调控，中国完全有可能在未来十多年中保持8％左右的高增长。西方一些人士担心中国今后的增长速度会放慢，这种担心是缺乏根据的。

可见，有快速、稳定增长的内地经济为依托，香港的外贸、金融、航运各业都将获得有力的支撑，从而为香港经济克服近年来发展中的困难，争取稳定发展和繁荣，提供坚实的基础。

三、把握机遇，加强合作，促进两地经济同生共长

香港回归，对于两地经济发展是一次难得的历史机遇。抓住机

遇，加强合作，香港经济和内地经济前途无限光明。

"九五"期间是中国实行大开放、促进大发展的新时期。"九五"期间中国内地基础设施和基础工业需要投入的资金以数万亿人民币计，中国将积极而有效地利用国际资本，水利、能源、交通、通信、石油化工、汽车等领域及其他支柱产业和第三产业，都将为成为引进外资的广阔领域。内地和香港的金融合作会逐步向全方位、高层次推进，香港作为内地筹措银行贷款的中介作用将更为重要。工业合作会更上一层楼，除劳动密集型企业可以继续向内地转移外，在中国实行的产业升级中，在技术密集型产业中的投资机会会进一步增加。另一方面，在香港的产业结构调整中，香港也完全可以利用内地高科技人才优势和先进科技成果，以加快香港经济转型和产业结构的优化。总之，香港和内地之间互惠合作的渠道将进一步拓宽。

值得一提的是，西部地区经济的发展，将为香港提供一个崭新的地域空间和投资热土。

中国是一个拥有960多万平方公里土地的大国，西部十省市，土地面积538万平方公里，占全国土地的56%，在人口上占26%。西部地区拥有丰饶的农业资源，四川的成都平原以农业著称，被称为"天府之国"。新疆已经是全国棉花最大产地。特别是西部拥有丰富的水能资源，四川攀西地区水能可开发量达5924万千瓦，平均每平方公里可发电286万千瓦，为世界平均水平的40倍，为全国平均水平的14倍，比世界水能资源密度最大的瑞士大3.7倍。装机容量330万千瓦的二滩电站，1998年第一台机组将投入运行，2000年全部建成。西部地区是矿产富集区，四川的攀枝花地区更是一个聚宝盆，磁铁矿储量100亿吨，伴生和共生有钒、钛、钴、镍等20多种稀有金属，称为"钒钛王国"，稀土产量居全国第四位。

中国西部地区绝不是落后的农业省区。早在20世纪50年代，中国政府就将机械、电力、化工等大工业布局于此。1970年全长1100公里的成昆铁路通车，1974年位于四川的攀枝花钢铁公司开始投产，目前年产钢铁300万吨。四川西昌是中国有名的航天城，它是卫星发射基地。特别是改革开放以来，西部地区老工业基地焕发了青春，出现经济增长的好势头。许多新兴产业，如电子、通信、汽车等行业迅速崛起，成为西部地区新的经济增长点。如四川长虹公司，近10年来每年以30%的速度增长，1996年生产彩电480万台，销售收入超过100亿元，其产品国内市场占有率达30%以上。

特别要提到的是坝高185米、装机容量1820万千瓦、年发电量847亿度的超大型三峡电站已经开工。三峡工程基建和移民投资900亿元，100万移民的迁移和就业，城市搬迁以及各种新的建设项目，这一切将产生一个数千亿元人民币的投资需求，使三峡地区成为长江上游的新的经济增长点。

西部地区地处内陆，经济发展比沿海省份缓慢，近年来出现了东西部经济差距扩大的情况，有鉴于此，1995年中国政府提出加快西部地区经济发展的战略决策。国家将增加对西部的财政投入，优先在中西部安排能源开发和基建设施项目，鼓励沿海地区和外商向中西部投资，放宽西部地区的引资审批权限等。为了加快西部发展，以上海为龙头的长江流域经济带的建设正在实施之中。西部各省正在抓住机遇，加快发展，西部交通建设正在热火朝天地开展，全长898公里的南昆铁路即将通车，南疆铁路即将兴建，重庆成为中央直辖市后，四川要加快交通建设，有5条高速公路要开工，还有长江港口建设、航线建设。四川1997~2000年将建设高速公路1000公里，此外，西部大城市如成都、重庆、兰州、郑州都在建立商贸中心和大力发展金融业。可以说，在中国正在出现西部崛起的新现象：西部自身正在加快发展；西部投资环境的改善，比较利益的吸引，特别是西部大市场上购买力的增进，使西部成为投资热土。近年来，沿海地区的企业纷纷瞄准西部和向西开拓，国外大公司纷纷在西部设立分支机构；海内外厂商——港、台商，以及东南亚厂商和西方大公司——也越来越把目光转向西部。的确，可以说在中国开始了一种"西进"，它表明：西部地区经济发展正在加快。西部经济的发展，为香港经济的进一步繁荣提供了新的机遇和更为广阔的空间。从这个意义上讲，今后内地和香港的经济合作，将在更大的层面上来进行。香港以及海外有实力、有远见的企业家应该把目光投向内地，尤其是中西部地区。在越来越开放的中国，在经济越来越市场化和国际化的中国，在中国广阔的西部，有着众多进行开拓的机会。

总之，香港回归对香港和内地都带来良好机遇，抓住机遇，加强合作，互补互促，共同发展，共同繁荣，香港和内地前途无限光明。

刘诗白教授谈
社会主义所有制理论的重大突破①

省政协副主席、省社科联主席、著名经济学家刘诗白教授在省社科联第四届第一次常务理事会议上，畅谈学习党的十五大精神的体会。他认为，江总书记对所有制问题所作的系统阐述，是社会主义所有制理论的重大发展。

第一，大力深化所有制改革，推进全面制度创新。所有制问题，是中国由计划体制向市场体制转换中遇到的一个重要而棘手的问题。十五大提出了要调整和完善所有制结构，要探索和完善公有制新形式，有效利用股份制和股份合作制，要搞好国有经济结构的调整。而模式转换中的所有制改革，要在新的实现形式下，使市场机制的作用与国有企业为主体的公有制相结合，这是一项前无古人的创举。

第二，以公有制为主体的科学阐述。十五大报告提出的在整个社

---

① 1997年9月24日。

会主义初级阶段实行以"社会主义公有制为主体，多种所有制经济共同发展的基本制度"，这是对我国社会主义所有制结构的内涵的科学阐述。十五大报告提出了所有制改革的一系列新思路，这符合市场体制下公有制的性质与发展规律。特别是报告中有关公有制表现为多种形式上，主体地位表现在资产上，国有经济主导作用表现在控制"命脉"和控制力上，公有资产要讲求质、讲求竞争力，国有资产要讲求"整体质量"等，这一系列命题的提出，是基于对我国和国外经济的科学总结，这是发展公有制经济要立足实际、讲求实效的思路，是马克思主义的思路，意义十分重大。

第三，努力寻找公有制的新的实现形式。十五大报告阐述了公有制实现形式可以而且应当多样化这一意义极其重大的命题。在市场经济中，企业的组织形式总是要适应主客观情况的变化而不断变化，但是企业形式的变化是所有制实现形式的变化，而不是公有制性质的变化。报告在把公有制实现形式和公有制性质两个不同范畴加以区分的基础上，提出公有制实现形式可以而且应当多样化的命题，是对市场经济中企业组织结构变化的规律的深刻揭示。

十五大指出股份制是现代企业的一种资本组织形式，并阐述了利用股份制，实行国家和集体控股的重要意义。报告中有关股份制的理论阐述，抓住了当前国有企业改革与发展中的一个关键问题。发展股份制经济是我国在新时期贯彻"两个转变"的一项重大战略措施。

党的十五大报告有关社会主义所有制的阐述，立足中国改革的实际，进行理论的新阐述，突破了传统理论的框框，是社会主义所有制理论的一次重要创新。而在所有制问题上做出的理论创新，是1979年以来我国又一次重要的思想解放，它将有力地推动我国新时期的改革开放进程。

刘诗白建议：放手让国有企业实施并购①

在10月27日由省社科联、省经贸委召开的四川省国有企业资本运营讨论会上，省政协副主席、省社科联主席、著名经济学家刘诗白提出，放手让国有企业实施兼并和收购。

刘诗白指出，随着世界经济的飞速发展，国际贸易竞争日趋白热化。可以预见，中国不久将加入世界贸易组织，我国的企业将面临更加严峻的挑战。对此国有企业要有危机感。由于种种原因，目前我国、我省仍有相当数量的国有企业缺乏活力，经营困难。十五大报告关于公有制实现形式多样化和力争到20世纪末使大多数国有大中型企业初步建立现代企业制度的论述，为国有企业改革指明了方向。理论和实践都表明，推进资产重组，通过并购，依靠资本运营来实施企业集团战略，是使国有大中型企业经营状况明显改善的重要途径之一。一个企业依托资本市场来实现其扩张和发展的目标，就是资本运营。资本运营的重要方式是兼并和收购。通过并购，可以盘活国企存量资产，在较短的时间内实现低成本的规模扩张。我省的长虹电器（集

---

① 1997年11月4日。

团）股份有限公司就是这方面的成功范例。它已经走过了简单依靠自身利润扩大再生产的资本积聚阶段，正在通过兼并、收购等资本运营方式迅速扩张为实力雄厚、在本行业起支撑作用的大集团。建议国家和省政府以十五大精神指导资本运营的实践，放手让长虹这样的"航空母舰"式的上市公司利用自身的优势，打破地区、行业界限，实施兼并、收购，到成都经济圈乃至香港等地搞规模扩张和战略重组，进而逐步进入国际资本市场，拓展资本运营空间，提高资本运营的水平和效率。力争在可以预期的几年内扩张为全国最大的企业集团，进入世界500强。

省上在放手让国有企业实施兼并、收购时，重点抓大公司，促使其高水平运作，与国际接轨运行。要给大公司创造条件，支持其并购、联合、控股、上市。我省搞股份制较早，股份制企业较多，一方面要充分发挥上市公司在二级市场直接筹资的功能；另一方面对有优势的国有大企业，放手让其与业绩差的上市公司实施资产重组，借"壳"上市。通过各种筹资方式，快速进行资本集中，培育企业巨人，形成产业支柱。省上对重点抓的大公司，应给特殊政策。第一步可集中力量，重点支持一两家、两三家实力最强的扩张型企业，使其组建为本行业最大的集团公司，带动一批中小企业，条件具备，可以把公司总部放到香港去。

21世纪两岸经济要互补促进[①]

为了促进跨世纪两岸经济关系的发展，海峡两岸关系协会在此间主持召开"跨世纪两岸经济关系展望研讨会"，旨在贯彻党的十五大精神，发展两岸关系，推进祖国和平统一进程。下面就跨世纪两岸经济合作等问题，谈几点意见。

一

改革开放以来，我国经济快速发展，1992年至1996年，国内生产总值平均增长12.1%。尤其是1996年经过4年的宏观调控，基本上遏制了因经济"过热"造成的通货膨胀，避免了大起大落，成功地实现了"软着陆"。显而易见，充满活力和高速增长的中国经济，已经成为支持东亚经济快速发展的主要动力。今年，我国继续采取适度从紧、适时微调的方针，进一步坚持深化改革、扩大开放的基本国策，以大开放促进大发展。众所周知，较高的经济增长率意味着较多的投资机

---

① 此文是"跨世纪两岸经济关系展望研讨会"发言稿，1997年。

会，意味着巨大的潜在投资回报，经济高速成长的中国目前正成为世界上最富吸引力的投资地区。"九五"期间，我国内地基础设施和基础工业需要投入的资金以数万亿人民币计，这意味着我国将以更加积极的姿态走向世界，完善全方位、多层次、宽领域的对外开放格局，发展开放型经济，有效地利用国际资本，以增强国际竞争力，促进经济结构优化。

党的十五大政治报告指出，要大力发展两岸经济交往和合作，加速实现直接通邮、通航、通商，继续加强两岸人员往来和科技、文化等各个领域的交流。改革开放以来，海峡两岸的经济交往和合作不断发展。据统计，台湾地区贸易中转出口或转进口大陆的比例非常高，达70%以上；还有20%左右输入香港。两岸间的贸易总额，1996年为210亿美元，这说明大陆不仅成为台湾地区最重要的出口市场，而且两岸间已形成庞大的贸易流量。两岸间的相互投资，近年来也呈上升趋势。"八五"期间，台商赴大陆投资累计达3万余宗，投资总额超过300亿美元。由于两岸直接通邮、通航、通商仍受某些客观原因限制，两岸经济贸易大多还要经香港转口进行。香港在海峡两岸之间的贸易投资方面起着重要的中介作用。1997年香港回归后，这种作用将进一步加强。

1997年10月签署的中美联合声明指出，为了实现中国全面参加多边贸易体制的目标，中美双方同意加快谈判进程，使中国尽早加入世界贸易组织。"复关"在即，作为全球贸易大国的中国必将更进一步按国际惯例处理对外经济事务，积极合理有效地利用外资，更好地利用国内、国外两个市场、两种资源。香港回归，对于两岸经济及香港经济发展是一次难得的历史机遇。海峡两岸暨香港经济上互通有无，通过加强经济贸易联系和产业联结，借助市场机制的要素流动和优化组合，就会构筑起中华金三角，促进海峡两岸暨香港经济同生共长。根据中美会谈，中国加入世界贸易组织，将有利于在国际经济贸易架构下把两岸现存的经济障碍逐渐扫除，使两岸真正实现"三通"。同时，加快国有企业改革，缓解经济转型期国有企业的周期，经济合作也大有文章可做。如海峡两岸暨香港的跨国大型企业集团，若能通过长期投资，利用各自的资金、技术、经营管理及市场优势，将在国际市场形成一支强大的经济力量，使海峡两岸暨香港同盟共利，共同繁荣。

二

我国西部地区地处内陆，经济发展比沿海地区缓慢，东西部地区经济差距有扩大的趋势。例如，前些年沿海地区企业以国际上20世纪90年代水平为目标，初步完成了大规模的技术装配更新，并由此在高附加值的商品市场占据优势地位，而大多数西部地区却未能在整体上赶上这一轮技术更新浪潮。希望在下一轮经济发展中缩小这一差距，无疑是十分困难的。何况随着国际市场的开放，西部地区资源和原材料工业的优势将相应减弱，其对全国经济的影响力更会有所降低。另外，西部地区无论是所有制结构，还是产业结构、产品结构，都不甚理想。不仅偏重重化工业，分布不合理，而且所有制单一，结构调整的任务很重且步子缓慢。同时，国有企业经济效益大幅度滑坡，且亏损面扩大，较全国尤甚。有鉴于此，我国政府1995年做出加快西部地区经济发展的战略决策，增加对西部的财政投入，优先在中西部安排能源开发和基建设施项目，鼓励沿海地区和外商向中西部投资，放宽西部地区的引资审批权限等。党的十五大又特别指出，要从多方面努力，逐步缩小地区发展差距，特别是要加快改革投融资体制，促进地区经济合理布局和协调发展。政策的导向和比较利益的吸引，使西部地区成为投资热土。不仅许多沿海地区企业纷纷"西进"，在西部地区投资建厂，而且越来越多的港商、台商及国外大公司也越来越多地把目光转向西部。毋庸置疑，西部经济的发展，为海峡两岸暨香港经济提供了更为广阔的空间和更大的层面。

以四川为例，四川是我国西部地区最具战略意义的重要省份。改革开放以来，四川已由过去典型的农业为主导的经济，转变为工业与农业全面发展、以工业为主导的经济。四川资源富集，劳动力量多价廉，有利于发展我国具有比较优势的劳动密集产品的生产和出口。四川市场广阔，不仅以人口计的潜在市场居全国前列，而且其对我国中西部地区，以及东南亚、南亚、西亚和苏东①市场的通达性，极富吸引力。四川还是我国"三线"建设的重点地区，具备比较雄厚的从科研到生产的资产存量，是全国重要的研究与开发基地和军转民的主战场。尤其是改革开放以来的发展，四川的交通通信等投资硬环境明显改善，政策法规等投资软环境也比较宽松。今年11月，三峡大坝已成功截流，三峡工程100多万移民的搬迁和就业，城市重建以及各种配套建设项目，绝大多数在四川，这一切将产生一个数千亿元人民币的投资需求。因此，海外有实力、有远见的企业家和财团，越来越把目光投向内地，尤其是包括四川在内的中西部地区。

如今，随着海峡两岸关系的发展，"台资内移"的趋势日益明显。尽管四川与台湾的经济交往和合作起步较晚，但发展较快。截至1996年底，四川共有台资企业1235家，总投资13.98亿美元，实际利用台资近10亿美元，位居西部地区前列。位于成都温江县的台商投资

---

① 苏东：本文指苏联以东地区。苏联解体后，现称原苏东地区。

区，目前已初具规模。该区借鉴台湾高雄加工区和新竹科学园区的先进管理经验，聘请台湾知名管理专家常驻投资区，与成都市共同投资开发，共同招商引资和经营管理。现已引进中国台湾统一、味全，泰国正大，中国香港锦丰等30余家企业，总投资3.63亿美元。目前统一、锦丰等企业已经投产，年产值达4亿元人民币以上。四川上市公司金路集团旗下的金路皮革公司，引进台湾制革技术和设备，产品质优价廉，市场销路看好，并返销到台湾，该公司与乐山永达电子公司等台资企业成为四川省的创汇大户。台湾中兴纺织集团与成都针织厂合资生产台湾名牌"宜尔爽"内衣，使成都针织厂起死回生并扭亏为盈。其他如四川引进台湾统一、康师傅、旺旺食品及益华饮料后，产品质优价廉，十分畅销，使"四川人喝珠江水，吃广东饼"的局面有所改观。还有台湾邱永汉集团、太平洋百货、新东阳等知名企业都在川投资开店，以其独特的经营风格和良好的服务质量，树立起良好的商业形象。

两岸经济互补促进，大有可为。今后一个时期，尤其是十五大召开后，两岸经济交往与合作将进一步发展。四川具有吸引台资入川的独特优势，来川投资的台商必然越来越多。21世纪世界经济的重心在中国，而经济潜力无穷的四川最具吸引力。分享未来中国市场，四川乃最佳基地，这是在川投资台商的共识。他们认为，在川投资，其产品可以全部内销，劳动力价廉物美，土地使用期最长，投资建厂手续简单，优惠政策最突出，规划周边公用设施最完善，这些优势足以使台商在川发挥最大作用。为了贯彻落实《中华人民共和国台湾同胞投资保护法》，四川省制定和出台了相应的实施办法，以保证将台商应享受的各项优惠政策和居民待遇的有关规定落到实处。可以预见，随着四川改革开放的进一步扩大，软硬件环境的进一步改善，四川以至我国中西部地区必将成为台商投资的新热点。其投资领域也将不断拓展，出现以投资带动贸易，以贸易促进投资的趋势。除了继续以技术层次较低的劳动密集型为主以外，技术层次较高的资本密集的项目将呈递增趋势，同时在农业、科技、旅游、娱乐服务等行业方面有所进展，金融市场方面也极有可能出现新的突破。

三

海峡两岸暨香港经济交往和合作的前景是令人鼓舞的。但同时也应当看到，海峡两岸暨香港经济交往和合作的规模和水平，与其经济发展的需要相比，还很不相称，合作的潜力还远未充分发挥，甚至存在一些人为的障碍，使台商来大陆投资受阻。因此，进一步扩大海峡两岸暨香港经济交往与合作，还必须注意解决以下两个问题：

第一，要提高对外开放水平，适应国际经济趋势和跨世纪现代化战略的要求。全球市场和经济逐渐走向一体化，是国际经济的发展趋势。特别是我国面临"复关"，提高对外开放水平就更为重要。20世纪90年代以来国际资本加速流动促进各国资本的互相渗透，这为我国提供了千载难逢的发展机会。因此，我们应该进一步解放思想，以小平同志"三个有利于"为标准，趋利避害，逐步扩大开放程度，充分利用国际国内两个市场、两种资源来发展自身。小平同志曾说过：与外国人合资经营，也有一半是社会主义的。合资经营的实际收益，大半是我们拿过来。不要怕，得益处的大头是国家，是人民，不会是资本主义。因此，以这样的态度来发展海峡两岸暨香港经济交往和合作，就有利于海峡两岸暨香港经济互补促进，共同繁荣。

第二，中西部地区要有重点、有步骤地扩大开放，进一步改善投资环境。近几年来，四川乃至全国能源、交通、通信等投资硬环境日益改善，如南昆铁路即将通车，南疆铁路即将兴建，达万铁路的动工，成渝高速公路的通车，长江港口建设、航线建设等都富有成效。重庆成为中央直辖市，成都、郑州、兰州建立商贸中心，这些都说明投资环境日益完善。但是，差距还是存在的，尤其是中西部地区与沿海省市相比，还需要进一步采取切实可行的措施，在改善投资环境上下功夫。在软环境方面，要抓紧制定和完善对外招商引资的经济法律、条例和政策，保持其持续性和执法的严肃性。要切实转变政府职能，提高工作效率，简化办事手续，以广开渠道招商引资。制定一些优惠政策，甚至一定程度的让利是必要的。但要有原则，不能为了本部门的利益，以"优惠条件"为名，行损害国家利益之实。

世纪之交，两岸经济交往和合作大有可为。可以相信，只要两岸的中华儿女共同努力，我们中华民族的经济将会有一个更加光明的未来。

打好国企改革攻坚战[①]

国有企业是我国国民经济的支柱。搞好国企改革，对于构建我国社会主义市场经济体制，保证公有制经济的主体地位以及社会的稳定，具有非常重大的意义。特别是在目前形势下，进一步加大改革力度，深化国企改革，对于缓解有效需求不足给我国经济发展带来的不利影响，推动企业投资和社会投资，促使我国经济步入良性循环，确保经济有效增长，更具有十分重要的作用。

国有企业改革既是我国经济体制改革的重点，也是难点。近年来，四川省国企改革不断深入，取得了一定成效，出现了一批以长虹为代表的发展快、效益好的明星企业。但是从总体上看，形势不容乐观，国有企业仍面临着许多矛盾和问题，主要有：效益低下，部分企业亏损严重，下岗职工增多，结构调整进展缓慢，企业投资积极性不高等。总的来说，当前国有企业所面临的困难是经济转轨到深层次改革阶段难以避免的。但是，国有企业面对的困难并非不可克服，党的十五大提出了对国有经济和国有企业进行战略性大改组的一系列方针

———————————

① 1997年。

政策。只要我们认真贯彻好十五大精神，解放思想，结合实际，锐意深化改革，完全有可能使国有企业充满活力。

一、积极推进结构大调整

在市场经济中，企业要增强竞争力，首先要有一个好产品，这是结构调整的一个重要方面。我国国有企业产品结构不合理，多年甚至几十年一贯制的老产品占有很大比重，产品品种结构单一，技术含量低，更缺乏名牌产品和拳头产品，其结果是国有企业产品缺乏竞争力，市场空间日益萎缩。这一问题在四川省也表现得十分突出，"喝珠江饮料，穿外省衣着""乐不思蜀"的市场现象愈演愈烈。企业产品结构不合理已成为制约国有企业效益提高的一个重要因素。特别是受亚洲金融危机影响，国内需求不足，市场严重疲软，竞争更加酷烈，产品结构问题更成为关系企业生死存亡的问题。因此，必须把狠抓产品结构调整作为搞活企业、提高效益的一个重要途径。企业要依靠科技进步，加大技术改造力度，增强技术创新能力，以市场为导向，不断调整和优化产品结构，发展适销对路的名优产品，压缩低效益产品，淘汰亏损产品，特别是要研制和开发高档次、高质量、高效益、市场覆盖面宽的名牌产品、拳头产品，并力争做到"人无我有，人有我优"。目前我省已涌现出一批名牌产品和一批效益好且在全国知名的企业，其中一个很重要的原因就是狠抓了产品结构的调整。如长虹彩电之所以能占有全国50％的市场份额，在于其质量精湛和不断创新。

调整产品结构要通盘考虑，优化产业结构，建立特色经济。因此，政府要加强宏观调控和监督，促进产业结构的调整和优化，杜绝重复建设和盲目建设。

二、积极推进资产大重组

市场经济条件下，经营性国有资产本身就是资本，资本只有在流动中才能不断增值。国有资本若不能流动，国有资产就成为滞存的、低效益和无效益的资产，企业也会因此"老化"，产品就会过时和丧失竞争力。国有资产重组，就是要通过企业国有产权大范围、跨行业、跨地区的转让和流动，盘活存量资产，使优势企业实现低成本扩张，在扶优淘劣中促使企业组织结构调整和产业结构优化。四川省近年来的实践证明，一个企业搞好重组，企业就活；一个地区加大重组力度，该地区经济发展就较快。例如：成都420厂与广东容声电冰箱厂联合组建西部科隆公司，推出的新家电产品市场前景非常看好；成都卷烟厂对四川卷烟厂进行整体兼并，大大增强了烟厂的实力。

四川省作为老工业基地和国防重点建设的地区，拥有众多的国有大中型企业，国有资产存量在全国居于前列，这是我们的优势，但也存在着重复建设、投资分散、缺乏规模效益、设备不配套等问题。如何在新的形势下把这一批存量资产用好用活，把明摆着的潜力深入挖掘出来？唯一有效之途是大力推进国有企业的战略性改组，即资产流动重组。

要采取多种形式，如收购、兼并、合资嫁接、参股、控股等，只要有利于生产发展和效益提高，各种形式都可以大胆尝试。要抓住重点，在充分论证的基础上，认真搞好资产重组，促使国有资产从分散的中小企业向大型和特大型企业集团，从劣势企业向高效的优势企业，从一般竞争性领域向关键性、战略性领域集中。

为有效推进国有资产流动重组，必须打破部门、地区的界限，拆除人为设置的"藩篱"，使国有资本能真正跨行业、跨地区顺畅流动。同时，政府要转变职能，防止"拉郎配"、盲目"捏合""堆大"。政府应发挥积极引导和推动的作用，制定相应的政策措施，引导各地区、各部门存量资产的重组；运用好财政、信贷等经济手段，促进企业改组；培育和发展资本市场，促进产权交易规范化；帮助企业做好不良债务的清理工作。

三、积极推进机制大转换

无论是结构大调整，还是资产大重组，其顺利开展并取得应有成效，必须搞好企业改革，实现机制大转换。目前，国有企业之所以处境艰难，说到底主要是传统体制下形成的僵化的企业经营机制不适应日益市场化的经济环境所致。因此，当前国企的攻坚战必须以深化改革、实现机制大转换为重点。

要搞好公司化改革，实现企业产权制度创新，转换企业经营机制的根本问题在于产权制度改革，企业要成为市场主体，首先必须成为产权主体，所以，必须通过以产权改革为核心的企业制度创新，即通过构建法人财产制度实现企业经营机制的转换。为此，要切实按照《公司法》对国有大中型企业进行公司化改造，建立和完善法人治理结构，使企业成为自主经营、自负盈亏、自我发展、自我约束的法人实体和竞争主体。要继续通过改组、联合、兼并、承包经营和股份合作制、出售等多种形式，加快放开搞活国有小企业的步伐。

要加强企业的管理。国有企业的活力在于：好产品+好机制+好管理。当前进一步加强企业领导班子和企业家队伍建设十分重要。国有企业的领导干部不仅要有较高的经营素质，还要有较高的政治思想素质和强烈的事业心。要探索实现经营者素质现代化、选聘市场化和任职职业化的有效形式，建立起适应市场经济发展的经营者激励约束机制和优胜劣汰机制。

要搞活企业分配。企业的分配机制要活，除按劳分配外，要素也要参与分配，企业及职工的利益要与效益挂起钩来，在当前要对企业家和科技人员进行充分有效的鼓励，杜绝各种"暗拿代明拿"现象。要全面实行劳动合同制。企业用工制度要打破终身制，做到竞争上岗，能进能出。

刘诗白谈经济理论创新要立足新的实践[①]

　　四川省社科联主席、著名经济学家刘诗白教授，提出推进社会主义经济理论创新，要立足新的实践，破除照抄照搬和"唯书""唯上"的思维定式。他在回顾与分析苏东社会主义国家经历的经验教训时指出，苏东社会主义国家的挫败，主观上的原因是未能做到把马克思主义与当代实际相结合。不少人思想僵化、照抄照搬，习惯于奉行书本上的社会主义，或因袭他国模式，或是在改革中左右摇摆，不善于或不敢去研究、探索立足于本国实际的"实践中的社会主义"，这就是20世纪末苏东社会主义国家面临的历史性的悲剧的思想根源。

　　刘诗白教授强调，在20世纪80年代末苏东国家社会主义遭受大挫败，而中国的社会主义现代化建设一枝独秀。党的十一届三中全会迄今20年，中国取得了经济高速增长，改革深入发展，开放不断扩大，人民生活水平迅速提高，各民族加强团结，国家综合实力不断增强的巨大成就。20年前，小平同志指出"要向前看，就要及时地研究新情况和解决新问题，否则我们就不可能顺利前进"。我国改革发展，农

[①]　1998年10月16日。

村一马当先，一段时期内国有企业改革表现出滞后，这种滞后既有由于推进企业改革走向深层次本身的困难，更主要的是遇到各种各样思想认识上的障碍。前几年理论界存在着激烈的争论，这种学术上的争论是正常的，也是科学发展所必要的。但是，对这一时期的理论轨迹进行回顾，人们也可以看见，一些讨论中也存在遇事先查本本，而不是从实际出发；遇事先问姓社姓资，而不是着眼于实际效果。许多情况表明，就思想方法上的从本本主义出发，还是从实际出发，仍然是一个需要加以解决的重要问题。我国当前已经进入改革越来越深化的新时期，需要研究的新矛盾、新问题层出不穷，这些新问题、新矛盾，人们不可能从书本中去寻找解决办法，而只能立足于实际。如果固守书本，背着框框，离开对生动的实际的观察与思考，人们在认识上就会越来越落后于实践，缺乏根据的理论也就失去现实意义。如果长期搞"无谓争论"，把改革的新实践搁置一边，甚至为坚持某些过时的理论原则而压抑群众，生动的实践创造不可能出现，由此还有出现体制转型"搁浅"的风险。

刘诗白教授谈制约中国经济发展的主要问题[①]

　　著名经济学家、省社科联主席刘诗白教授近日在论证亚洲金融危机的世界性影响及对我国的深层影响时，分析了当前制约我国经济发展的市场问题。

　　刘诗白认为，今年我国GDP增长8%将为明后年我国经济走向21世纪奠定良好的基础。但是，当前存在着十分严重的市场问题，这是制约我国经济进一步发展的主要问题。表现为市场全面疲软，商品需求不足，难于销售，库存不断增加，企业间拖欠严重，物价低位运转。市场制约着企业和生产，影响财政收益和投资，企业亏损户数不断增加，基础货币（M0）增长缓慢。这些情况表明，目前我国经济状况已进入轻度通货紧缩状态，其原因应有下列几点：

　　第一，1993年提出宏观调控后，收缩银根，收紧贷款，降低需求，在经济逐步实现软着陆的同时，市场由1992年的热到1994年的平稳，再到1996年的清淡，再继续发展至目前状况。

　　第二，中国经济正处于转型期，市场抑制功能不够，盲目建设未

―――――――――――――――――

① 1998年11月16日。

能很好压下来，重复建设仍未停止，为库存而生产再加上行业中不正当竞争的影响。

第三，市场调节功能不足，产品结构本应通过市场需求来调节，但目前结构调整收效甚微。

第四，市场因素与企业改革的相互影响，并且市场因素受城市改革、住房改革、医疗卫生改革等一系列体制改革的影响，带来了消费心理的变化。

第五，农村改革在十五届三中全会前处于较为困难的阶段。

第六，1997年银根开始松动，但力度仍不够。1993年以来的宏观调控是成功的，但物价下降、生产上升的同时也带来了一定的负效应，市场由清淡而疲软。如今，为解决市场全面疲软而采取的措施即扩大内需、启动市场，银行也随之配合降息，但因多种因素的影响，至今成效不大。

刘诗白认为，东亚经济危机和市场疲软都还将具有持续性。中国经济1988年治理整顿，1989年工业滑坡，1990年经济松动。经过两年复苏，银根开始松动，通过银行贷款企业上项目，1992年获得高速发展，GDP增长达14%。从1987年至1992年形成一个"U"形发展过程。目前这一轮经济发展将不一样，1997年开始市场疲软，1998年持续一年，1999年还将是艰难的继续启动期，预计2000年才可能有效。这一轮的发展过程将会是一种斜率攀升的过程。

适应时代需要，改革金融教学[①]

　　第一，走向21世纪的中国经济，正在加快市场化、资本化、国际化的进程。为了推进两个根本性转换，加快社会主义现代化，中国需要进一步发展对外经贸关系。特别是新一轮大规模的经济建设，迫切需要发展国际融资，保持近年来在利用外资上的良好势头，同时提高利用外资的水平。

　　第二，为了贯彻党的十五大精神，加快国有企业改革和实施大集团战略，扶持一批重量级的、能进入世界五百强的大企业，扩大企业在资本市场的融资权十分必要，把一批实力强、管理严、前景好的大企业组建成跨国公司和赋予其在国际资本市场的融资权已经是现实的需要。北京实业等一批国内企业已经成功地在香港发行红筹股和在海外资本市场利用证券发行筹集资金。我国更多的企业，跨出国门参与国际资本市场的运作，已经是改革开放发展的大趋势。

　　第三，走向21世纪的世界经济越加表现出金融经济的特征，特别是使用多样新金融工具的国际金融经济，成为世界经济的新特征。

---

① 载《金融学科建设与人才培养》，西南财经大学出版社，1998年。

多种融资形式，包括金融期货等多种金融衍生工具在国际范围内普遍推行。计算机技术的利用，大大强化了国际金融运作。这种国际金融经济，不仅会带来国际信贷的扩张，而且促使国际资本的大规模和快速流动，也强化了国际资本市场的投机性，从而孕育着深刻的金融矛盾。1993年以来国际金融危机不断发生，特别是1997年爆发的这一场严重的东南亚金融危机，表明了现代市场经济中的金融机制的复杂性，对其规律人们尚未弄清，从而导致监管缺乏。为了防止金融风险，特别是防止国际金融风险，不能走老路，抑阻市场化和关起国门；恰恰相反，要进一步加快经济（包括金融）市场化，稳妥地推进经济和金融国际化，要利用各种金融工具，健全金融运行机制，加强金融的宏观调控和监管。因此，要求我们加强对现代市场经济的金融运行机制的研究，深入了解国际资本市场的新情况和资本市场运作的新形式。应该说，对这一领域我们还是知之不多或者说是十分陌生的。

第四，党的十五大启动了新一轮的经济体制改革。国有企业公司化改造，特别是大企业的资本运作，都在有声有色地向前推进。随着国有企业的股份制改造和资本市场的发展，越发需要不仅通晓企业的科学管理、市场营销，而且要通晓进行投融资和资本运作的专门人才。我国成功的企业家，将属于通晓管理和金融的专家。因而培养精通银行业务、股票、证券理论与操作的金融人才就是十分迫切的任务。只有培养出一大批精通金融理论和资本市场运作的专业人才，我国国有企业在引进资金中才能改变事事依靠他国投资银行的被动局面。在我国大企业参与国际投融资活动的新时期，企业在国际经济大舞台上的重大资本运作谁来进行？是依靠自己的国际金融公司和自己的金融能手，还是摩根士丹利、百富勤等公司？这一重大问题已经提到议事日程上来。

　　第五，基于以上四点理由，我认为，当前的金融教育，需要培养一大批知识面更广，实践能力强，不只是懂得一般银行的理论与实务，而且是通晓金融市场的理论与实务，特别是国际金融和资本市场的理论与实务的金融人才，特别是懂得金融市场的具体操作的专门人才。我们应该有中国的索罗斯，走向国际大金融市场的中国金融机构，需要有自己的索罗斯。在此，我国金融教学的确任重而道远，进一步搞好金融教学改革就是十分必要的。

在"国家社科基金基层管理工作经验交流会"上的讲话[①]

　　20世纪即将过去，千禧之年的钟声就要鼓响，人类将迈入21世纪，今天，我们有幸迎来全国各地的嘉宾聚首在"天府之国"的西南财大，探讨国家社科基金项目的管理工作，交流基层管理的经验，这是十分令人高兴的事。借此机会，我代表四川省社科联、四川省广大社科工作者向给我们提供这次机会的国家社科规划办的领导、同志们表示诚挚的感谢，向远道而来的同志们、朋友们表示热烈欢迎和亲切的问候！

　　四川历史悠久，山川秀美，人杰地灵，是具有丰富文化底蕴的省份。有灿烂的古代巴蜀文化，对中华民族和世界文明做出过伟大贡献。中华人民共和国成立后，在党领导下，全省社科事业走上了以马克思主义为指导的发展道路，在社会主义建设中发挥了积极作用。特别是改革开放20年间，是我省社会科学事业发展最快、学术气氛最活跃、科研队伍壮大最迅速、研究成果最丰硕和社会效益最明显的时

---

① 　1999年12月8日。

期，1998年，全省有社科研究机构近200个，其中省级研究机构50个，从事社科研究专职人员1300多人，从事教学与科研的人员1.4万人，建立起了学科门类齐全、结构合理、重点突出的社科学术研究团体184个，成都等18个市地州也相继成立了社科联。在改革开放带来经济发展社会进步的大好形势的鼓舞下，在党的"百家争鸣，百花齐放"的方针的指引下，我省社会科学工作者表现出为振兴中华而从事科学研究的高度积极性，社科研究出现了前所未有的蓬勃发展局面，产生了不少优秀成果。社会科学研究，对推动我省改革开放和现代化建设，对社会主义精神文明建设，对促进社会各项事业的发展，对弘扬中华民族传统文化，都产生了巨大作用。在我国走向21世纪的发展新时期，党中央十分重视社会科学。江泽民同志指出："积极发展社会科学，这对于坚持马克思主义在我国意识形态领域里的指导地位，对于探索中国特色社会主义的发展规律，增强我们认识世界、改造世界的能力，有着重要意义。"四川省委、省政府历来都十分重视和充分发挥社会科学界在调查研究，提供决策咨询，为四川现代化建设方面的作用，省委加强了对省社科联的领导，要求社科联做好团结广大社科工作者的工作，组织大家联系两个文明建设的实际，深入进行学术研究，出成果，出人才，及时反映社科工作者的意见和建议，共同解决社科研究存在的困难和问题，把社科联真正办成社科工作者之家。为发挥社科联综合优势和保证社科研究的快速发展，将四川省社科规划办公室设在省社科联，在省委宣传部直接领导下开展工作，大力推进以改革开放、经济发展中的重大理论问题和实践问题作为主攻方向和重点的科研活动，特别是省社科联根据省委、省政府的部署，在省委、省政府大力支持下，自1984年以来，坚持两年一次的四川省社科优秀成果评奖活动。先后进行了8次评奖活动，收到申报成果54488

项，评选出省政府优秀成果奖2099项，极大地调动了我省广大社科工作者的科研积极性，培养了一批年富力强、知名度较高的专家、学者。此外，省社科联在如何强化社科成果转化，加强社科队伍建设和社科类学会的管理等方面的工作也得到省委、省政府的充分肯定。

同志们、朋友们，人们正翘首以待21世纪的到来，社会主义中国要在21世纪进一步振兴，21世纪科学技术的不断创新，信息革命、知识经济的不断深化，经济全球一体化进一步加深，特别是中国即将加入WTO，这些都将给我国改革开放和现代化建设带来前所未有的机遇和挑战，我们面对着好的形势，也出现了一系列新情况、新问题，社会科学工作者迫切需要研究一系列新的重大课题，例如如何在新形势下落实十五届四中全会精神，如何搞好四川国有企业改革，如何搞好中国加入WTO后四川经济结构的调整以及如何搞好西部大开发问题等，我省社科工作者要以高度历史责任感从四川的实际出发，深入研究、进一步拓展我省社科研究的视野和领域，形成新思想、新观点，使我省社科研究有新的发展，为我国我省改革开放和现代化建设，为中华民族的全面振兴和人类进步做出我们应有的贡献，我省社科工作者任重而道远。

今天，我们有幸利用全国规划办给的这次机会，接待全国各地的朋友，使我们有了一次难得的学习的机会。我们四川社科界真诚希望同兄弟省市在全国规划办的领导和指导下，在社科研究的诸多学科、诸多领域开展广泛的研究与合作，在社科管理工作中共同努力，共同提高，共同进步，为21世纪共同繁荣和发展我国社科事业做出不懈努力。

学习民盟先辈的革命精神和高尚情操[①]

　　1949年5月的一个夜晚，在成都的一所四合院的住宅里，我在成都民盟负责人吴汉家同志的主持下秘密宣誓入盟，从此我就成为民盟的一名成员。那时，内战形势急转，解放军开始战略反攻，渡江战役已取得胜利，反动派疯狂地垂死挣扎，民盟被国民政府作为反动组织加以取缔，大西南和成都处在一片白色恐怖之中。我在这时冒着风险参加转入地下的民盟，主要是由于受到共产党的革命思想与革命活动的影响，但也是由于受到中国的先进革命知识分子，特别是民盟英烈的光辉思想与崇高人格的感召和激励。

　　我于1942~1946年在乐山武汉大学念书，抗战时期大后方的大学生活在物质条件上是艰苦的，吃的是劣质、掺有沙粒的"八宝饭"，住的是数十人一屋的"通铺"，但是那时的著名大学是民主思想的摇篮，在地下党的领导下，校园内革命的学生运动十分活跃，武汉大学就有海燕社、文谈社、风雨谈社等进步学生组织。我从1943年起就是文谈社的成员，进步社团组织开展了马克思主义毛泽东思想的学

_____

① 2001年2月8日。

习，我们如饥似渴地阅读生活书店出版的毛泽东的著作，如《论持久战》《论新阶段》《新民主主义论》等，能经常看到《解放日报》《群众》等报刊，也经常参加学校进步社团发起的"争民主""争自由""反内战"的民主运动。那时大学教授在青年学生心目中有很高威望，特别是在社会政治大动荡的时代，青年知识分子的思想上存在着许多困惑，处于痛苦求索之中，能率先接受先进思想和在政治上接受共产党领导的民主教授更富有号召力。当时在重庆、成都、昆明等地的名校中，就聚集着一大批进步教授，不少是民盟的成员，他们的言传身教对一代人的成长有重要的影响。我在武大念的是经济系，当时正热衷于阅读斯密的《国富论》、李嘉图的《政治经济学原理》、马克思的《资本论》等专著，在研读德文版的《资本论》第二卷十分难懂的有关社会再生产的理论和公式时，我曾经常向彭迪先教授请教，彭老师对我进行了热情和细致的辅导，他曾赠送给我三卷德文版《资本论》，现在仍珍藏在我的书斋之中。当时彭迪先是经济学说史的教授，杨东莼是中国经济史的教授，陈家芷是西方经济史的教授，他们在讲坛上对革命新理论的生动阐述和对国民党反动政策的尖锐抨击，在我脑海中留下了迄今不灭的印象。在革命力量与反动势力进行着激烈的大搏斗中，在充满白色恐怖的环境中，知识界的先觉者和精英——许多就是民盟成员——拥护共产党的领导，坚持人民民主革命的鲜明政治立场和追求真理的无畏精神，给了我深深的政治思想启迪和正确的人生道路的指引。

在20世纪40年代的艰难时代，特别是在严重通货膨胀的情况下，教授们拿的是难以弥补简朴家用的低工资，住的是破陋的平房。1945年我曾到铁门槛朱自清教授在蓉住所，看到这位《背影》等脍炙人口的散文名篇的作者，"不领救济粮"的名教授，由于昆明生活困难，他和他的夫人陈竹影女士及几个幼子长期两地分居，在成都的家就是几间狭小而拥挤的房屋。但是"越教越瘦"的教授们却仍然孜孜不倦地为国家育英才和为启蒙民智而著书立说，表现出中国知识分子的敬业精神、忧国忧民的高尚情操和远大的人生追求。在我心目中这一批民主教授的形象是高大的。

1946年7月我从大学毕业后，选择和争取到在四川大学经济系任助教的职务，开始了我一生始终从事的教师生涯。那时艰难的抗战已取得胜利，但是中国又面对着进步和黑暗势力的新决战，国民党发动了新的内战，武大进步学友纷纷奔赴中原军区，参加解放区的工作，而我却留在家乡，选择了大学教师的工作。这一方面是由于我受到当时任川大经济系主任的彭迪先教授的聘用，另一方面，是由于我有着一种学术上的偏好和追求，还存在着寻找一种较安静的天地坐下来从事马克思主义经济学研究的期望和幻想，那时，我正从事于翻阅莫理士·多布的《资本主义发展之研究》一书。但是客观事实与我的主观希望是大相径庭，大学并不是安静的学术殿堂，1946年7月11日和15日昆明发生了令举国震惊的血案，首先是李公朴教授遭国民党特务暗害，继而闻一多教授拍案而起，在15日的李公朴追悼会上作了公开揭露和痛斥特务罪行的正气浩然的讲演，由此惨遭杀害，我记得那时正值暑期，我于16日上午到成都方正街朱光潜暂住寓所，告诉他当天报上刊出的闻一多被杀害的消息，朱光潜教授为之悚然动容，无限悲痛，他几乎不相信这消息是真实的。我曾写了一篇悼念李公朴、闻一多的短文，发表在重庆《新民晚报》上，大体记得其中有这样的诗一首：篝火狐鸣频夜惊，西南妖雾几时清，那堪中原征战急，忍见诗翁血染尘。

"李闻"血案后，国民党发动的内战由升级而全面爆发，急剧崩溃中的反动政权愈加倒行逆施，1947年10月27日国民政府宣布民盟为非法团体，对民主学生运动和群众革命运动的镇压愈加残酷，在各地制造了一系列惨案。1948年在成都发生刺伤四川大学进步学生游训天的事件，黑暗势力的拼命反扑，激发了人民的奋起，民主运动进一步风起云涌，在这种形势下，谁还能在书斋静心闲步？形势促使我参加更多的民主革命活动，并由于工作的需要参加了民盟。

光阴似水，五十多年匆匆过去，许多往事已经逐渐模糊，但我由追求革命知识而参与实际革命活动的这一段往事仍时常在我脑海中清楚地浮现，曾经给我以革命思想启蒙和进步激励的盟内知识精英和先烈的事迹更是难以忘怀。在民盟成立六十周年之际，我想要说的是：我们应经常回忆历史，要缅怀自觉在中国共产党领导下，与党风雨同舟，荣辱与共，为中国革命做出贡献和牺牲的民盟先辈的业绩，祝愿和希望他们留下的宝贵精神财富永远激励着新一代民盟成员不断走向进步。

在哥哲哥·科勒德克教授学术演讲前的讲话[①]

今天我们非常高兴有机会能够聆听我们的同行，波兰的经济学家、教授科勒德克关于社会主义国家经济转型的学术报告。科勒德克是社会主义国家经济转型的专家，他参与20世纪90年代波兰改革的领导，有很丰富的波兰转型的实践经验，作为著名经济学家，他对如何从计划体制向市场体制这样一个艰难的转型，进行了深入的理论研究。

我们都知道，20世纪90年代，苏东国家开始了向市场经济的转型，中国1979年以来也进行了20多年的经济转型，我认为，这场历史性转型中，最重要的政策实践问题是采取"休克式"转型还是渐进型转型。

"休克式"转型大家都知道就是苏联叶利钦时代，按照美国哈佛大学的教授萨克斯的理念提出激进私有化、自由化的经济转型模式。这次转型的推进者——当时苏联的副总理盖达尔，提出了300天俄罗斯实现经济转型的口号，但事实上，截至今日，俄罗斯经济的转型没有

---

① 2004年3月10日。

获得成功，而且带来了长时间的经济大滑坡，并且给当今的俄罗斯总统普京留下了难以处理的许多包袱。

实行渐进式转型的国家，首先是中国，当然还有波兰和中欧其他一些国家。中国的转型不用说了，20多年来，我们取得了巨大的成功，这表现在我国经济GDP达到平均9％的增长率。中国的转型也存在许多的问题，当前正处在深化转型的时期，我们要着重处理市场化改革中留下来的7个大问题：第一是市场化的转型中城乡差距的拉大；第二是东部和西部地区差异的拉大；第三是高增长带来的资源耗竭和可持续发展的危机；第四是经济的高增长与社会体卫文化发展的滞后；第五是国内经济的大发展，经济国际化发展才刚开始迈出步子；从目前来看，还有第六个问题就是去年以来的高速增长，我称之为超高速，带来了经济大上大下的风险；第七是社会趋于富裕，个体收入差距的拉大。这7个主要矛盾，就是当前我国政府提出和期望能解决的。我把这些问题归结到政治经济学理论上，就是在转型中如何做好大力引进市场和利用政府，如何放开市场、依靠市场，搞成熟的市场经济，但又不实行自由放任，不削弱政府的调控功能。所以我们对转型的基础理论——社会主义市场经济要进行深化的研究。我们不赞成西方自由的市场经济，我们要搞有调控的社会主义市场经济，但如何坚决引进市场，充分发挥市场功能，又不失去政府规制调控，这就是我们今后顺利实现经济持续高增长面对的一个问题。所以我把这个问题带到这里，我想聆听科勒德克教授对此问题的看法，以期很好地进行交流。

深入学习小平同志的理论创新精神[①]

  我国实行改革开放25年以来取得了举世瞩目的成绩，经济年均增长率超过了9%，2002年的GDP总量已经达到了14000亿美元，超过了意大利，名列世界的第六位。中国的综合国力得到增强，人民收入和生活水平不断提高。近两年来我国的经济更表现出了充沛的活力，进入了新的扩张时期，饮水不忘挖井人，我们取得的成就归因于1978年十一届三中全会的政策，归因于改革开放的总设计师小平同志，归因于小平同志对马克思主义做出的巨大创新。

  中国改革成功的实践生动地表明了小平同志有关中国特色社会主义理论的重大意义，表明了小平同志对中国改革的科学设计和对中国改革进程的正确指导。小平同志不仅是伟大的无产阶级理论家，而且是改革理论的创造者，创始者，是伟大的思想家。他对有关社会主义的基本理论做了重大的创新。邓小平理论的风格就是马克思主义与时俱进的风格。其主要表现在：（1）他基于历史的反思，在1978年明确提出了反对搞"两个凡是"，提倡解放思想，开动脑筋，大胆创新。

---

① 原载《西南财大报》2004年6月28日。

小平同志本身就是理论创新的模范，邓小平理出了社会主义的本质论，即社会主义的本质是解放生产力，发展生产力，消灭剥削，消除两极分化，最终达到共同富裕。由此废止了"以阶级斗争为纲"的指导思想。（2）小平同志一开始就强调在改革中要解放思想，实事求是，要消除动辄就问姓"社"姓"资"的疑虑。小平同志提倡联系实际进行理论创新。小平同志在1979年就提出社会主义可以搞市场经济的论题。在1992年进一步阐述了社会主义市场经济的理论，确立我们国家以社会主义市场经济体制为目标的改革方向，废止了传统的苏联式计划经济体制。（3）小平同志提出了社会主义发展中允许一部分人先富起来，在生产力发展中实现共同富裕，废止了分配中的平均主义。（4）小平同志提倡实行开放，引进外资，利用国外资源、技术和先进的知识。建立了四个经济特区和若干个沿海经济开发区，实行全面改革的试点，从而废止了斯大林的"两个平行市场"的理论和"一国建设社会主义"的理论。（5）小平同志提倡实行渐进式的改革，不搞休克疗法，先在农村实行承包责任制，废止了人民公社制。在城市先改革集体所有制企业，再改革全民所有制企业。在全国许多人纷纷谴责乡镇企业搞乱了市场的时候，小平同志提出：乡镇企业异军突起，支持了集体经济的改革。国有企业的改革先进行价格的拆开，然后进行所有制的改革，20世纪80年代初进行计划价格的放松，扩大企业自主权，而实行企业承包，1986年以后逐步实行股份制的试点，先进行企业的改革，再进行金融的改革。1990年在上海和深圳分别设立证券交易所。此外，小平同志还提出了"科学技术是第一生产力"的论断。

小平同志把改革视为一场革命。但在实施上不一步到位，实行摸着石头过河，逐步推进，改革没有引起社会动荡，防止了改革中的经济衰退。小平同志的思想是创新精神的光辉体现，是前无古人的。小平同志阐述的中国特色社会主义理论和小平同志倡导与领导的中国崭新的社会主义市场经济模式，这是对马克思主义理论的重大发展，是对社会主义理论的重要贡献。小平同志提出科学的改革理论，需要对历史的正反经验做出科学的总结，需要有思想家的智慧和与时俱进的精神，更需要有无产阶级革命家的勇气。

关于银行不良贷款的看法[①]

　　谢平同志对大家十分关心的中国金融机构不良资产，特别是四大商业银行不良贷款的问题，作了一个全面、深入、务实、可行、具有权威性的学术演讲。指出了：

　　第一，不良贷款率很高，应该认真对待。四家国有商业银行2003年底不良贷款为15867亿，不良贷款率16.86%，比过去有下降。按五级分类，不良贷款为19168亿，不良贷款率为26.36%。2004年3月末不良贷款率为19.2%，6月末大降。

　　第二，分析了不良贷款的多种成因：（1）改革成本转移——主要是支持无效低效运转的国有企业；（2）银行软预算约束：内部管理能力薄弱，引起多样工作失误（占35%）；（3）产业结构调整，企业关停并转，无力还款，占9.3%；（4）制度缺损引起的对信贷规模的偏好——银行追求业绩；（5）指令性、政策性贷款；（6）缺乏社会信用——逃债；（7）经营体制缺陷；（8）泡沫经济；（9）其他。

　　第三，商业银行的大量不良资产是多种历史因素造成的：（1）

[①] 写于2004年8月。

国有企业改革中的关停并转因素；（2）国家指令性信贷体制因素；
（3）来自只有贷款冲动而无还款能力，有能力也不还的国有企业因
素；（4）有地方政府干预银行，强贷、软贷因素；（5）也有内部因
素，而且是很重要的因素（营运失误占35%）；（6）也有监管体系不
完善的因素。

第四，指出政府采取的治理不良贷款的手段取得效果。单纯采用
行政手段，将不良资产划拨给金融管理公司的方法，缺乏明显效果。
在当前进入WTO银行加快改革的新阶段，解决不良资产问题，应该用
市场方法；他还指出了今后处置不良资产的途径的设想：坚持走市场
化、商业化的道路，要重用市场的力量，着眼于形成多样不良资产处
置市场主体，形成不良资产交易市场，由市场力量来进行自然消化。

对此，我谈三点看法：

第一，"不良贷款畸高"是中国商业银行的顽症，它的直接原因
是制度缺损下的商业银行非理性行为——信贷扩张冲动。

我国多年经济运行中有两个"一快就涨"：（1）一快就胀（膨
胀），经济出现高增长，物价就涨，出现通货膨胀；（2）一快就长
（增长），投资出现快速增长，银行不良资产就增多。传统体制下，
经济快上是由于投资扩张——后者是银行实行信贷扩张的结果，GDP增
长加快，不良贷款随之增大是必然的事。当前经济制度结构——包括
商业银行运作方式——已经与20世纪90年代以前不同，宏观经济运行
势态也表现为买方市场，但银行信贷活动看来似乎仍然没有摆脱传统
银行信贷运行规律。

最近报纸报道2004年1~6月份主要商业银行不良贷款"双降"。
《经济日报》根据银监会发表的统计数字，2004年2季度国有商业银行
不良贷款15231亿元，比年初4014亿下降4.82%，股份制银行为1400亿

元，比年初减473亿元；不良贷款率为5.16%，比年初下降2.46%。结论："主要商业银行不良贷款"双降。

在2003年1~6月贷款的过度增大中——近1.65亿，各地方大量信贷用于：（1）固定投资；（2）数额大的项目；（3）中长期信贷。不仅企业——国有企业及民营企业——出现投资冲动，而且，不少银行也表现出非理性的信贷扩张行为。这是谢平同志说的对信贷规模的偏好的发展和演变。正是企业的投资冲动和银行的信贷扩张，二者相结合、相交织下才出现了2003年这一轮部分领域——钢铁、水泥、电解铝、房地产——的固定资产超高幅度（50%～100%）扩张和低水平重复建设的一哄而起。可见，国有商业银行不只是抵抗不了新一轮企业投资热，而且，其本身就是这一轮投资热的参与者，改革不到位的国企与改革不到位的银行，成为中国转型期投资热生成的原因。

企业的投资冲动和银行信贷扩张行为造成贷款增长过多，一旦市场变化，政策收紧，信贷转化为企业互相拖欠，形成三角债，成为银行不良资产，企业互相欠款，最后落在银行头上。如2003~2004年德隆、拓普等一出问题，许多银行也受到影响。

2004年1~6月汽车销售量下降，不少的企业陷于资金短缺，如某一汽车厂，积压汽车1.5万台，占用银行30亿资金，归还艰难。

因而，我们一方面为2003~2004年银行不良债务不增反减急剧高兴。但是，丢开统计数字，着眼于分析经济运行机制，分析国有商业银行运行机制和行为，我认为当前我国商业银行的非理性扩张机制仍然普遍存在，正是采取加强宏观调控措施压抑了这一机制，才有了2003~2004年银行资产总量的下降。

第二，商业银行的非理性扩张行为，是银行制度缺损和管理薄弱的产物。谢平同志报告中指出不良资产增加的成因，银行内部管理占

35%。银行内部管理、风险管理十分重要，谢平同志把银行管理薄弱归结为预算软约束，即现有的商业银行制度结构的缺损，按我的理解应是：银行已经成为自主放贷的竞争性的商业银行，但是现有的单一国家所有制，使它和传统的国有企业一样存在着产权不明晰，所有者缺位、经营者越位或不到位，激励机制薄弱，内在经济约束机制乏力等通病。体制病集中表现在商业银行缺乏对银行资本效益性和安全性的人格化主体的关心，缺乏这个充分的利益关心，经营管理就缺乏内在动力，决定了国有银行没有不断完善的迫切要求，它就不会认真去贯彻深化改革所要求的健全机构、精减人员、提高效益等措施，有关加强内控和风险管理的各种措施就落不到实处，特别是不可能有真正的理性的信贷决策行为。

我想提供一个美国银行在经济过热形势下的不良资产率。美国1998年在网络热潮中不良贷款率为1%，在2001年进入经济衰退，大量网络公司破产，银行钱收不回时不良贷款率增为4%，而在2002年迅速降为1.5%。此外，2003年底国有商业银行不良贷款率20.36%，股份制商业银行为7.92%，有些甚至低于2%，这也表明体制不同，不良贷款率不同。可见，解决不良债务必须治本，人们应该像国企改革那样，进行现代银行制度的创新。

第三，加强银行内部管理，提高管理素质才能，对于搞好银行改革十分迫切。我的发言强调了银行制度创新的重要性，并非说加强管理、提高管理素质就不重要。我们也不应单纯将银行过度非理性的信贷行为归因于体制，还应该归因为人，银行人，信贷主体的经理人，特别是经理层；归因为银行经营者的内控与风险管理能力与科学决策能力，归因为经营者的素质，政治素质与专业素质。一些股份制商业银行不良债务低，在2003年投资热潮中走得稳，首先体现体制的活力与内在约束力，还在于它们的经营管理水平不一样，一些股份制商业银行表现出明显的管理、经营优势。因此，商业银行搞好改革和发展，特别是在当前进入WTO后的紧迫形势下，在当前加强宏观调控的经济降温效应下，以及政策变动风险的宏观形势下，应该着力于加强内部管理，提高管理素质。要加强多方面的内部管理，既包括现代商业一般的风险管理技术，还包括对转型期宏观经济运行形势的科学认识能力：如一些人对经济形势缺乏深入认识，看不见苗头性的问题，把2003年上半年的投资过热当作正常内生的经济增长，实行开闸式的信贷。一些银行在贷款决策上，就事论事，只要有抵押，争相扩大贷款，以致大量贷款被套住，变成不良债务，这些事例表明，管理素质提高的重要性。因而，我们的学术讨论应该回到中国商业银行的国际化必须大力提高银行的管理素质这个题目上来。要强调银行经营业绩不佳，不能只归因于外部因素，宏观环境的不利，而应该归因于内部管理的薄弱，由此在进行银行改革中把精力放在抓好管理素质提高这一现实的任务上来。

关于建设开发性金融体系的发言①

　　谁是建设主体，谁来投资，需要什么金融体系，这个体系要有政府介入。所以落实科学发展观，基于中国国情，要搞全面的建设，也得要这种金融形式，在西方发达国家不以赢利为目的的金融形式比较少，他们利用世界银行等金融机构，为落后的不发达的国家和地区提供资金支持。所以我理解为开发性金融在理论上是市场不做的，政府做。开发银行，开发性金融，开发性信贷理应属于这种经济模式，即一般商业银行不做的，开发银行与政府合作采取政府形式去做，所以开发性金融即为国家主导、国家参与的公共产品。现在讲，公共产品不等于是商品，是政府介入，政府投入，政府决策，政府可以调节价格，也可以利用民间资金，在社会主义国家特别是在中国，公共金融产品是非常重要的，不但开发需要，扶贫需要，而且解决地区平衡也需要，这些领域是市场不投，由开发银行去投。还有一层意思是，开发银行是国有银行，应该保持国家所有的形式，它是依靠政府的力量，它必然带有国家性质，必须是国家的。开发银行的投资领域许多

---

① 2004年9月6日。

是重大项目和基础设施，如二滩电站、攀钢。目前按市场运作，国有经济是缩小的，如果按市场运作自由发展，我们许多大的、有实力的支柱性企业可能都要民营化，股份化是必须的。完全的民营和非国有，把攀钢、德阳重型机械厂等都有变为私营，不是中国提倡的方向。目前我们的困难是我们要市场化，市场化不能保大企业市场化，这些大企业就得改，这个过程就很长。如果我们没有给它一个好的杠杆，那它就会死掉，西部很多大厂就垮掉了。所以从中国国情出发，我们还必须把大的支柱产业维护好，这就得靠国家开发银行。

我认为，开发性金融的必要性，投放的领域，它的运作机制，它运用的杠杆和它利用市场机制的程度这些都可在现有基础上进行探索。比如支援"三农"、支援县域经济，商业银行就不会进入。要支援县域经济，当前就迫切需要开发性金融去尝试。更主要是商业性金融改革过程中方向上出现了一定的偏差，把资金全部收缩到大城市，商业性金融都搞大城市金融，按科学发展的要求，四大专业银行就应该很好地支持县域经济发展。支持县域经济，一般说也是商业银行的主要职责。开发银行在西部应该介入、涉及"三农"等领域，比如农民养猪，开发银行可以做很多探索，农民养猪本来应该是农业银行和农村信用社的业务，之所以没有搞好，是由于农村金融信用体系没有建设起来。我们在讨论开发银行投资领域上，我认为很多应该是商业银行的领域，主要应该由他们去发挥作用。开发性金融可以采取"资金到县的模式"，并进行试验，这就是开发性金融的优势，它可以整合政府资源，它可以把资金贷到县，贷给一个整体。而商业银行就不能采取这种模式。资金到县就应该有制度建设作保障，包括金融体系整合，财政力量的运用。中国的改革开放要走自己的路，中国的金融模式也要在实践中探索，开发性金融的实践在四川很有价值。开发性金融理论究竟如何科学表述，应该是一个学术创新，这个理论还在创新之中。怎么表述，要有待继续进行理论探讨。这样的研讨会是与四川今年新形势下实践的密切结合，希望开发银行大力支持西部，支持四川，而且这也是我们研究发展金融理论很好的课题。

在2005年中国留美经济学会年会上的讲话[①]

以中国可持续经济增长为主题的中国留美经济学会2005年年度峰会在此召开，无疑是一项具有重要性的学术活动，我个人特来表示祝贺和祝愿会议取得圆满成功。

从1979年开始，中国进行了历时25年的市场取向的改革，在当前中国，一个新的中国式市场经济模式的基本构架已经建立起来，中国社会主义市场经济体制表现出巨大的生命力，中国20多年来经济以9.3%的速度增长，特别是2002年第4季度以来，中国经济出现新一轮势头强劲的高增长，应该看作中国市场经济模式的增长能力的表现。

中国2003年以来，采取了有力措施，来调控陡然兴起的投资热潮，以争取经济理性的适度快速增长，目前，这一措施取得很好成效，当前，GDP仍保持高增长势态——2004年为9.5%，今年的增长也将与去年等速，近3个月消费物价指数CPI有所下降。5月为1.8%，现在看得很清楚，进一步深化改革，依靠中国式市场体制的活力，中国能

---

① 2005年6月13日。

够和将要在今后20~30年实现长期的较高的增长率。

中国正在通过落实科学发展观，实行统筹，致力于解决经济快速增长中出现的多样矛盾，实现较为均衡的，从而也是可持续的发展。中国需要花最大气力来谋求解决的有两大问题：（1）资源、环境问题，对一个人口多、人均资源少的国家解决这一问题有很大难度。（2）人力素质的提升，以适应产业升级和经济高技术化和增进精神文明的需要。这两大问题是这次会议的主题。

中国正处在发展的重要关口：中国要谋求更好的快速发展之路，要探索一条加快工业化、现代化、高技术化、生态化之路，中国需要有发展的新思维，这就是要由主要关心速度转向关心质量；由主要关心经济增长转向关心经济、社会全面发展；由主要关心物质财富转向关心精神财富，以及自然财富；由关心物、产品、产值、资本价值转向关心人，关心人民的生活质量、福利和人的全面健康发展。认真研讨和确立起中国经济、社会发展的新思维，具有迫切的现实意义。我相信，这次会议的讨论将有助于我们对21世纪中国发展道路这个重大论题的思考。总之，我们将从中外经济学家的学术观点和真知灼见中受益，因此，我们要感谢中国留美经济学会诸位先生的努力，并祝愿学会越办越好。

学习孙冶方，推动新时期的理论创新①

　　第一，30年前党的十一届三中全会做出的改革开放的战略决策和此后成功的改革实践，使我国经济摆脱了传统计划体制，走上了构建社会主义市场体制的道路，由此改变了中国的命运。我国社会主义事业的由衰而盛，各项建设取得的巨大成就，当前中国的有力崛起，都来自这一伟大战略决策。

　　第二，中国的改革是以理论创新为先导。不解放思想，彻底打破束缚人们思维的苏联模式，实际是斯大林的传统计划经济理论被新的市场经济理论取而代之，就不可能有中国30年来的一直向前走，尽管有时还有小摇晃，但却是目标越来越明确的市场取向的改革。经济理论的创新，对中国的这一场成功的改革起了决定性作用。邓小平在中国最早提出社会主义市场经济的命题。小平同志关于中国实行的新市场经济的阐述和做出的政治决策，他的智慧和政治魄力，引导和推动了中国20世纪八九十年代经济改革理论的发展和创新，破除了传统计划理论顽固的惯性力量，给社会主义条件下的计划和市场这一长期争

---

① 2008年10月。

论不休的问题，打上了句号。

但是应该说，中国老一辈经济学家，特别是改革理论的创始者和先驱，对中国改革方向、途径、重大新理论的探索，对30年的改革的顺利发展，也功不可没。"中国热心改革的马克思主义者进行的社会主义市场经济的理论探索是呼唤改革的鸡鸣，对中国经济体制改革的向前推进，发挥了积极作用。"①

第三，孙冶方是我国经济改革理论最早的阐发者。他很早就提出了利用价值规律加强企业自主权，增强经济活力的理论，1959年他就写出了《价值论》一文，最早提出破除"自然经济论"，还提出"千规律、万规律，价值规律第一条"的名言，主张计划立足于价值规律之上，抓住了发展社会主义经济必须利用价值规律这一实质，按我的理解，用今天的话语，就是搞好社会主义经济必须立足于充分利用市场机制。孙冶方这一思想在今天也仍未过时。

孙冶方是坚持真理的马克思主义的理论家，尽管"文革"中遭受大批判和身陷囹圄，但他在7年狱中被剥夺用笔写作的非人条件下，仍然进行经济理论创新，完成了包括四篇二十五章的社会主义经济论"腹稿"，表现了孙冶方可贵的坚持真理不动摇的马克思主义理论家的精神和学术风格。孙冶方不仅以他的理论的前瞻性，不屈不挠捍卫真理的品质和人格魅力，影响了一大批——包括经济研究所内以及所外——经济理论工作者，可以说，他培育了一大批热心于中国改革的经济学人。

30年来中国已经建立起社会主义市场经济体制。但是一方面，当前新体制结构还不完整，市场体系还未发育成熟，不少领域，特别是

---

① 见《改变中国命运的伟大战略决策》，《经济学家》2008年第4、5期。

农村经济市场化还未充分发展，向新体制的转型尚未完成，因此，建立和发展社会主义市场经济的改革任务远未完成。

另一方面，我们需要构建立足于当代中国、当代世界的新的市场体制。市场体系不是固定不变的，为解决市场固有矛盾，市场体制要因时而变。20世纪30年代后西方发达国家出现了有调控的市场经济体制。在资本主义发达的市场经济体制的内在矛盾尖锐化的当前，西方市场经济体制还会出现一定界域的自我调整和变革，而在我国则要适应现阶段中国的新情况、新问题，贯彻党的十七大精神，按照坚持科学发展、以人为本的新要求，构建更加完善的社会主义市场经济体制。这就要求我们更加深入全面地认识市场经济及其运行规律，探索和掌握社会主义条件下运用市场与驾驭市场经济运行的方法、手段，由此来规划新时期的经济改革。

总结两点：（1）我们要继续坚持利用市场的经济改革不动摇；（2）要立足当前、高瞻远瞩，探索更加完善的市场经济结构，特别是要寻找能与社会主义基本制度最佳耦合的中国社会主义市场经济模式。我们需要进行新的经济理论探索，我们将从学习孙冶方中获得教益。

科学预警，立足实际，一切从长计议[①]

——在生态文明与灾后重建高经论坛上的发言

灾后重建，我们是在党和国家贯彻以人为本、科学发展观的条件下进行的，是在我们建设社会主义市场经济条件下进行的。这是新时期、新条件下的一项特大公共问题，特大的一项公共政策实施。所以我们应该首先搞好科学研究，应该研究许多复杂、艰难的问题，应该有充分的、科学的研讨，要从长计议。从长计议这四个字，是胡总书记讲话中最近提出来的。

第一，我们的自然科学家应该很好地、如实地说明他们对震区、震情的了解。特大地震发生的地区，是严重的地质脆弱地区，我们首先应该加强防震研究。建设社会主义不仅面临社会经济问题，而且面临极大的自然灾害的风险问题，面对自然风险引起的公共危机，我们的公共政策、公共服务要跟上，我们的地质预报、科学预报也要加强。

---

① 原载《校友通讯》2008年。

我主张要进行地质的警示，很多人认为特大地震是不能预测的。但是，余震是可以警示的，弄个红灯亮起来，弄个铃子拉一下。我觉得我们的自然科学家、地震研究学要进行思维的更新，要摆脱实验思维这样一个框框，要加强自然科学的理论思维，要摆脱只靠力气，还要根据多种征兆，如生物的征兆、其他自然变异的征兆，多方面来进行地震警示。地质研究、地震预报迫在眉睫。

第二，立足实际，切实增强建设的抗震减灾工作。灾区重建首先要增强建设灾区的抗震减灾功能，抗震减灾功能第一个问题是震级的确定，根据震级的实情，科学确定震级，科学地确定烈度。应该由科学家发表很好的意见，由当局做政治决策。我们需要有魄力的政治决策，我们的中央强调以人为本，强调居民的安全。我们应该按照从长安全，保证子子孙孙的安全，来制定这样一个标准。所以这一个问题，也不是哪个市、哪个州的，而是国家大局高度的科学研究，要靠政治决策。这个问题我相信中央能够正确处理。

第三，在震区要建设什么样的经济。震区既然面临了地震的风险，不管是多大震级的风险，它毕竟是有许多风险，我们就要致力于研究如何才能有一个强抗震减灾功能的经济，如何进行强抗震减灾性能的建设。第一个问题是建筑的建设，学校、医院、工厂要具有高抗震性能。所以这就涉及建筑的模式、建筑的方式。我们既然会遭遇那么强烈的地震，我们应该减少聚居、群居，我们就不要搞太大的城市，我们的镇就搞小一点，要使人口分散。我们的震区恢复不要动辄就说8年以后我比那里更大。我们要解放思想，要改变现代化的观念。

第四，我们应当在中央投入、各省援助、社会捐助的同时自力更生。但是，我觉得我们灾区重建在市场体制下更重要的要依靠体制的创新，要依靠市场机制充分的运用，市场力量的充分发挥，我们的政府建设这样的一个模式，要采取财政撬动市场，壮大财政投入的投资功能，应该发挥市场在重建中的积极作用。所以我的第四个意见是，震区需要一个大政策，要把零碎的资源变成一个系统的激励和支援措施，变成一个新的特殊政策。这个政策不是沿海特区的重复，而是一个根据实际进行的创新。

在海峡两岸经济学家会议上的发言[①]

今天两岸资深经济学家重新聚首在美丽的成都，举行有关国际金融危机下两岸经济合作的研讨，我首先要向不远千里，来此参会的台湾的学者和老友表示感谢，特别要向高龄的施建生教授表示敬意。

一、海峡两岸资深学者学术讨论会的由来与回顾

这次两岸经济学家会议，是1994年的首次会议的继续。16年前召开的那次会议，地点也在锦江饭店，有来自台湾的余宗先、魏萼、余传韬、高希均诸位教授，本来还约请有蒋硕杰教授，他答应来，不幸的是他后来病逝了。在大陆方面参加会议的先后有宋涛、胡代光、谭崇台等教授，讨论主题是发展两岸经济交流与合作，那次的会议名称是"两岸资深学者学术讨论会"，参加会议的不少是"高龄权威学者"，是高水平、高影响力的学术交流和联谊会。今天两岸文化、学术交流已经开展起来和走向活跃，但在1994年时，汪辜会议刚举行过

---

① 2010年。

（1993），那时两岸正常经贸交流尚未启动。因而锦江学术交流会，就产生了重要影响，受到各方面关注，当时四川省省长肖秧就到会祝贺。1993年我在海口，遇见汪道涵会长，他认为：以学术交流开启和促进两岸合作是很重要的事。汪老对我们的会议表示衷心支持。

为了推进两岸的学术交流，我们先后举办了3次两岸经济学家会议，第2次会议1995年在海口举行，那是一个盛会，部分国台办领导也来参加了，第3次会议1997年在无锡举办，汪道涵会长参加了会议，并作了重要讲话。

3次两岸经济学家会议取得的成果有3点：（1）学者们对有关大陆深化改革开放，两岸开展经济合作等重大问题，各抒己见，进行了学术交流；（2）提出了开展两岸经济交流合作，实现互利双赢的不少前瞻性的建议；（3）增进了友谊，推动了学术互访。余宗先、魏萼先生成为我们的好朋友和常客，两地许多多年不见的老同学在会中得以相见。1997年的无锡会议，施建生教授与陶大镛教授就相聚畅谈。

大陆学者也受邀访问台湾。1997年12月底我应魏萼教授邀请访台，那是一次愉快的访问，访问了大学、中华研究院、《天下》杂志以及台湾故宫博物院等单位，还观赏了宝岛的美景。

今天，两岸已形成了较为正常的多方面的交往，文化学术互访不断，可以说3次两岸经济学家会议与会同人在促进两岸学术交往中做出了积极贡献。

二、关于这次会议

这次会议是在新的形势下召开的。首先，近年来两岸情况已经发生很大变化。在广大群众与政治家努力下，两岸已经开启了政治上的商谈、交往，走上了加强经济合作，共促中华振兴的道路。我们看到，近年来，两岸经济合作不断开展，由实行"三通"，到2009年一系列"陈江会"。2010年6月29日正式签署了两岸经济合作架构协议ECFA，这一协议为两岸经贸合作提供了制度保障，是具有里程碑意义的一件大事。ECFA主旨是构建两岸共同市场，要扩大经贸关系，降低关税，减少管制，促进合作。列入清单产品达800项，ECFA的实施将给台湾企业开拓出广阔的大陆市场。

ECFA也为大陆商品、资本入台，开拓出更大空间，更多大陆企业将能利用合作带来的机遇，进一步学习台湾在生产技术、经营管理上的宝贵经验，来促进发展和经济转型。

2008年发生的国际金融危机给大陆、台湾经济造成很大冲击。目前世界经济正处于艰难复苏时期，经济充满不确定性，美国复苏乏力，失业率仍在9.6%的高位，欧洲面对债务危机，日本经济沉滞不起，世界贸易发展乏力，大陆与台湾都面对着多种困难，特别是出口衰减带来的困难，而且，面对着货币战、贸易战，外需收缩与贸易保护主义加剧，增大了两岸发展压力，另外，传统产业面对的资源、环境压力也越来越大。"十二五"规划把"调结构"作为今后大陆经济工作的"主攻方向"。大陆经济要加快改变为国外大企业进行加工、组装零部件再出口的传统模式，要大力进行产业升级。实行结构调整，实现消费、投资、出口拉动的可持续发展。

当前，为应对后危机的长复苏带来的困难，大陆与台湾都应抓紧搞好ECFA的实施，以两岸加强合作来开拓市场，搞好经济转型，使产业竞争力获得提升，共同应对挑战。台湾出口中，对大陆、香港占40%，2008年国际金融危机发生以来，台湾2010年1~5月出口增53%，进口增71%，均创历史纪录，失业率2009年8月为6.13%，到2010年5月降为5.14％，今年预计GDP达6.14％。两岸经济合作，有利于台湾的发展。大陆赴台旅游今年国庆期间每天2000多人。大陆有源源不绝的游客资源，一定能支撑台湾旅游业出现一波大发展。总之在进一步用好大陆广阔市场下，台湾的工业、IT业、农业都会有更美好的发展前景。

台湾和大陆一样，也面临着企业和产业结构转型问题。就台资IT业来说，为美国代工的富士康模式在大陆的发展，已经没有太多空间，急需经营方式转换。富士康生产的iPhone、iPod品牌是美国的，芯片是美国苹果的；台湾企业接单，在大陆进行组装生产，收益很大部分被美国拿去。这家公司已雇用90万人，将增加到150万人。富士康模式在增大就业上做出了贡献。这种劳动密集型、劳动力大规模集聚、快节奏工作的福特式生产模式，有突出弊端，已经难以适应大陆新时期经济、社会发展的要求。

在后危机时期面对着各国尤其是美国产业的重组，两岸应该大力推进结构调整，努力发展自有品牌，还可以探索进行共建品牌的深度合作之路。特别是在高技术领域，环保、低碳等领域加强多方面合作，通过创造出能开拓大陆市场的新产品，依靠台湾企业把技术做精，依靠大陆把市场做大，一句话：走以两岸合作，促创新，促结构调整和转型之路。在这方面，两岸都面对着许多新机遇。

总之，扩大和深化两岸经贸合作，可以使两岸经济优势互补，互利双赢。积极稳妥地搞好ECFA的实施，一步步充实ECFA的内涵，扩大合作领域，两岸不仅会收到近期应对国际金融危机，应对实际上的货币战、贸易战，以保证和促进经济发展的实效，而且，就长远看，它意味着包括大陆、台湾、香港、澳门在内的大中华经济体的出现，它将给21世纪的亚洲和世界经济创造一个新的增长极，将对后危机时期的世界经济发展起着积极促进作用。ECFA的签订和执行，给两岸创造了来之不易的良好发展势态，但也面对着许多困难，合作之路要靠信心和共同努力，两岸学者的深入研讨就十分重要。祝愿到会同人畅所欲言，提出切实促进两岸经济合作的更多好的意见，也祝愿会议取得成功。

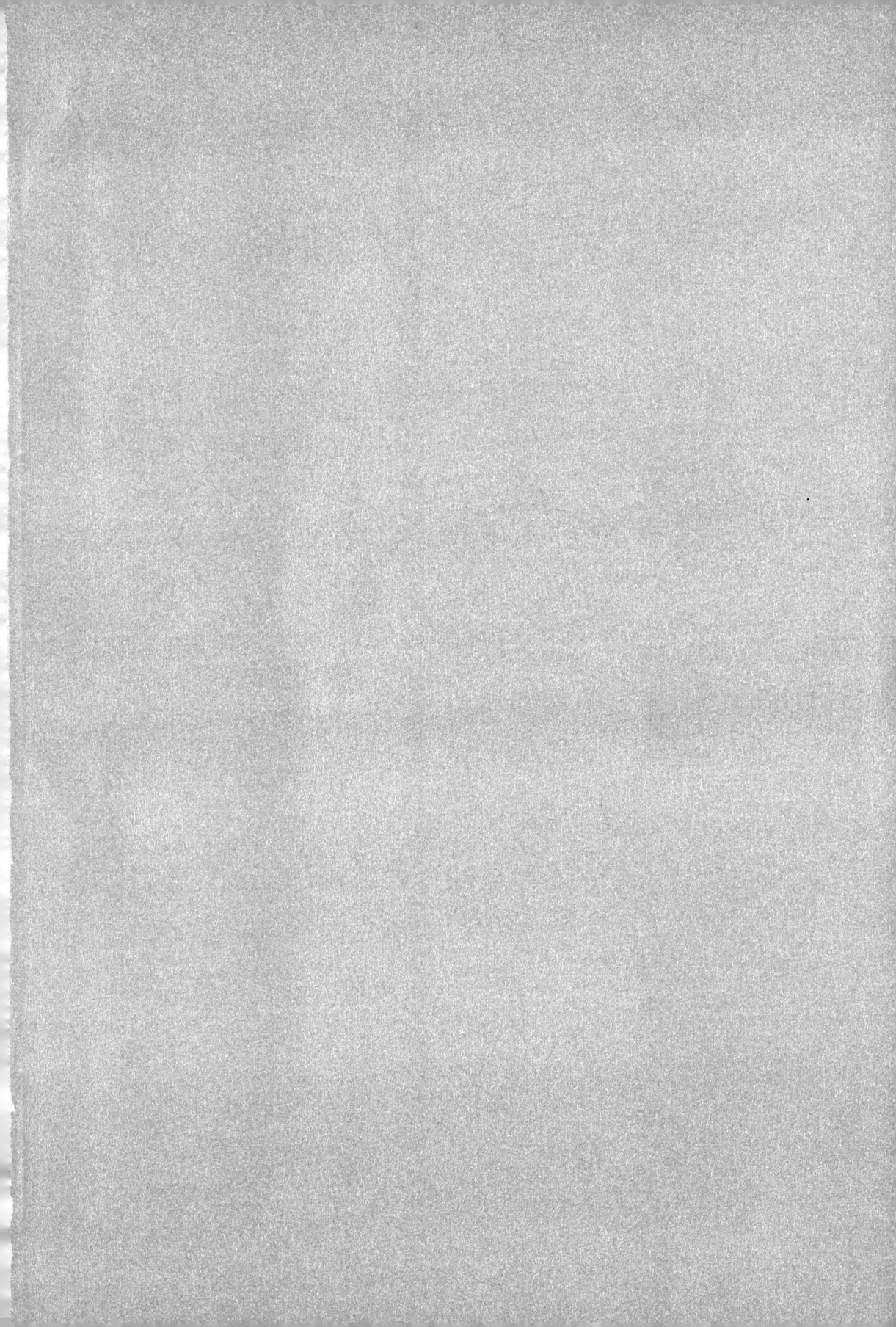